やさしい和裁

清水とき 著

目次

やさしい和裁

●撮影／中島繁樹（口絵）　鈴木信雄

●ヘアメイク／秋月里美（LUCE）

●レイアウト／阿部由紀子（口絵）　オレンジカンパニー

●編集／齋藤ふくみ　高城陽子

この本に関するご質問をお受けします。

受付時間／午後1時〜午後5時（土日祭日を除く）

上記時間外／留守番電話に接続しますので、案内に従ってご用件を録音してください。

本のコード／NV6269

書名／やさしい和裁

編集担当者／藤井富士子

ご質問電話／03-5261-5083

手づくりを応援するホームページ

http://www.tezukuritown.com

あなたに感謝しております

We are grateful.

手づくりの大好きなあなたが、この本をお選びくださいましてありがとうございます。

内容の方はいかがでしたか？　本書が少しでもお役に立てば、こんなうれしいことはありません。

日本ヴォーグ社では、手づくりを愛する方とのおつき合いを大切にし、ご要望におこたえする商品、サービスの実現を常に目標としています。

小社および出版物について、何かお気づきの点やご意見がございましたら、何なりとお申し出ください。

そういうあなたに、私共は常に感謝しております。

株式会社日本ヴォーグ社社長　瀬戸信昭

FAX 03-3269-7874　voice@tezukuritown.com

この本の特長

世界の民俗衣裳の中でも"きもの"は際立って雅びやか、優美な装いだと言えます。その美しいきものを自分で着られない人、またどうにか着られる人、人にも着せてあげられる人であっても、どのように反物を裁ち、柄を合わせ、縫うのか全然分からないという方は多いと思います。

本書は、きものを仕立てるということは大変難しいことだと考えないように、初めて針を持つ方にも、せめて単衣ものだけでも仕立てられるように、やさしく書いたつもりです。

① 写真または図解を多用しているので、目で見ながら順を追っていくと仕上げられるのがこの本の特長です。

② 要所要所を細かく写真またはイラストで説明してあるので、やさしく、わかりやすいと思われる内容になっています。

③ 図版が大きく、実寸の縮尺となっているので寸法の釣り合いが分かりやすくなっています。

④ 男女大人から子供、乳児までの単衣きもの及び下着の作り方が全てまとめてあります。

⑤ 単衣きものについての常識は全てこの一冊で勉強することができます。

●協力
（学）清水学園事業部・清水とききものクリエイト
●著者住所
〒150-0002　東京都渋谷区渋谷1-6-8
TEL03-3400-0286

著者のことば
はじめに

きものを裁ったり縫ったりするなんて、難しくて出来ないと思っている方はいらっしゃいませんか？　でもやっぱり自分の着るきものを自分で縫ってみたい、自分の子どもや親しい友人にきものを縫ってあげたい、そんな方は多いのではないでしょうか。おっかなびっくり初めてきものを縫ってみたら案外出来ちゃった、なんて楽しいと思いませんか。また、若いときに、少し縫っただけでお勤めや育児、家事に追われて縫うことを忘れてしまったけれど、やっぱりきものが好き、という方々のためにこの本を作ったのです。

中をご覧いただければお分かりになると思いますが、イラストの順にしたがって①→②→③と進めてみてください。きっと「案外出来るものなんだ」「和裁ってこんなに楽しいんだ」と、実感していただけると思います。「ゆかた」や「ポリエステルきもの」、おしゃれな「アンサンブル」など作りやすいきものが沢山掲載されています。可愛いお子様や、ご主人や彼に作ってあげたら、皆さんきっと満足して喜ばれると思います。

また、きものは縫い上げたら終わりではありません。きものは着るためにあるものですから、縫い上げたら今度はそれを着てみましょう。そのために本書では着つけや帯結びの方法も掲載しています。さあ、自分で縫って自分で着て、きもの生活を楽しみましょう！　古い生地やバーゲンで買ったきものでもかまいません。自分のお気に入りのきものを作ってみてください。そして日本の女性に生まれた幸せを感じてください。

学校法人　　清水学園
専門学校　　清水とき・きものアカデミア
財団法人　日本きもの文化協会

理事長・学校長・会長　清水とき

著者の略歴
日本女子大学卒業
学校法人清水学園理事長
専門学校清水とき・きものアカデミア学校長
財団法人日本きもの文化協会会長
清水とき・きものクリエイト所長
厚生労働省中央技能検定協会検定委員
厚生労働省職業能力開発局技能振興課「現代の名工」審査審議委員
農林水産省蚕糸振興審議会委員
独立行政法人農畜産業振興機構委員
東京商工会議所和裁検定センター理事・同婦人会理事
（社）全日本きもの振興会理事
（社）日本流行色協会和裁専門委員
（社）日本デザイン文化協会名誉参与
全国きもの教育連合会会長
NHKをはじめ各テレビ局のきもの番組に出演
著書「現代きもの講座」「現代和裁全書」「きもの百科」「清水とき着付講座」
「着つけ着こなし帯姿」「きもの」「染と織・調和美」「きもの美学」「帯結び100選」他多数

カジュアルきもの・おしゃれな単衣

紬のきものと紬の帯、同じ素材で組み合わせて

静かな雰囲気のきものにパチッとした印象の帯で引き締めた色合わせ。きものは松煙染の紬の単衣、帯は麻の葉模様の綿紬の京袋帯です。

ゆかたがきものの入門用なら小紋、紬、ウール等の単衣は初級編です。洋服にカジュアルがあるようにきものにもカジュアル用のきものがあります。形式ばったものではなく気楽に着られるのでおしゃれを楽しむことが出来ます。洋服のジーンズやセーター、ツーピースのように颯爽と着て、街を歩いていただきたいと思います。自分でも気づかなかった女性らしさが表れること受け合いです。「着物が楽しくてたまらない」、そんな活き活きとした気分にさせてくるのがカジュアルきものです。

軽やかな印象のウールアンサンブル

"みさき織"紋ウールのアンサンブル。年齢に関係ない抽象柄は飽きがこないので、1枚あると重宝します。きものと同色の一本縞の白地の帯を締め、統一感のある装いに。

利用価値の高いポリエステルのきもの

改まった雰囲気の席にもふさわしい、えんじにピンクをかけたしっとりとした色調のポリエステルの飛び小紋。化繊のきものは、雨の日も安心して街を闊歩できるので、1枚あると重宝します。白地ひげ紬にきものの地色と同色の花柄を描いた帯を組み合わせ、外出着にぴったりの着こなしに。

ウール紬の外出着

短冊ぼかしに花柄を品良く配したウール紬の単衣のきものに、赤に斜め絞りの帯を合わせ、存在感のある一組に。全体の調和を考え、半えりは帯と同系色にしました。

紺色紋ウールのきものは誰にでも似合うので、きものは初めてという男性にお勧めです。ちょっと甘い色のグレー紋織の角帯があか抜けています。

可愛らしい子供用のアンサンブル

大人っぽいからし色地に愛らしい小花をふりまいたように飛ばし、可愛らしさを強調したアンサンブルはウール素材で。姉様人形を織り込んだ黒地の帯がポイントになっています。朱色の半えりを合わせてアクセントに。

着流しで小意気な装いを

羽織なしで、帯だけのスタイルを男性に限って"着流し"といいます。写真は、焦げ茶色地の紬の単衣きものと、グレー地紋織の角帯の組み合わせ。洗練された都会的な雰囲気が漂います。

ゆかた

今、いちばん若者に愛されているのが"ゆかた"です。お祭り大好きな日本人にぴったりのゆかた。暖かい季節なら5月から9月までゆかたを楽しめます。着るのも簡単で、作る時もいろいろな柄の反物がありますから、きものの楽しさを身近に感じることができ、「きもの入門」に最適です。

差し分けゆかた

紺地に白の矢羽根を大胆にあしらい、さらに梅の花を散らした、ゆかたらしくないゆかたです。古代紫地にカルタ、矢羽根を配した紬織りの半幅帯を合わせました。帯前中央を造花でつまみ、遊び心を加えた着こなしに。

12

涼しげな"ときゆかた"

藍染地に波間に飛ぶ"朱鷺"を白く染め抜いた涼しげでしゃれた柄のゆかた。"ときゆかた"の名が示す通り、著者清水ときのオリジナルデザインです。クリーム色の紗献上の帯を小さめのお太鼓に結んで。

凛々しい男物のゆかた

藍染に白抜きで屋敷木立を配したおしゃれな男物の
ゆかたです。からし色に白縞の角帯をきりりと結んで。

蝋けつ染めのゆかた

　藍染地に白のみだれ縞柄の男性用のゆかたです。縦縞の中に蝋けつ染をあしらってあるので、蝋の割れ目が味のある縞模様を作り出しています。帯は紺地に一本縞の角帯です。

個性的な柄のゆかた

　えんじ色地に大きなむじな菊を、白抜きで縦に並べた個性的な柄置きのゆかたです。柄が大きくはっきりしているので、帯はあまり主張の強くないものを。白地にきものと同系のえんじ色の縞模様の細帯を合わせました。

女の子のゆかた（一つ身）

ブルー時のリップルで仕立てた子供用のゆかた。赤と黄の金魚の柄は時代に関係なく愛らしく、子供のゆかたの柄として最高です。

男の子のゆかた（四つ身）

紺とグレーの井桁の伝統柄の中にバンビを飛ばし、現代的な味付けのある子供らしさにあふれたゆかたです。帯は紺地にブルーの絞りの兵児帯です。

女の子のゆかた（四つ身）

藍色の地色に紫陽花と赤とんぼを描いた、鮮明な柄の女児用のゆかた。夏の日の思い出と共に、忘れられない1枚になるでしょう。黄色地に赤花柄絞りの兵児帯を合わせて。

ジュニアのゆかた

ピンク地に赤、紺のなでしこを配した愛らしいゆかた。帯は紺地に赤、紺に七宝柄の細帯です。7歳のお祝を過ぎたら、細帯で文庫に結んであげましょう。結び方は27ページ。

（参考作品）

お父さんは紺色の麻素材の甚平です。肩に白い飾りテープをミリタリールック調にり、若さを強調しています。甚平は涼しく楽で着心地がよいので、夏のくつろぎ着、レジャー着として重宝します。

涼しく活動的な甚平は、わんぱく坊やの夏の遊び着にぴったり。白地に紺の縞柄の洋服地で仕立てました。縞を上手に使うと、このように楽しいデザインに仕上がります。

19

下着

長襦袢（単衣と薄もの）

単衣の長襦袢は４月半ばから６月初めの、晩春から初夏にかけて少し汗ばむ季節に着用し、身ごろ、そで等すべて単衣仕立て。紋綸子、パレス、チェニーなどを用います。色は薄色の方が、単衣のきものを着たとき無難です。

絽の長襦袢

６月の中旬から９月の終わり頃まで、薄物の季節に着るのが絽の長襦袢で、紗、絽、麻など外出着以上のものに用います。薄物のきものの場合すけて見えますので、襦袢の着丈ときものの着丈の兼ね合いが非常に大切です。きものの裾丈が、長襦袢の裾より１cm（きものの裾の三つ折りぐけの分）位長い丈がちょうどよい丈です。

きものを着てしまえば、そで口、そでの振りでちらっとのぞく程のものですが、下着に凝るのはきものの通の方です。

季節やきものの種類に合わせて、また、きものの地の色、柄との調和などをあれこれ考え、下着を選ぶことはとても楽しいことです。

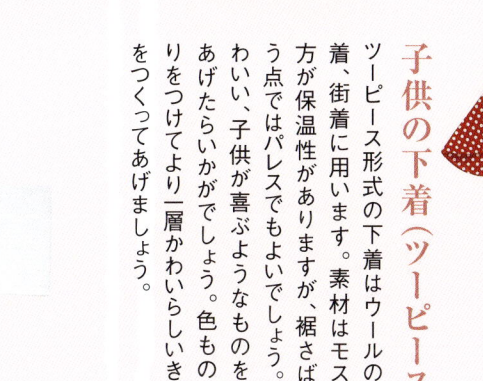

男子の襦袢（ツーピース）

半襦袢はどなたも着用しますが、裾よけははぶいて、ズボン下など洋服と同じものを用いている人が多いようです。男の人は裾をはねのけて歩きますので、ちらっとのぞく裾は、出来れば裾よけを用いてもらいたいものです。ウール、紬などにはモスリン地に小紋調のもの、きものと同系色または紺地などを選びますと、合わせやすいでしょう。半襦袢のそでや半えりは紺、グレーなどをつけておきます。

長襦袢（単衣と薄もの）

単衣の長襦袢は４月半ばから６月初めの、晩春から初夏にかけて少し汗ばむ季節に着用し、身ごろ、そで等すべて単衣仕立て。紋綸子、パレス、チェニーなどを用います。色は薄色の方が、単衣のきものを着たとき無難です。

子供の下着（ツーピース）

ツーピース形式の下着はウールのふだん着、街着に用います。素材はモスリンの方が保温性がありますが、裾さばきという点ではパレスでもよいでしょう。柄はかわいい、子供が喜ぶようなものを選んであげたらいかがでしょう。色ものの半えりをつけてより一層かわいらしいきもの姿をつくってあげましょう。

産着

昔は丈夫に育つようにと麻の葉模様の産着を必ず着せたものですが、近頃はおくるみのようなベビー服ですませてしまい、産着をわざわざ作る人も少なくなりました。麻の葉模様でなくとも、やわらかい綿ジャージーやネルなどで作って着せてあげたら、赤ちゃんもとても楽に過ごせるのにと思わずにはいられません。

肌襦袢（婦人）

肌襦袢は素肌の上に直接着るものなので、肌ざわりのよさを第一に考えて選びます。冬はガーゼの二重仕立てが保温性がよく、ソフトな感触で、初夏から夏、肌寒くなる晩秋まで着られます。さらしは汗を吸収し肌にフィットした肌ざわりの綿クレープがあります。さらりやガーゼに較べてちょっとかさばった感じもありますが、サラサラして気持ちよいものです。肌襦袢のえりには、半襦袢、長襦袢の半えりにあたる小えりを別布でつけます。羽二重、デシンなどで色は最も一般的なものが白、その他ピンク、ブルーでもよく、年代、着て行く場所によって選びます。赤い小えりは花嫁衣裳のとき、踊りの発表会に出る方などに用い、一般的にはあまり用いません。

着つけと帯結び

きものは着るためにあるものです。縫い上げしたら、今度は、着方、帯結びを覚えてください。男の方にもぜひ、挑戦していただきたいと思います。お嬢さんには、お母さまが着せてあげましょう。

2 下前を合わせる

上前を開きながら下前を合わせる。下前のつま先は床から約10cmの位置に来るように。

1 上前を決める

襦袢の上にきものをはおり、背中心を決め、半えりにピンチで仮止めする。えり先から10cmの位置を両手で持ち、一度上に全体を上げ、裾が床につくように下げる。後ろ身ごろは腰にピタッとつけておき、上前えり下を右腰骨に合わせて上前の幅を決める。たるみが出ないように、残りの布は下前の方に引いておく。

3 上前を重ねる

先ほど決めた幅通りに上前を重ねる。上前のつま先は床から約5cm上がった位置に。

4 腰ひもを締める

ウエストの位置に腰ひもを2回まわし、ひも端を体の左右どちらかによせて2度がけし、ひも端は腰ひもにはさみ込む。

5 おはしょりを出す
身八つ口から手を入れ、後ろ、前の順でおはしょりを出す。

6 上前を重ねる
下前 、上前を重ね、半えりは左右均等に1.5cmのぞくようにする。

7 胸ひもを締める
アンダーバストの位置に前から後ろにひもをまわす。

8 背中のたるみをわきに寄せる
胸ひもを後ろ手に持ったまま背中のたるみを左右のわきに寄せて背中を平らにし、ひもでおさえる。

9 胸ひもを2度がけする
ひもを前にまわし、わきに寄せて、結ばずに2度がけしてひも先をはさみ込む。

10 おはしょりの始末
おはしょりのわきから手を入れ、2枚になっているおはしょりの内側をウエストの位置にたくし上げ、上前のおはしょりをきれいに整える。

11 伊達締めでおさえる
伊達締めを下から上にすくい上げるようにおさえて止める。

12 出来上がり
後ろえりのピンチをはずして、出来上がり。

自分で結ぶ 太鼓結び

3 帯の結びは交差するだけ

2巻きした帯は背中心の位置で手布が上に重なるようにおく。たれ布が上、手布が下に来るように、たれ元にからげて、前にまわした手布だけ、前胴帯にピンチで仮止しておく。

6 帯山をつくる

たれ布とひもをつかんだまま上に上げ、帯枕を手布とたれ布が交差した上におき、帯山をつくる。

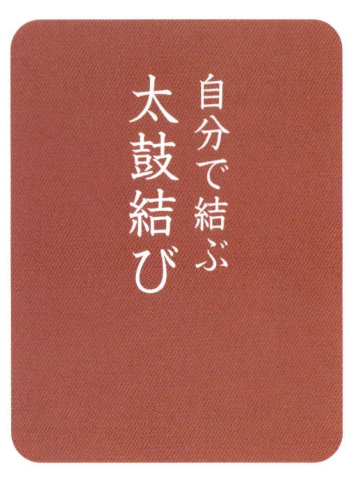

1 手布の丈（長さ）を決める

手布は標準サイズの方で、前胴幅＋10cm位とる。

4 たれ元をひろげる

胴帯がゆるまないようにたれ元をいっぱいにひろげておく。

7 帯枕のひもを結ぶ

帯枕のひも端を前にまわして結び、帯かげに隠す。

2 帯板をはさむ

2巻き目の前胴帯に帯板をはさむ。

5 帯枕を当てる

帯枕を帯の内側の左右の手が伸びた位置におき、この位置で帯枕のひもとたれ布を一緒につかむ。

8 帯揚げをかける

帯揚げをひろげ、後ろにまわし、帯枕を隠すようにおおう。

9 帯揚げの始末
帯揚げを前にまわして結び、帯か
げに隠す。

10 仮ひもを使う
太鼓を結び慣れていない方は、仮ひもを使
うとよい。太鼓の出来上がりの形をつくり、
太鼓下に仮ひもを入れ、前でしっかり結ぶ。

11 手布を通す
前に止めておいた手布のピンチを
はずし、太鼓の中に通す。手を放し、
手布を太鼓下まで下げる。

12 帯締めを通す
手布の幅の真ん中に帯締めを通し、
左右のひも丈寸法を中心で合わ
せてから結ぶ。最後に仮ひもをは
ずす。

13 出来上がり
前から見たところ

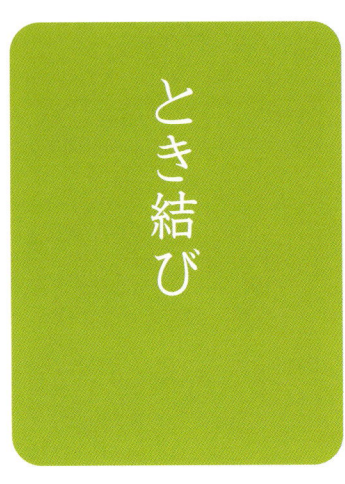

とき結び

1 手布は長めに

手布は太鼓の左右に3cm位のぞくようにするため、太鼓結びの手布＋3～4cm長くとる。前胴帯の位置は少し低めにし、帯を2巻きし、手布が下になるように結ぶ。

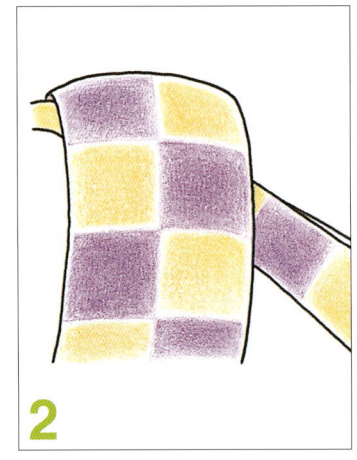

2 帯山を決める

とき枕を入れ帯山をつくる。帯山の位置は低めに決める。帯揚げをかけ、前で本結びにし、帯かげに隠す。

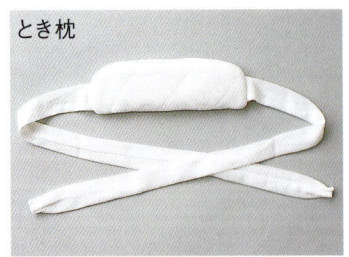

とき枕

3 太鼓をつくる

いつもの太鼓の丈より2～3cm位長めに太鼓をつくる。

4 手布を入れて、帯締めでおさえる

手布を太鼓の中に通し、左右に2～3cmのぞくようにする。手布の幅の真ん中に帯締めを通す。帯締め、手布、太鼓の返り分を左右の手で持ち、体につけたまま2～3cmずり上げ、帯締めを前にまわしてしっかり結ぶ。

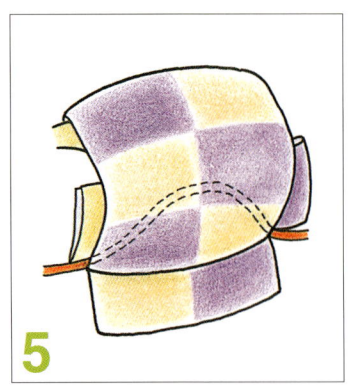

5 手布の端の帯締めをはずす

手布の端だけが帯締めからはずれるように、手布の左右を太鼓の方に少し引く。このとき、太鼓に隠れている帯締めは手幅の中心に残し、しっかりおさえておかないと、手布が抜けて形がくずれる。

お母さんが
結んであげる
文庫結び

3
文庫の丈を決める
たれ先が抜けないように、たれ元よりたれ先が約10〜15cm重なるようにたれ布をたたみ、文庫の丈を決める。

6
手先の始末
羽根中心に2度巻いた手先を羽根の下から胴帯の中に入れ込む。

1
手布の丈を決める
手布の丈は胴幅の1.5倍とる。

4
ひだをたたむ
たれ元に一つ山三枚ひだ（W字型になるように）をたたむ。

7
胴帯を直す
手先を胴帯（胴に巻いた帯）の中に入れ、胴帯の凹凸が出ないように平らに整える。

2
帯を結ぶ
帯を2度巻きし、手布が上になるように結ぶ。

5
手布でおさえる
手布を手前に返し、羽根中心に巻き、さらにもう一度巻く。

3

上前を合わせる
次に上前を重ねる。

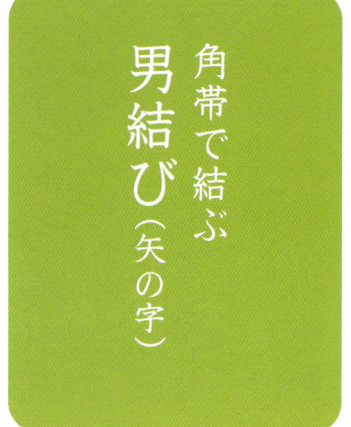

1

1　背中心を決める
ゆかたをはおり、左右のえりを前中
心で合わせ、背中心を決める。

4

腰ひもを締める
腰ひもを前から後ろにまわして交
差させ、ひもを両手で持ってきつく
しっかり引く。

1

手布の丈を決める
角帯を持ち、手先が脇から約15cm
位出るようにし、手布の丈を決める。

2

下前を合わせる
先にゆかたの下前を合わせる。

5

2度がけする
腰ひもを前にまわし、中心をよけて
2度がけしてひも端をはさむ。

2

角帯を巻く
手布の位置がずれないように帯を
巻く。男子の場合は3巻きする。3巻
き目をわきから2〜3cmの位置で止め、
ひも丈残部を内側に折りたたむ。

3 たれ布を重ねる
たれ布を手布の上に重ねるように
しておく。

4 帯を結ぶ
手布を幅半分にきちんとたたみ、
たれ布を手布の下に通して結ぶ。

5 たれ布を下ろす
たれ布の帯山を平らに整えながら
下ろし、手布の方向に内側に折り
上げる。

6 手布を通す
たれ布の中に手布を通し、男結び
の出来上がり。

7 結び位置を後ろにまわす
お腹を引くようにして、右まわりで
結びの位置を後ろにまわす。

8 出来上がり
前から見たところ

29

半幅帯で結ぶ 菖蒲（あやめ）結び

3 たれ布を下ろす

上に出たたれ布を下ろす。帯山は布目を通し、直線にする。

6 胴帯をまわす

お腹を少し引くようにし、えりの流れにそった右まわりの方向に胴帯をまわす。

1 手布の丈を決め、帯を巻く

手布の丈を胴幅の2.5倍弱とり、残りの帯を2巻きした後、たれ布を背中心まで後ろにまわし、この位置で残りのたれ布を内側に折りたたむ。

4 たれ布を折り上げる

たれ布を手布の方向に内側に折りたたむ。

7 出来上がり

前胴帯を少し折り、裏側をのぞかせてもよい。

2 帯を結ぶ

手布の上にたれ布を重ね、たれ布が上に出るように結ぶ。

5 手布を入れる

手布の幅を山が上になるように半分に折り、さらに丈を大体半分に折る。たれ布の中を通して反対側に引き出す。最後に手先が少し幅広くなるようにずらすとよい。

和裁の基礎

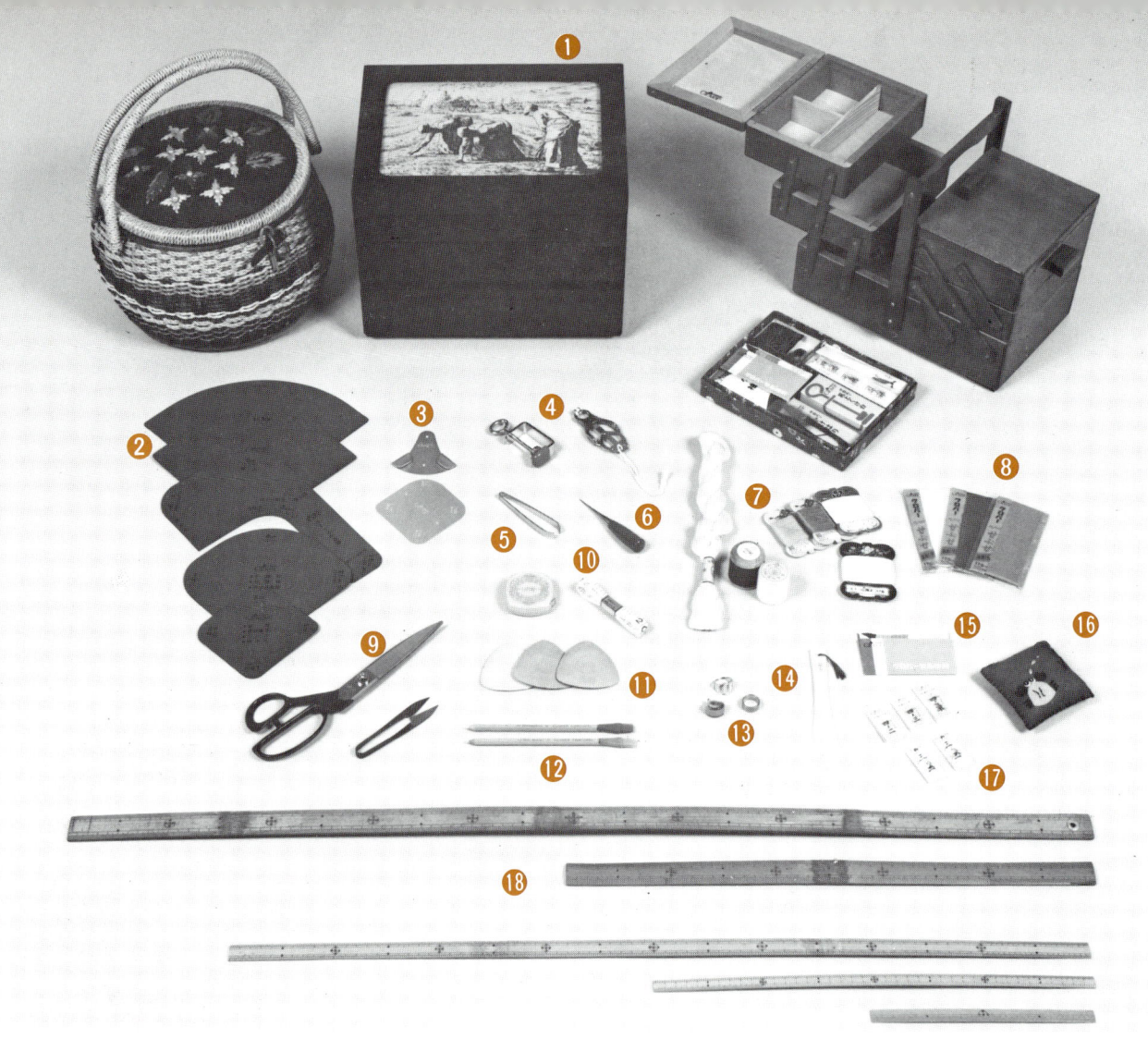

和裁用具・用途

① **裁縫箱**…木製・プラスチック製・バスケット状。その他種々ありますが、仕切りがたくさんある方が使いやすく、整理もできて良いようです。

② **袖・丸み形5枚組セット**…大きなそでの丸みから、小さなそでの丸みや、コートの裾、えりぐりあき丸みのセットで大変便利です。

③ **袖丸み形**…ゆかた、ウール等の小さな袖の丸み形で、ささえ金具がついていて、布をしっかりはさみ止めて便利です。

④ **机上くけ台とかけはり**…机等に取りつけてかけはりと共に使用。布をぴーんと張って待ち針を打ったり、くける時に使います。

⑤ **毛抜き**…切りじつけや、糸じるしを抜き取ります。

⑥ **目打ち**…帯などの角を整える場合に使用します。

⑦ **糸**…大別して木綿糸と絹糸、しつけ糸があります。それぞれの用途にしたがって縫います。

⑧ **せぶせ**…背縫いの縫いしろをくるみます。

⑨ **はさみ**…裁ちばさみの全長25cm、刃渡り10cm位のものが使いやすく、反物を裁ったり、すその断ち切りなどに用います。糸きりはさみは、糸を切ったり、着物をほどくときに用います。

⑩ **メジャー**…採寸や、身ごろのおくみつけ線を計ります。

⑪ **チャコ**…へらつけの見えにくいものに、糸じるしや切りじつけをする前に使います。後で消えるものを選びます。

⑫ **チャコペン**…チャコの鉛筆状にしたもので、細く書けますので、寸法の狂いが生じません。

⑬ **指ぬき**…革製・金属製等がありますが、和裁用には鹿革か牛革が良いでしょう。

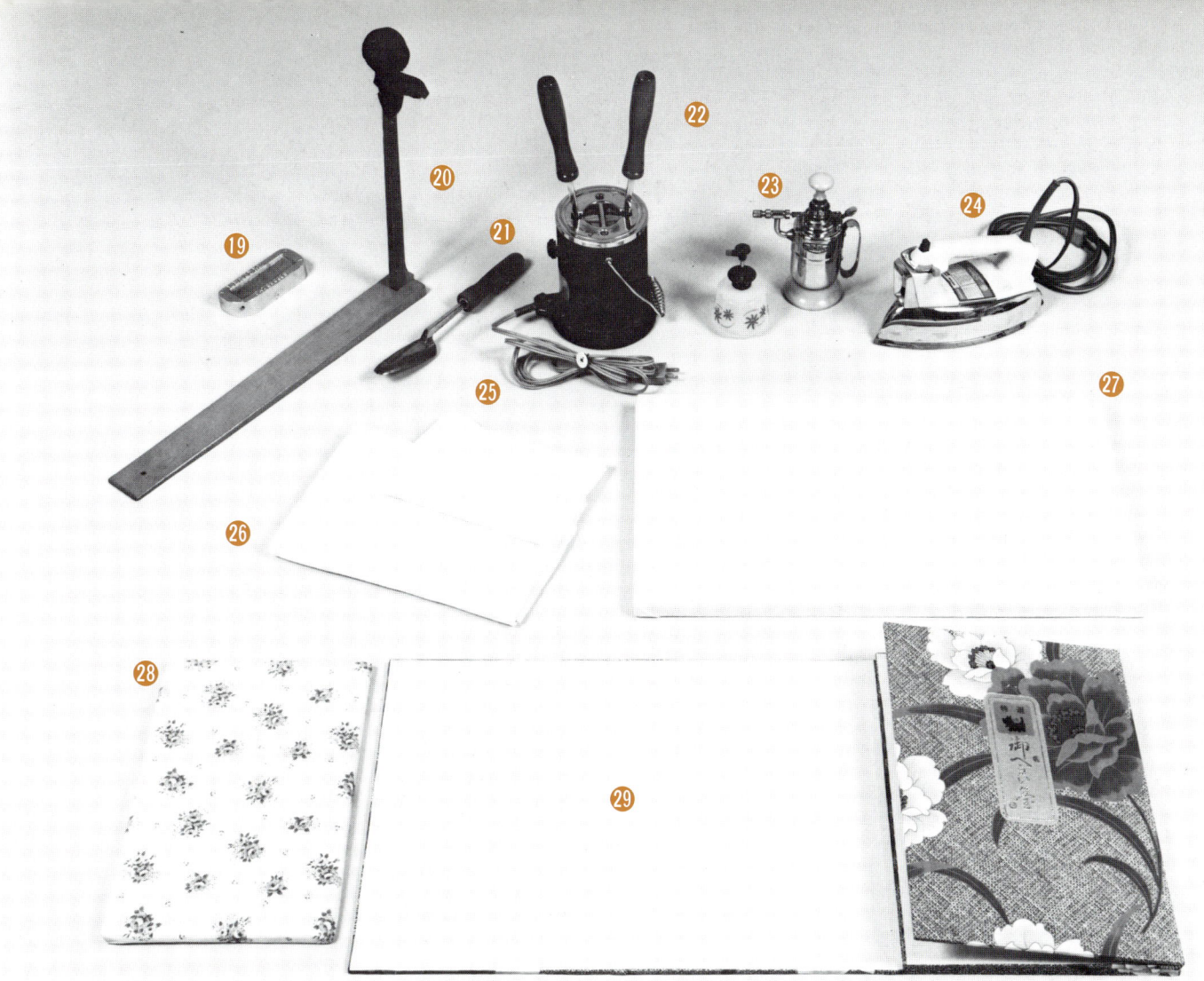

⓮ **へら**…布に強く押しつけてしるしをつけるもので、プラスチック、角、象牙等があります。

⓯ **待ち針**…布同士がずれないようにするために使い、針の頭に平らな飾りがつき、先の細い、刺しやすいものを選びます。

⓰ **針さし**…モスリンか、薄手のウール地で袋を縫い、米ぬか、すき毛等を入れます。

⓱ **針**…縫い針・くけ針・待ち針とあって布質によって、木綿針・絹針とに使いわけます。

⓲ **ものさし**…色々ありますが、80cmは丈、40cmは幅、20cmは短い寸法を計る場合に便利です。市販されているものは1m、50cmが多いようです。

⓳ **裁鎮**…生地が動かないように重しに使用します。

⓴ **木製くけ台**…❹と使用目的は同じで折りたたみ式です。

㉑ **こて**…先のとがったササ形と。丸く薄いものとがあり、後者はこてべらとして使用出来ます。

㉒ **電気ごて**…絹物やウール等、手で折りのつかないものを折るのに使い、先の薄く丸いものはこてべらとして使用出来ます。

㉓ **霧吹き**…地直し、仕上げに必要で、細かい霧の出るものを選びます。

㉔ **アイロン**…地直しや、仕上げに使用。布地別に温度調節が出来るものが安全で便利です。

㉕ **当て布**…布に直接アイロンやこてを当てずに、当て布をあてると焦げたりせずに安心です。糊のつかない木綿が良いでしょう。

㉖ **しき布**…仕上げ等のとき、アイロン台の上にしき使用します。

㉗ **アイロン台**…地直し、仕上げに使用します。

㉘ **こて台**…仕立てのときに、平ごて、折ごてなどをかけるときに、下にしいて使用します。

㉙ **へら台**…しるしつけに使用し、布張りの折りたたみ式のものが便利です。

用具の使い方

ものさしの使い方

(1)総丈を計るとき

反物の総丈を計るとき、80cmのものさしを使用。耳端にものさしを当てて指の腹でおさえ、計って進んでいく方向のものさしの端に待ち針を打ちながら計ります。

(2)反物を折るとき

二つ折り、四つ折りにした布の輪にものさしを入れ、布のずれを直したり、曲りをまっすぐにします。又布を折りたい時に使います。この場合40cmを使用。

へらの使い方とものさしの当て方

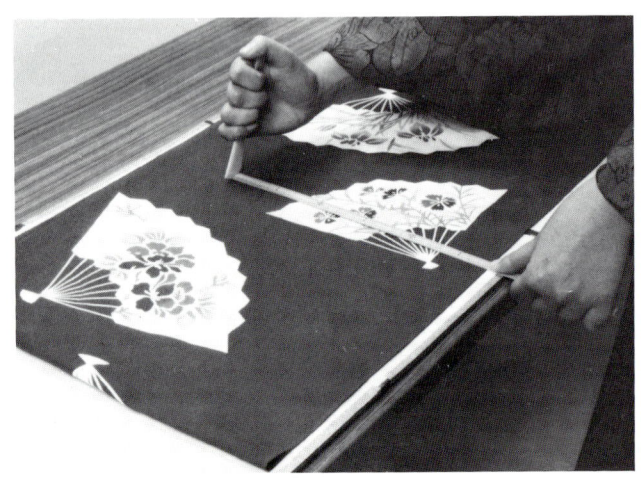

(1)へらを使ってしるしつけ

へらの丸い部分を、布地を計るものさしの先に当てて、握りの部分を4本の指でしっかり握り、親指でへらの頭部を強く押してしるしをします。その場合自分の身体を動かして、布は動かさないようにします。

(2)こてを使ってしるしつけ

こてを温めて、こての平らな部分をものさしの先に直角に当てながら、こての先を押しつけて小さくしるします。この場合こてを熱くしすぎないように注意します。

こての当て方

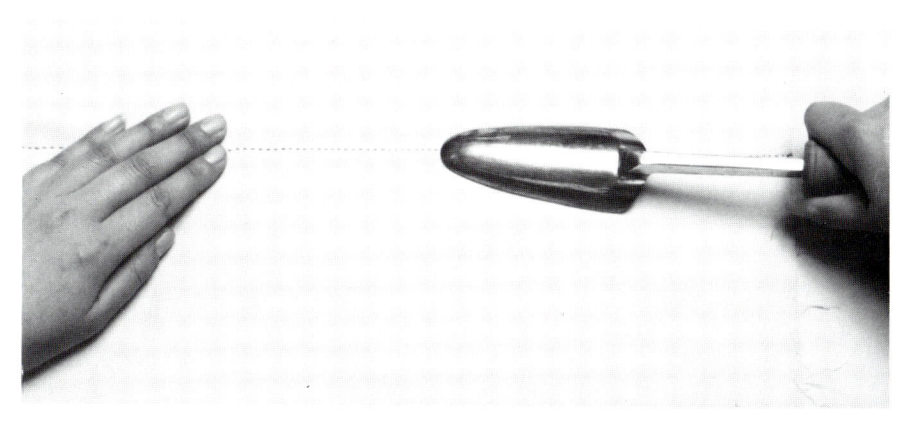

(1)平ごて

縫い目のこじわをのばすためにこてを当てます。左手で縫い目を引っぱり加減におさえ、縫い目の上を平行にこてをぴったり当てます。

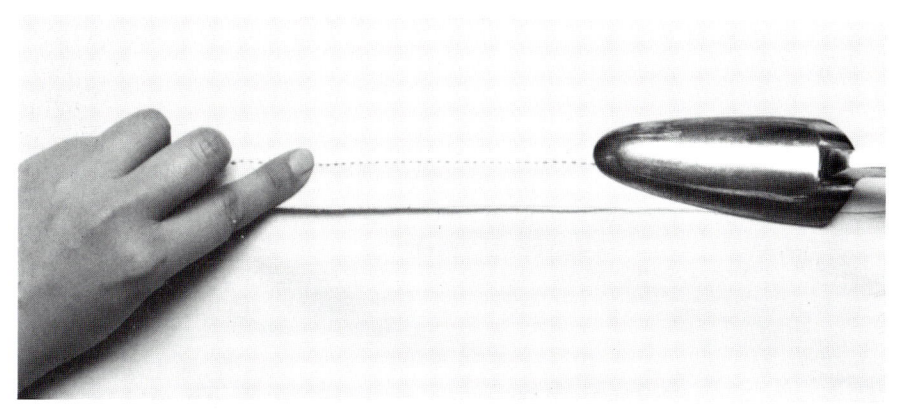

(2)折りごて

縫いしろを0.2cmのきせで折り、左手のひと差し指で折り山をおさえて引っぱり気味にして、折り山に平行にこてをあてます。

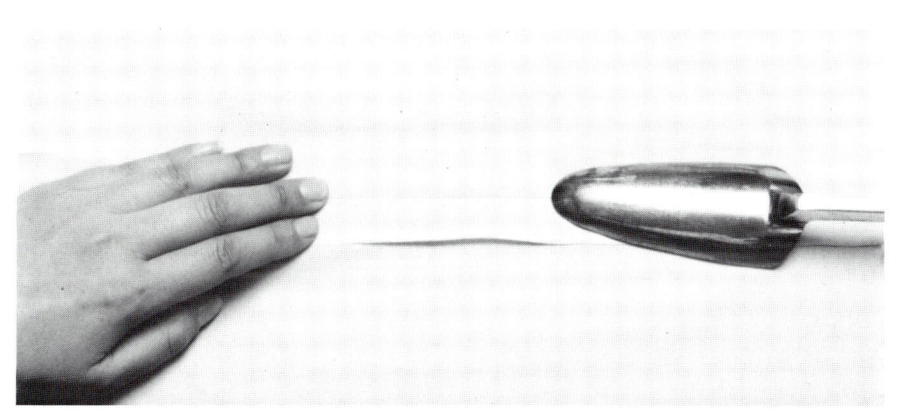

(3)割りごて

縫いしろを開いて縫い目を割り、縫い目を左手でおさえて、縫い目の上を平行にこてをぴったり当てて縫い目を割ります。

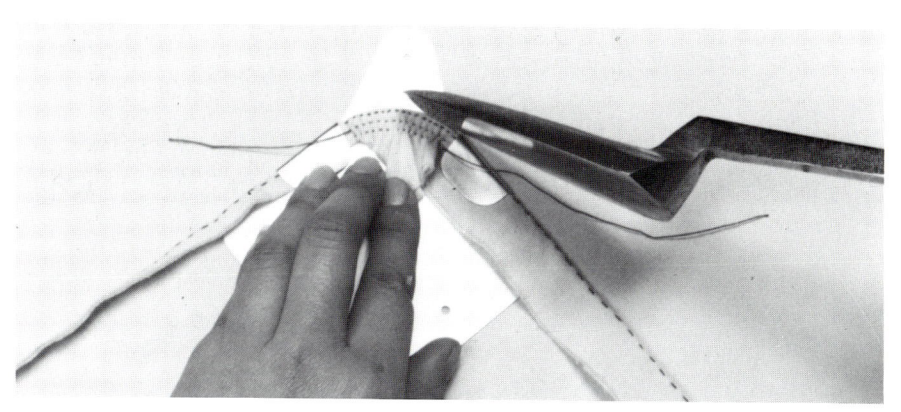

(4)丸みのこて

そでの丸みを形作るとき等に使います。丸みを縫いちぢめたら、きせをかけて折り、丸み形を入れます。丸みの側面に添ってこてを当て、縫いちぢめじわを消します。縫い縮めたひだの部分を上からこてで軽くたたいて、平らにおしつぶして仕上げます。

くけ台とかけ
張りの使い方

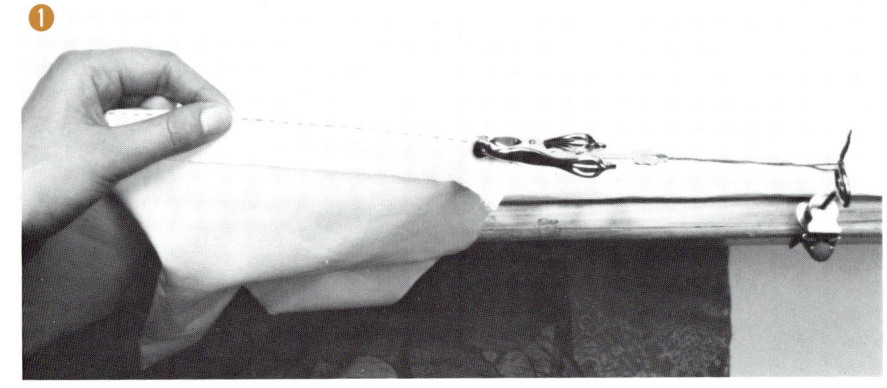

(1)縫いしろを折るとき

くけ台は机にねじで固定させます。か
けはりは縫いしろにきせをかけて折り、
折り山をかけはりでしっかりとはさん
で折り山をおさえます。

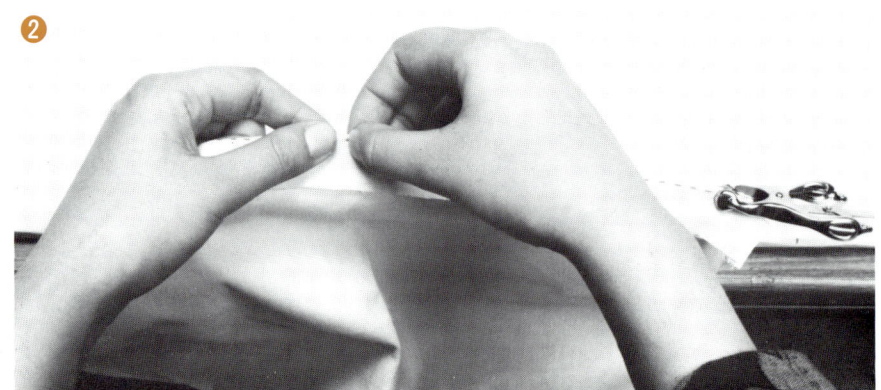

布をぴんと張った状態で折り山を指の
腹で、強く折ります。

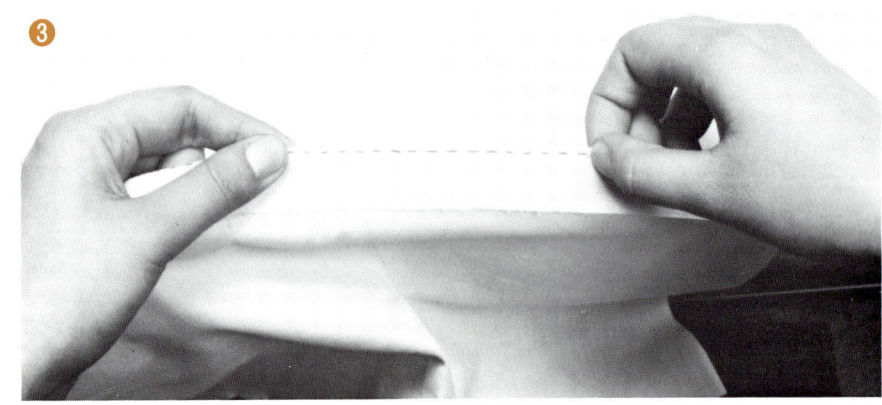

人差し指と親指の腹で強くおさえたま
ま、右手を動かしてしごき、折り山を
つけます。

(2)くけるとき

縫いしろをかけ針にはさんで、引っぱ
りながらくけていきます。くけ進んで
いくにしたがってかけ針も移動します。

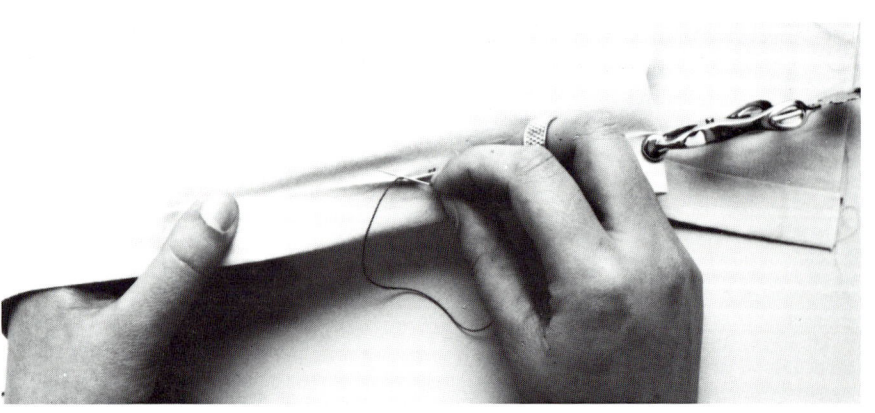

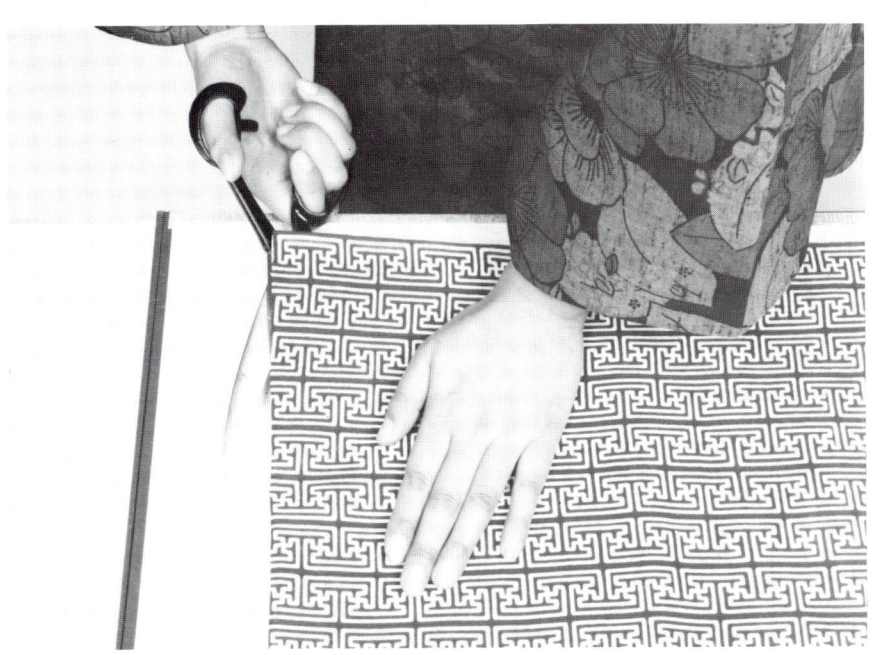

裁ちばさみの 使い方

小さい丸みに親指を、大きい丸みに他の4本を入れて持ちます。

(1)折り山の裁ち方

そでや身ごろの境のわを裁ち離すとき、わにはさみを入れて布目を通して裁ち離します。布がずれないようにわのきわを手でおさえて、折り山をはさんで引っぱり出すような気持で裁ち離します。

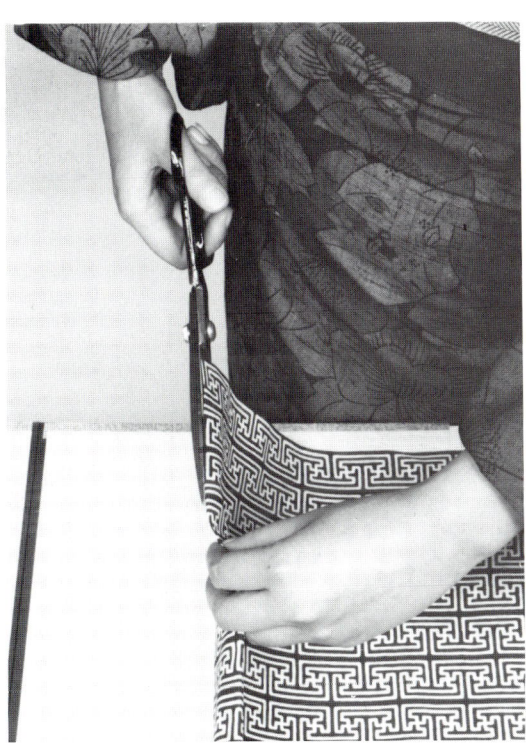

(2)えり肩あきをきるとき

えり肩あき止りに待ち針を横に打ち、えり肩あきをあける寸法の折り山を左手に持ち、布目がまがらないように、あけすぎないように注意しながら寸法まで、正しくあけます。

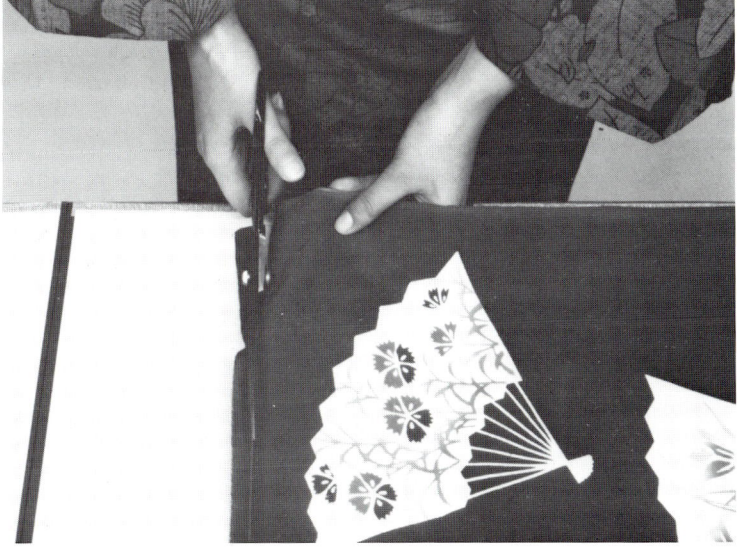

(3)すそやそでを裁ち揃えるとき

すそやそで下の裁ち目の不ぞろいは通しべらをして、布目をまっすぐに裁ち切ります。

基礎縫い

運針

〈針の持ち方〉

指ぬきを右手中指の第二関節の上にはめ（①図）、指ぬきの中央のみぞに針の頭をあて、親指と人さし指を伸ばし、指先をそろえて針を持ちます。中指、薬指、小指はしっかりにぎるようにし、指の先から0.5cm位針先が出るようにします（②図）。

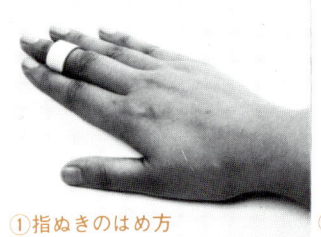 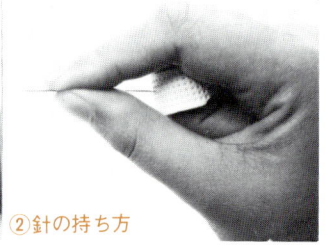

①指ぬきのはめ方　②針の持ち方

〈布の持ち方と姿勢〉

姿勢……腰を後ろに引いて背すじをのばし上体をまっすぐにして下腹に力を入れてすわり、肩の力をぬき、腕は、ひじから先をひじの高さにおき脇からやや離し手が楽に動く様にします。

①上体をまっすぐにして坐る　②腕はひじの高さにおく

布の持ち方

布目を合わせて左手でピンと引っぱって持ちます。両手の間隔は15cm〜20cm位。

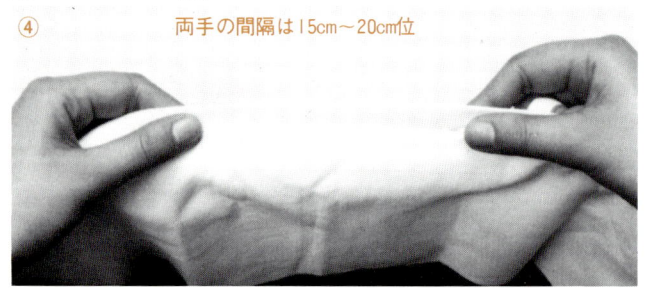

④　両手の間隔は15cm〜20cm位

〈針の運び方〉

(1)針の頭を指ぬきにあて、右手の親指で針先を向こう側に押しながら、人さし指を離し、左手は布を張ったまま手前に押し上げます（①図）。

(2)次に右手の人さし指で針先を手前に押すようにし、布をすくうと同時に親指を布から離し左手の布を向こう側に押し下げます（②図）。

〈糸のしごき方〉

運針は左右の手を交互に同じ角度に動かして縫い、間隔いっぱいまで進んだら、左の指で針先を持ち（①図）、右手の指の腹で針目をしごいて平らにします（②図）。

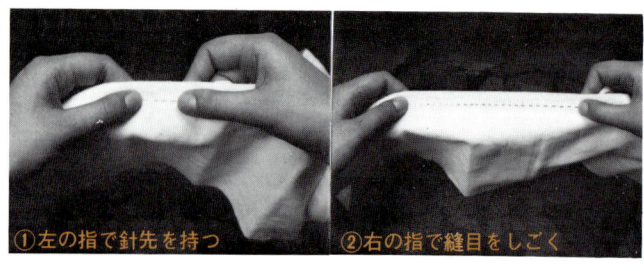

①左の指で針先を持つ　②右の指で縫目をしごく

〈布地に合った針で縫う〉

針はしるし針といって包み紙に数字がついている針が使いやすく、数字の上は太さ、下は長さを表わします。上の数字が大きくなるに従って針が細くなり、下の数字が大きくなるに従い長くなります。

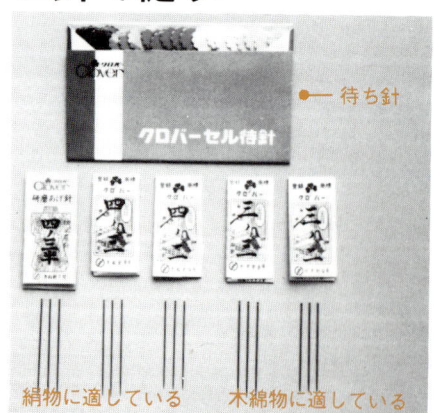

◀── 待ち針

絹物に適している　　木綿物に適している

〈正しい針目と悪い針目〉

正しい針目とは

① 1針1針まっすぐ縫えていること。
② 布面に直角で流れる針がなく、布につれ、たるみがないこと。
③ 針目に裏表がないこと。
④ 針目に大小がなく揃っていること。
⑤ 糸こきがよく出来て、糸につれ、たるみがないこと。

悪い針目とは

〈おどり針〉布の張り方が悪いと針目が一定しません。
〈波針〉針目が曲線状です。
〈不同針〉両手の動かし方が悪いと針目が大針、小針になります。
〈なわ針〉親指とひと差し指の中心が合わないと針目がなわをよったようになります。
〈表裏針〉表が小針、裏が大針になるのは右手の親指と、ひと差し指の力のバランスがとれていないからです。

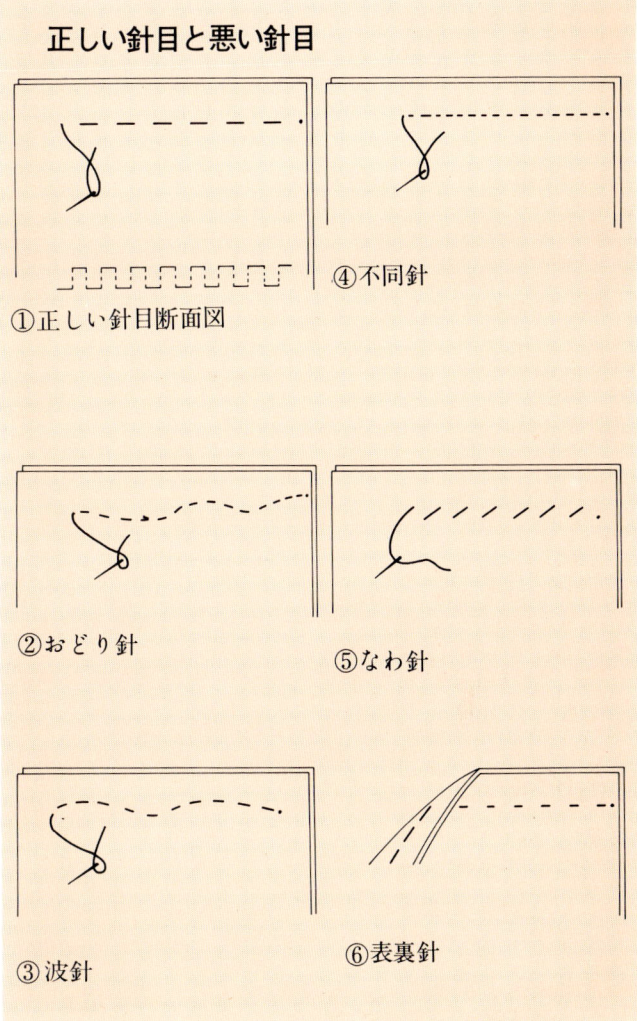

正しい針目と悪い針目

① 正しい針目断面図
④ 不同針
② おどり針
⑤ なわ針
③ 波針
⑥ 表裏針

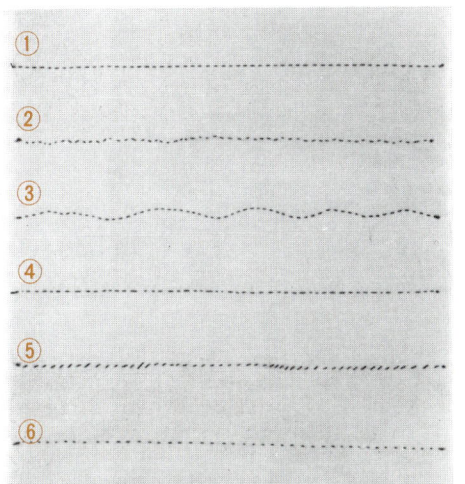

① 正しい針目
② おどり針
③ 波針
④ 不同針
⑤ なわ針
⑥ 表裏針

布地と手縫い糸と和針の関係

布地		糸			針					
		縫い糸	くけ糸	しつけ糸	縫い針	長さ(㎜)	太さ(㎜)	くけ・しつけ	長さ(㎜)	太さ(㎜)
綿	絣、木綿縞・浴衣地、綿ネル・タオル地など	カタン糸30番 木綿縫い糸	カタン糸30〜40番 木綿縫い糸	木綿しつけ糸 ガスしつけ糸	⑨三ノ一	33.3	0.71	三ノ四	42.4	0.71
								三ノ五	45.5	0.71
					⑩三ノ二	36.4	0.71	⑫がすくけ	45.5	0.71
								⑬もめんえりしめ	54.5	0.76
	縮・サッカー・綿絽、楊柳など	綿小町糸	綿小町糸		⑪三ノ三	39.4	0.71	⑭中くけ	45.5	0.84
								⑮大くけ	51.5	0.84
麻	上布・小千谷縮・絹麻など	絹縫い糸(中細)	羽二重糸	絹しつけ糸				四ノ四	42.5	0.56
絹	紬、お召など	絹縫い糸(中細)	絹縫い糸(中細)	絹しつけ糸	①四ノ二	36.4	0.56	四ノ五	45.5	0.56
					②四ノ三	39.4	0.56	⑤きぬくけ	45.5	0.56
	絽、紗など	絹縫い糸(中細)	羽二重糸	絹しつけ糸	③四ノ三半	40.9	0.56	⑥きぬえりしめ	54.5	0.56
					④きぬい	28.8	0.51	⑦つむぎくけ	45.5	0.64
毛	モスリン、セル、ネル、その他(毛織物)、洋服地など	絹縫い糸(中細)	絹縫い糸(中細)	絹しつけ糸				⑧つむぎえりしめ	54.5	0.64
化繊	ポリエステル・アセテートなど	化繊糸・絹小町糸	化繊糸・絹小町糸	絹しつけ糸						

(針の名称の前の①〜⑮の番号は写真の①〜⑮を示します)

縫い方

〈本縫い〉

ぐし縫いともいい、2枚の布を中表に合わせ0.4cmの針目で縫います。

直線縫いと斜線縫いがあり、斜線縫いは糸こきのとき布が伸びないように、へら台の上でおさえながらします。

きものの背縫い、わき縫い、おくみつけなどこの方法で縫います。

斜線縫いはおくみつけの剣先の部分に用います。

直線縫い

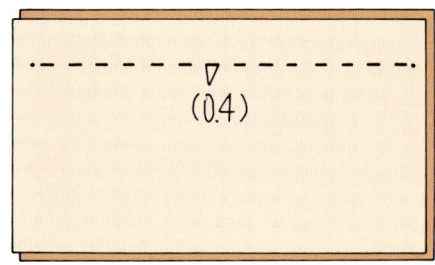

(0.4)

斜線縫い

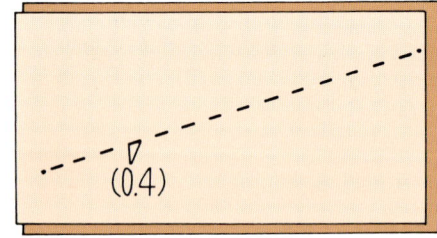

(0.4)

〈一針抜き縫い〉

1針ごとに針を抜く方法で、ひもかざりや帯の芯とじをするときなどに用います。

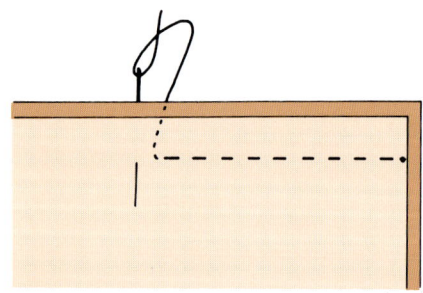

〈すくい縫い〉

1針縫っては糸を抜く方法でしつけをかけるときなどに用います。

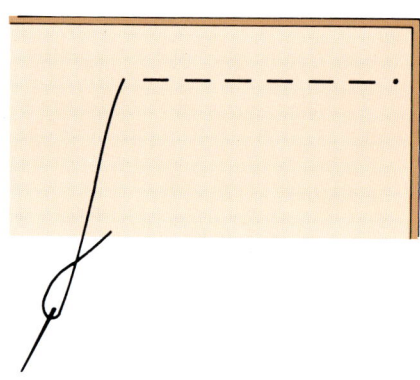

〈袋縫い〉

①外表に合わせて裁ち目をそろえ、0.3〜0.4cm内側を中縫いします。

②0.1cmのきせをかけ裏側に返し、毛抜き合わせにして本縫いをします。そで下、四つ身の背縫いなどに用います。

①

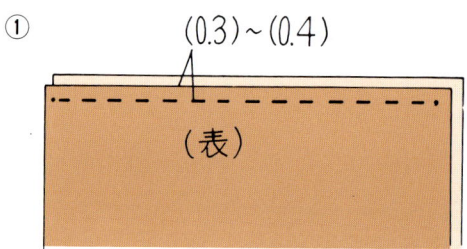

(0.3)〜(0.4)

(表)

②

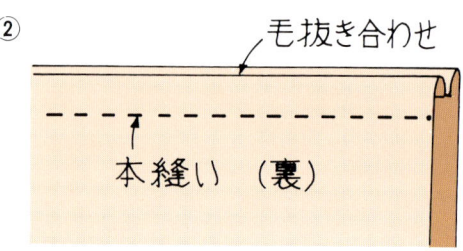

毛抜き合わせ

本縫い　(裏)

〈二度縫い〉

しるし通り一度縫った縫い目に平行にもう一度耳端から0.2〜0.3cmを縫う方法で、ひとえの背縫いや脇縫いに用います。

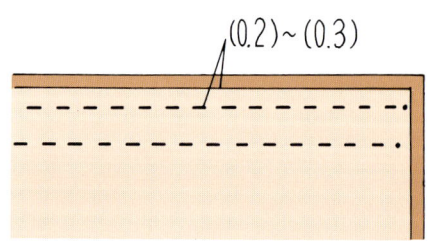

(0.2)〜(0.3)

〈重ね縫い〉

2枚の布を0.8cm重ねぐし縫いする方法で、布をはぎ合わせるときなどに用います。

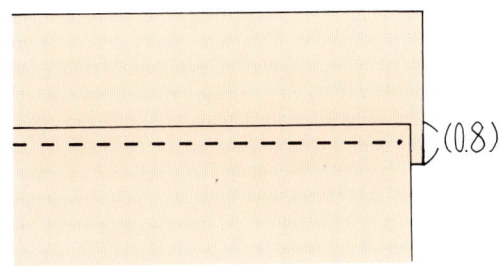

〈三つ折り縫い〉

布端を三つ折りし、折り山より0.2cm内側をぐし縫いします。肌じゅばんのすそなど裁ち目の始末に用います。

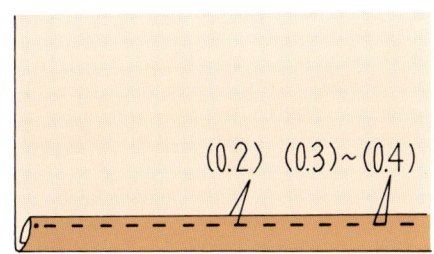

〈半返し縫い〉

表の針目の3倍(0.9cm)すくって針を抜き、その⅓(0.3cm)もどって直角に針を抜き、また3倍すくって針を抜く方法です。表から見ると本縫いに見えますが、裏側はアウトラインステッチのようになっています。そでつけ、えりつけなどに用います。

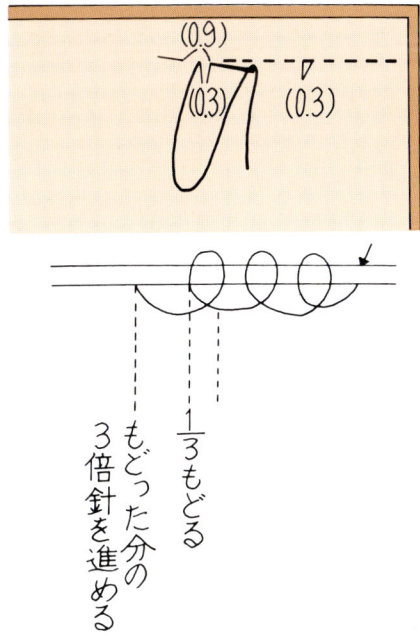

〈本返し縫い〉

表の針目(0.6cm)を全部返す方法で、ミシンの針目のように見えます。

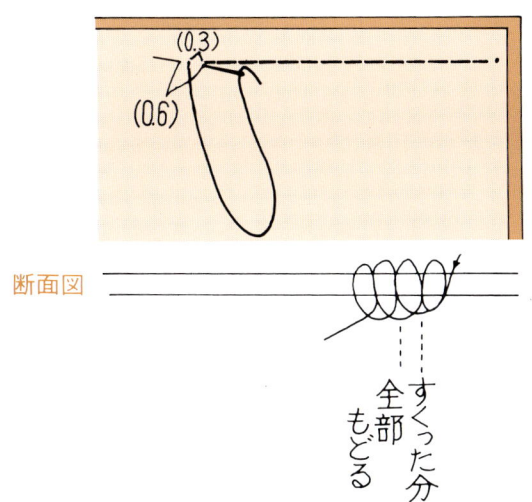

〈伏せ縫い〉

布端をおさえる方法と、縫いしろの始末に用いる方法の二通りあります。布端を1cm折り、裁ち目から0.3cm入った所を縫います。裏は1cm位の針目で表を小針ですくっておさえます。おもに居敷当て・肩当ての下部に用います。

(イ)布端を折るとき

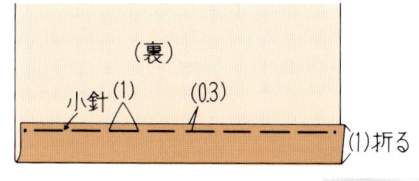

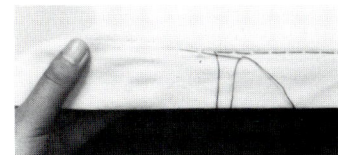

(ロ)縫いしろの始末のとき

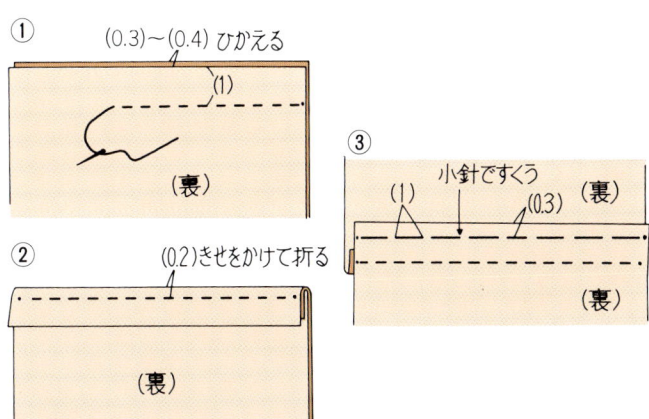

〈折り伏せ縫い〉

縫いしろ端の裁ち目を隠す方法です。手前の布を0.5cmひかえ（写真①）、2枚の布を中表に縫い合わせて、きせをかけ、広い方の縫いしろでせまい方の縫いしろを包み（写真②）、折り山から0.2cmのところを伏せ縫いで始末します（写真③）。

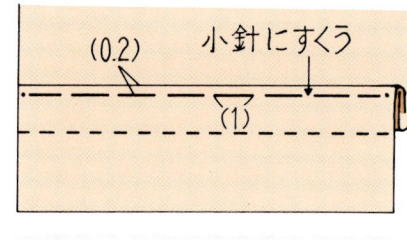

（ロ）

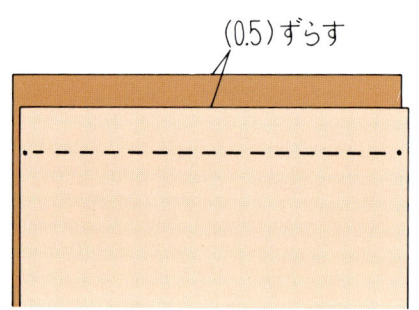

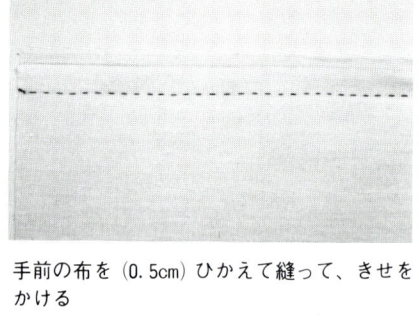

手前の布を（0.5cm）ひかえて縫って、きせをかける

②

向こう側の（0.5cm）を手前に折る

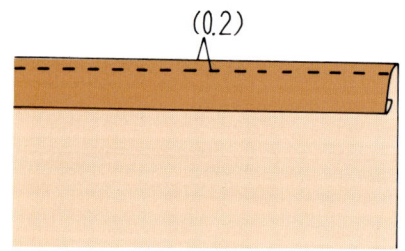

（0.2）

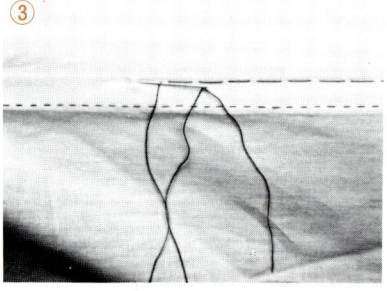

③

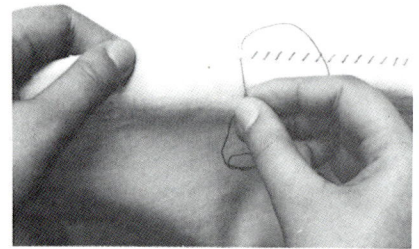

持ち替えて縫いしろを包み、折り山から（0.2cm）のところを伏せ縫いする

布の手前から針を入れる（イ）と（ロ）の方法がある。

〈スカラップ縫い〉

裁ち目のほつれを防ぐ方法で、1針ずつ針を運びます。

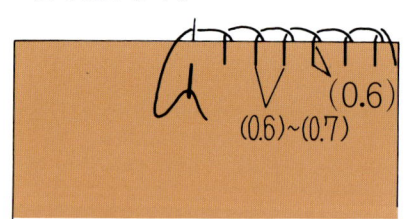

（0.6）~（0.7） （0.6）

〈裁ち目かがり〉

（イ）

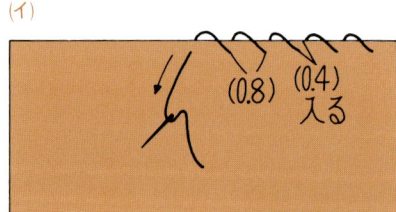

（0.8）　（0.4）入る

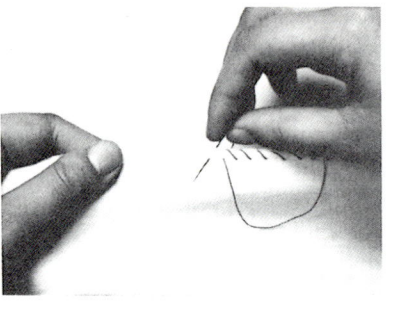

布の向こう側から針を出す

〈突き合わせはぎ〉

布端をつき合わせ、交互に糸をからげて行う方法で、厚地の帯芯、えり芯のはぎ合わせに用います。

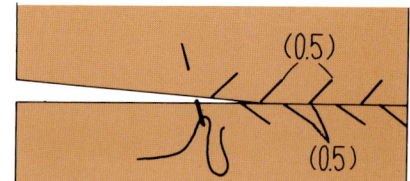

（0.5）　（0.5）

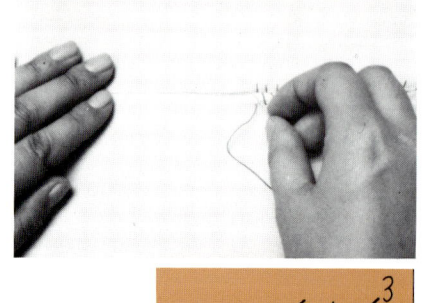

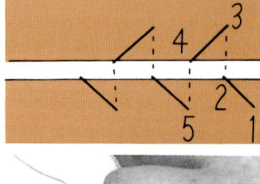

42

とめ方とつなぎ方

〈打ちどめ〉

縫い終りに針をあて、糸を2巻きさせ、親指でおさえて針を抜きます。このとめ方は、しつけをかけたあとや、くけ終りなど余り力の入らないところに用います。

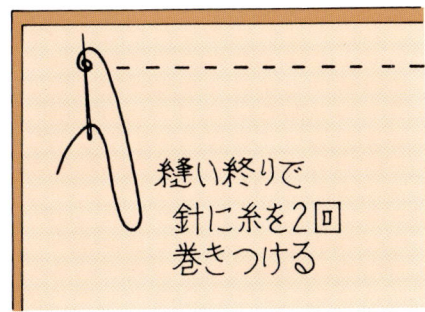

縫い終りで
針に糸を2回
巻きつける

〈返しどめ〉

縫い終りから3～4cm縫いもどる方法で、返し縫いはもとの針目と半針ぐらいずらせます。

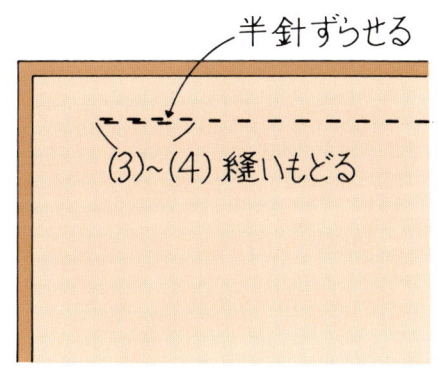

半針ずらせる

(3)～(4) 縫いもどる

〈すくいどめ返し縫い〉

縫いどまりで針を抜かずに小さく布をすくい、針に糸を2巻きさせ針を抜き、そのまま3～4cm縫いもどります。
ひとえのそで口や、わきどまりなどしっかりとめるときに用います。

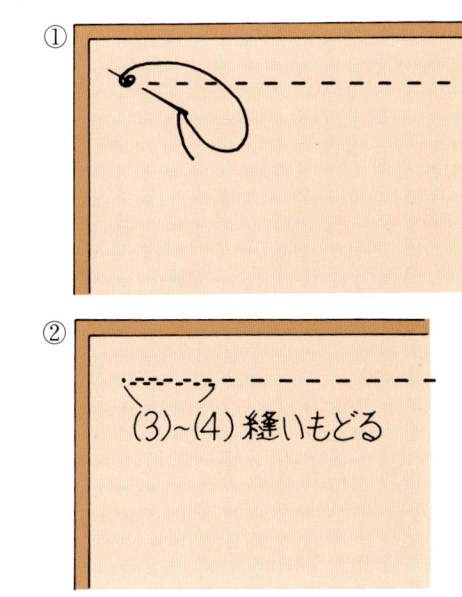

①

②

(3)～(4) 縫いもどる

〈重ねつぎ〉

糸がなくなったら針を抜き、とめ結びした新しい糸を縫い終りの3～4cm手前から前の縫い目の糸に割り込ませながら縫い進みます。ほつれのこないじょうぶなつなぎ方で多くこの方法を用います。

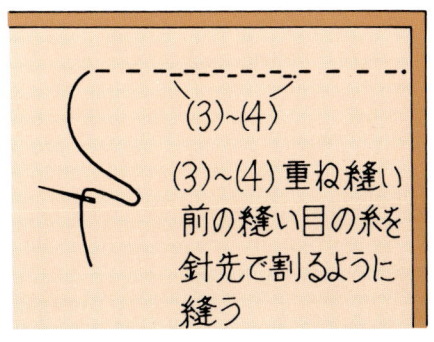

(3)～(4)

(3)～(4) 重ね縫い
前の縫い目の糸を
針先で割るように
縫う

くけ方

〈耳ぐけ〉

縫いしろの端の耳を押えるために用います。耳端から0.2cm中をくけます。小針を裏に2針、表に1針出して、1.5〜2.5cmの針足でくけます。もめんのひとえの縫いしろの始末に用います。

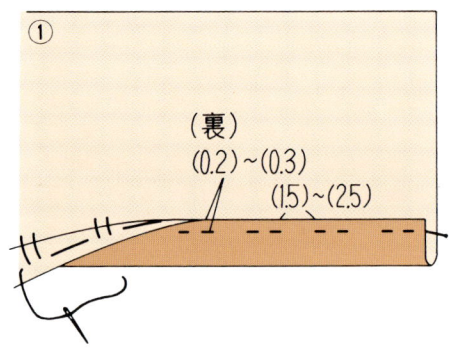

① （裏）
（0.2）〜（0.3）
（1.5）〜（2.5）

② 表の針目　（0.2）
（表）

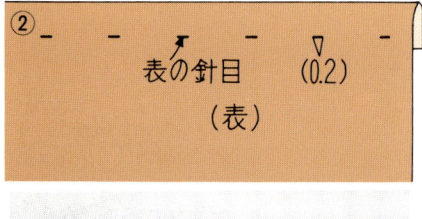

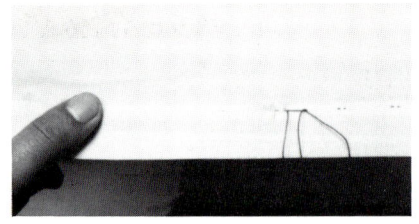

〈三つ折りぐけ〉

布端を三つ折りにし、折り山より0.1〜0.2cm内側を表に小針を出してくけます。くけ山の裏側に1cm間隔で大針を通すようにします。

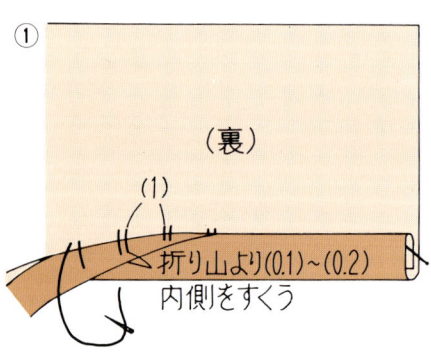

① （裏）
（1）
折り山より（0.1）〜（0.2）
内側をすくう

②

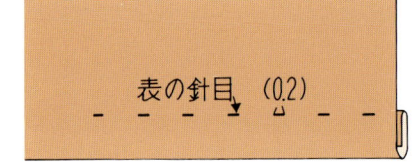

表の針目　（0.2）

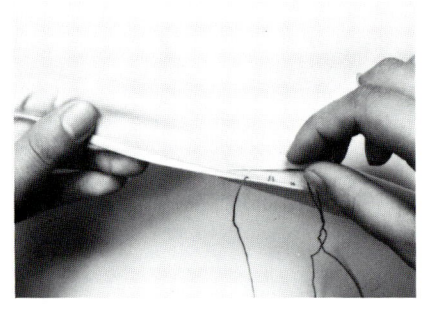

〈本ぐけ〉

ひもをくける場合よく用いる方法です。両端の縫いしろを折り込みますが折り山を毛抜き合わせにそろえてから、折り山より0.2cm内側を0.5〜0.7cmの針足でくけます。

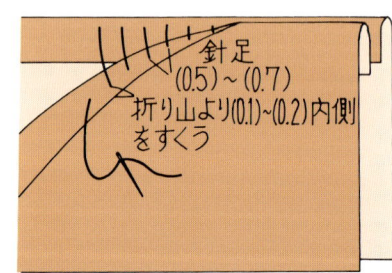

針足
（0.5）〜（0.7）
折り山より（0.1）〜（0.2）内側
をすくう

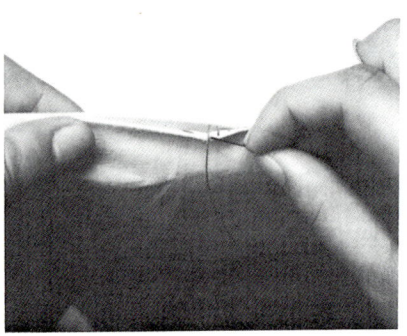

〈千鳥ぐけ〉

普通にくける場合は右から左へ進みますが、千鳥ぐけは左から右にくけていきます。布端を二つ折りか三つ折りにし、右端をかけ針にかけ左手で布を持ちます。針足は0.5〜0.8cmにします。折り山から針を裏側に出し、折り山の外に小さな針目が表に出るようにします。折りしろ側の針目は表に出ないよう、折り上げた布だけをすくうようにします。厚地ものの折り山をおさえるため、折りぐけのかわりに用います。

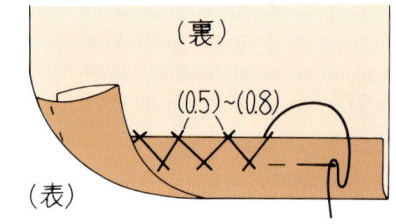

（裏）
（0.5）〜（0.8）
（表）

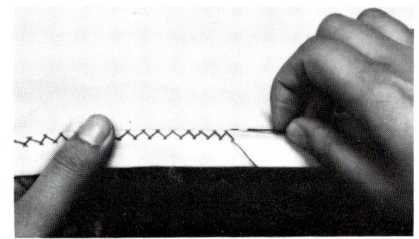

〈よりぐけ〉

耳端をこよりをよる要領で細く巻きます。0.2〜0.3cm幅に巻いたら、羽二重糸でくけます。針足は0.2〜0.3cmくらい。

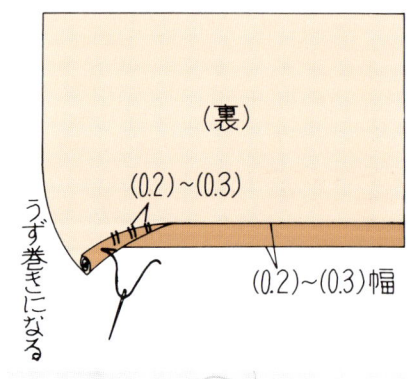

（裏）
（0.2）〜（0.3）
うず巻きこになる
（0.2）〜（0.3）幅

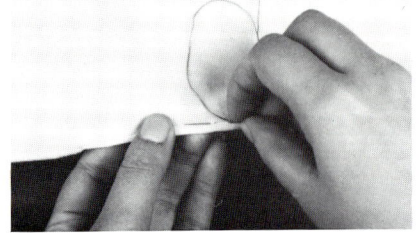

しつけの
かけ方

しつけはきせがくずれるのを防ぐために用いますから、しつけをかけたままで仕上げのアイロンをかけます。したがってしつけ糸を使用しないと、きものにしつけの跡が残りますから、もめんにはもめんのしつけ糸、絹には絹のしつけ糸を使用します。針目は大小あり、大きい方を雄針、小さい針目を雌針、裏側に出る針目を裏針といいます。

〈平じつけ〉
表と裏に同じ大きさの針目が出るよう3〜4cmの針目でしつけをかけます。

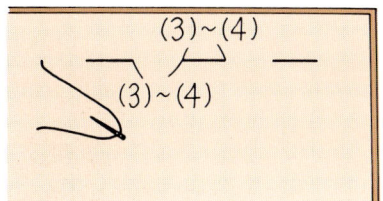

〈一目落し〉
裏側に裏針が一目出るので一目落しといいます。雄針は3〜4cm、裏針は0.2〜0.4cmくらい。表には大きな針目、雄針が出ます。

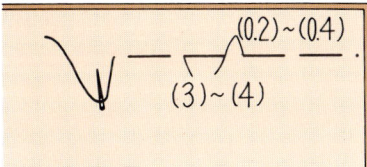

〈二目落し〉
裏側に二目落す縫い方で、雄針は3〜4cm雌針が0.3〜0.4cmくらい。裏側に二針ずつ裏針が出ます。主として折り山やきせ山を落ちつかせる時や、もめんものの飾りに用います。

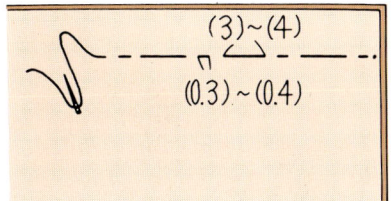

〈三目落し〉
裏針を三針ずつ出すしつけのかけ方です。絹ものや薄ものに用いますが、三目落しは着るときまでしつけをとらないで、そのままにしておきます。

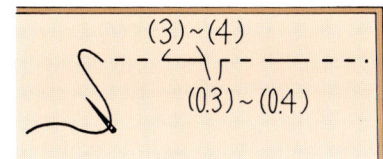

① 平じつけ ①
② 一目落し ②
③ 二目落し ③
④ 三目落し ④

〈かくしじつけ〉
きせがくずれるのを防ぐためのしつけです。着るときにも、しつけはとりませんから地縫い糸を使用。きせ山から0.4cm入ったところの裏側は1.5cmの雄針で、表側は小さな針目が出るようにおさえます。もめん袷、綿入れの胴はぎ、ふとんの縫い目を押える時に用います。

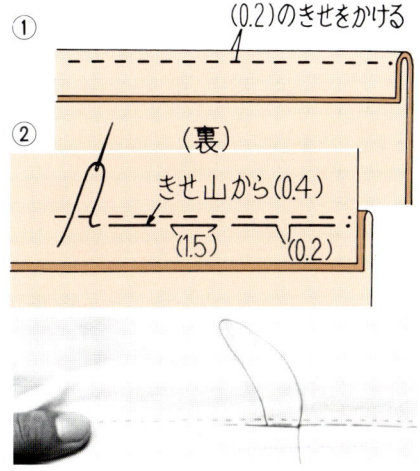

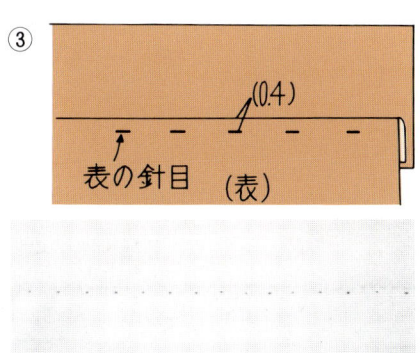

〈ぐしじつけ〉
かけたまま着ますから針目は正しくきれいにかけましょう。きせ山から0.5cm入った所を0.4cm間隔で小針を出します。ちりめんや長じゅばんのそで口や羽織の前下りのきせ山をおさえるのに用います。

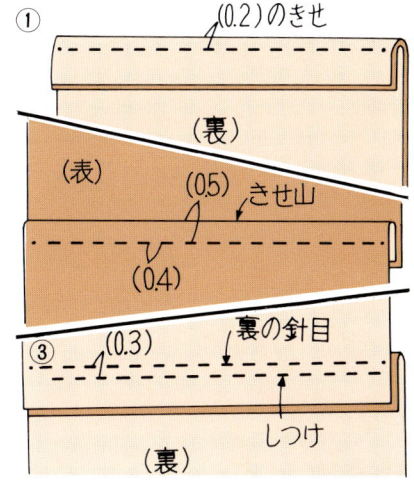

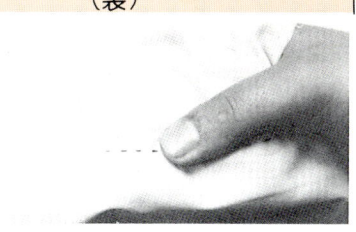

〈両面じつけ〉
0.3〜0.4cmの小針と3〜4cmの大針が両面同じように出るようにします。主として帯、ひもの飾りじつけなどに用います。

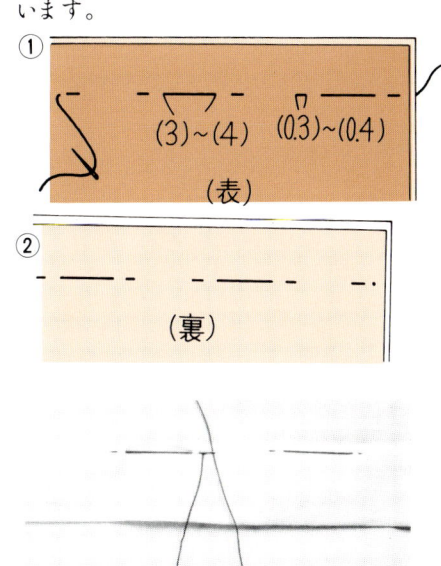

地直しと布の つり合いの調べ方

地直し

着尺地は縦横の布目が正しく、直角でないと縫い目が曲って見苦しくなるばかりか、仕立の狂いが生じやすいので、和服を仕立てる時は、必ず布地を整理してからかかります。

〈布幅のつり合いの調べ方〉

布幅を半分に折って、布の中央と両耳とのつり合いを見ます。耳が揃わないときは、地の目を通します。

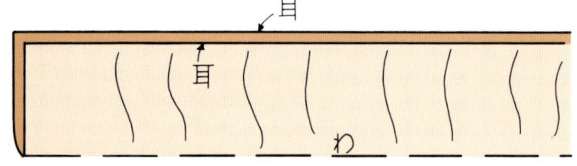

布幅を半分に折り、布地のつり合いを見る

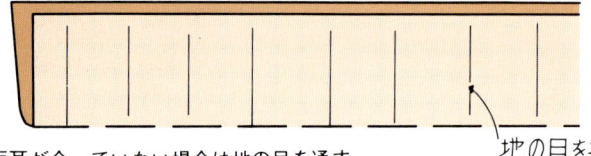

両耳が合っていない場合は地の目を通す

〈地直しの仕方〉

(1)地詰めの陰干し

非常にちぢむものは水につけて陰干しにします。

(2)布の干し方

湿っている間に、ときどきずらせると布幅が平均になり、早く乾きます。

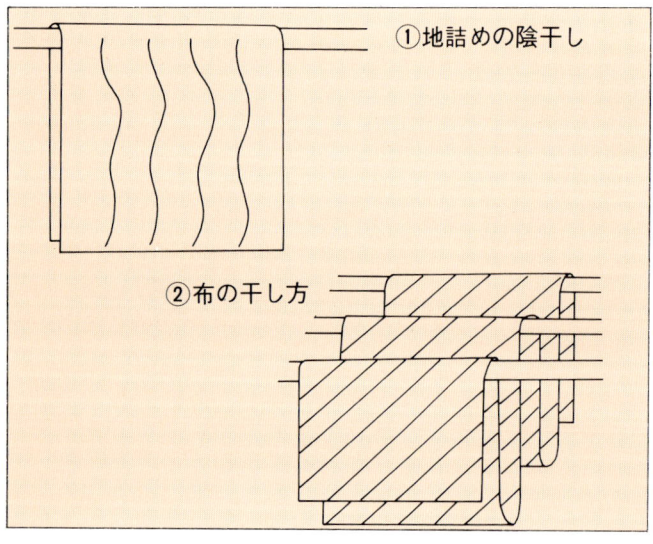

①地詰めの陰干し

②布の干し方

☆ゆかたの場合、反物全体に霧吹きでしめり気を与え、端から巻き、ビニールに包みしばらくおいた後、地直しアイロンのかけ方要領で地直しをします。

〈地直しアイロンのかけ方〉

布の裏側から押しつけぎみにして、温度に気を配りながら布目が正しくなるように前後左右に動かします。

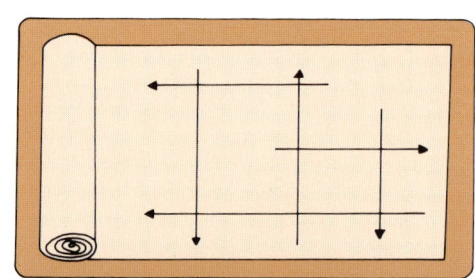

①左右にかける

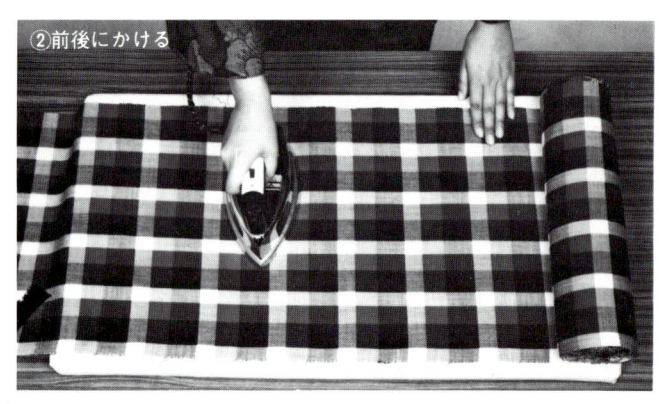

②前後にかける

アイロンの温度

地直しがうまくいくかどうかは布質に適した温度で、じょうずにアイロンをかけるかどうかにかかっています。

アイロンの温度	
木　綿	180℃
絹　・　毛	150℃～160℃ 毛、絹はこげやすいので注意
ナイロン ビニロン	120℃～150℃
テトロン	180℃以下

〈布目の通し方〉

布目のまがっているものは、手で布を斜めに引き、布目のまがりを直しながら、軽くアイロンをかけては、巻き棒に平らに巻いておきます。

●布を交互に斜めに引っぱる

〈耳がつれている場合〉

つれた耳をこてでよく伸ばします。布が厚くて打ち込みの強いもの、伸びにくいものは、0.5cm位の斜めの切り込みを5cm間隔に入れて伸ばします。

●0.5cm位の切り込みを入れる

〈紬地の耳の伸ばし方〉

織り糸にのり付けがしてありますので、まず布全体を湯通しをします。
左手で軽く布を持ち上げ、右手にこてを持ちつまった耳の部分にあて引き伸ばします。

●つまった耳の部分をこてで伸ばす

〈布幅の整え方〉

布幅が不同だったら蒸気の上に布幅を広げてかざし、幅を直してから軽くアイロンをかけて整えます。

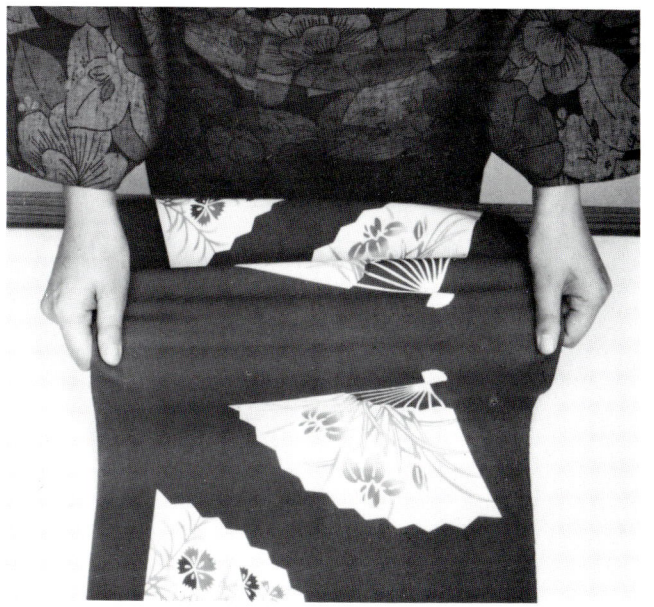

●布幅を整える

柄合わせ

きものは型がきまっていて、洋服のようにシルエットや型によって変化させることがありませんので、材質や柄の配置、色のとり合わせ方によって異なった感じを作り出します。柄の合わせ方次第できもの姿を引き立て、体型をカバーすることも出来ますので、体のどの位置に柄を置くかという事をよく考えて反物を裁ちます。柄の扱い方によってきもの姿がぐっと引き立つことも又やぼったくもなるものですから、色無地・細かな小紋・小絣など以外の柄の場合は充分に気をくばって下さい。基本的な説明をもとにして、更に新しい柄合わせ、個性的な柄合わせを考えましょう。

〈1. 大柄のもの〉(柄が主体になる所)

大柄の飛び模様は、まず模様の向きを見て、

①上前身頃・上前裾・左の前袖(内袖)に上向きの柄がくるように考えます。

②目立つ柄が縫い目を境に二つ横に並ばぬようにします。

③柄の位置をよくする為に左右の身丈寸法に差をつけて裁ち、内揚げ寸法で縫いこみます。

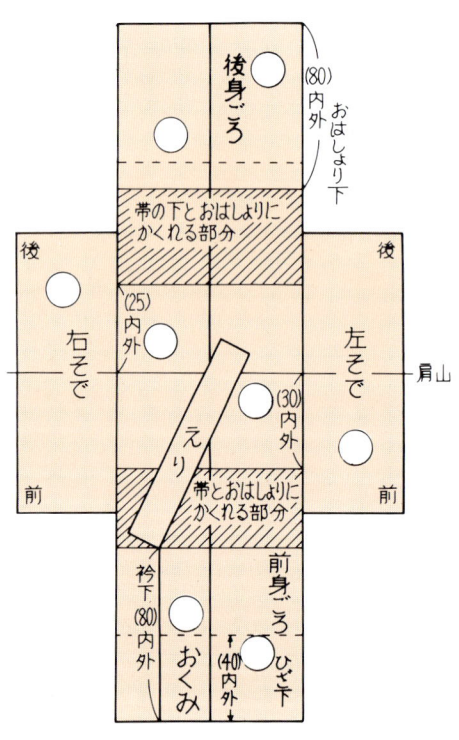

◯ 柄が主体になる所

〈2. 縞と絣の併用柄の場合〉

(イ) やせた人の場合

縞は全体を細くみせますので脇の方によせ、体の中心に絣柄を置きます。

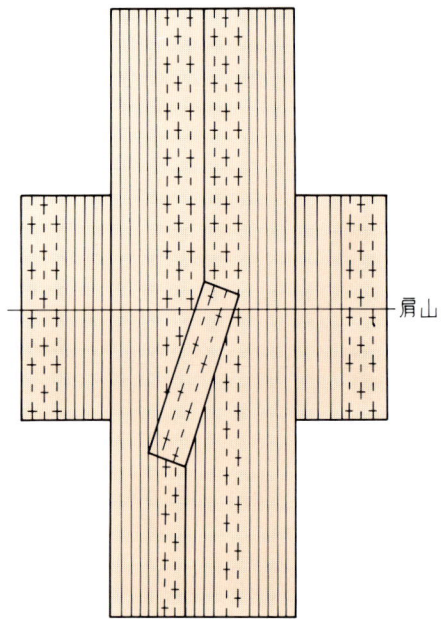

(ロ) 太った人の場合

縞と絣が交互になるように置きます。このような柄の合わせ方を"追い裁ち"と云います。

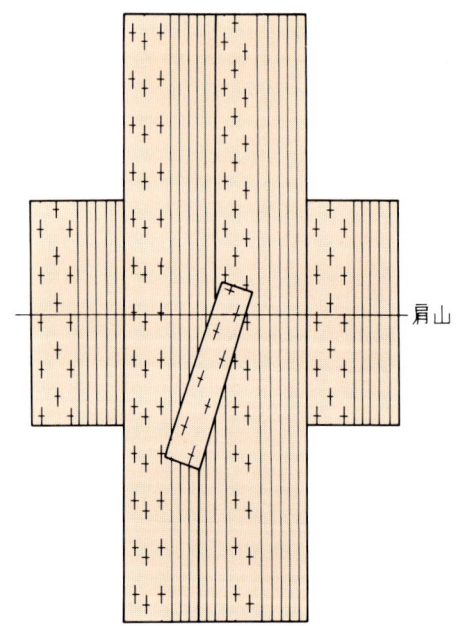

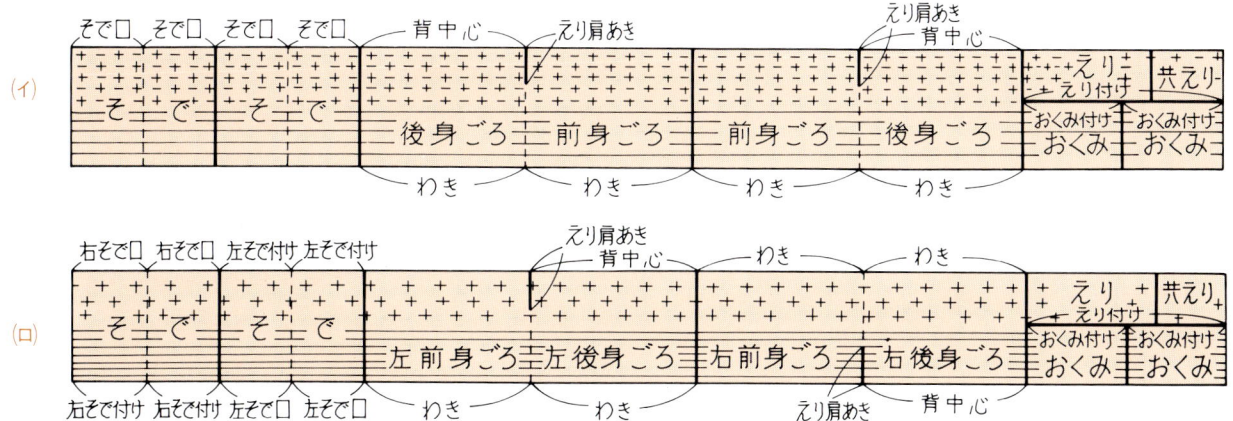

（イ）

（ロ）

〈3.市松模様〉

縫い目を通して全体が市松になるように柄を合わせます。

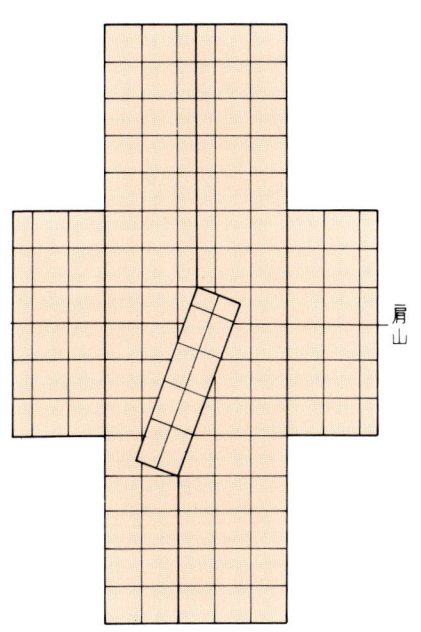

〈4.斜め縞〉（イ）やせた人の場合

斜め線の流れの向きを変え、縫い目位置で交互に山形に合わせますと全体がふっくらと見えます。

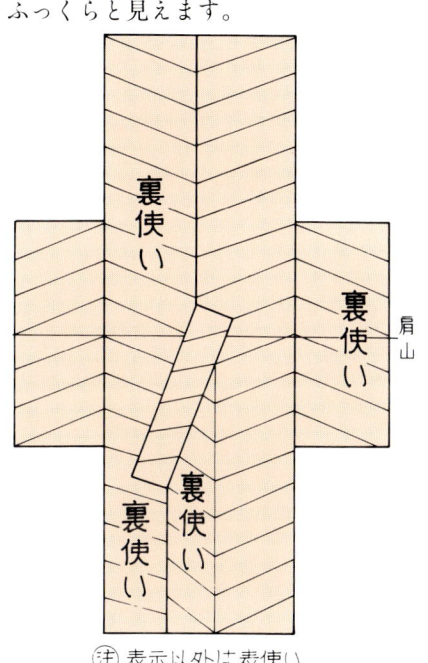

注 表示以外は表使い

（ロ）太った人の場合

斜め線を同じ方向に流すようにしますと、すっきりとした感じになります。

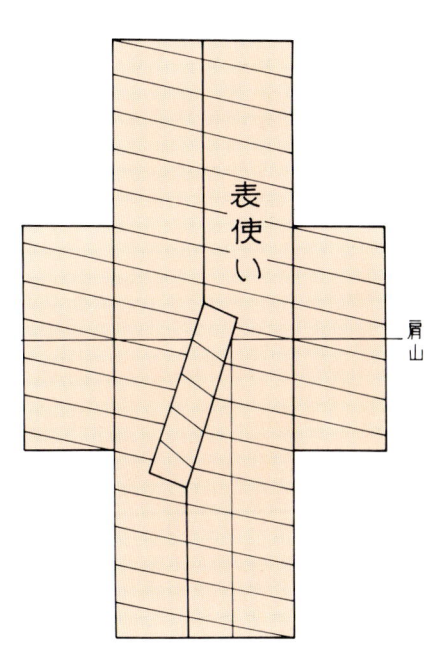

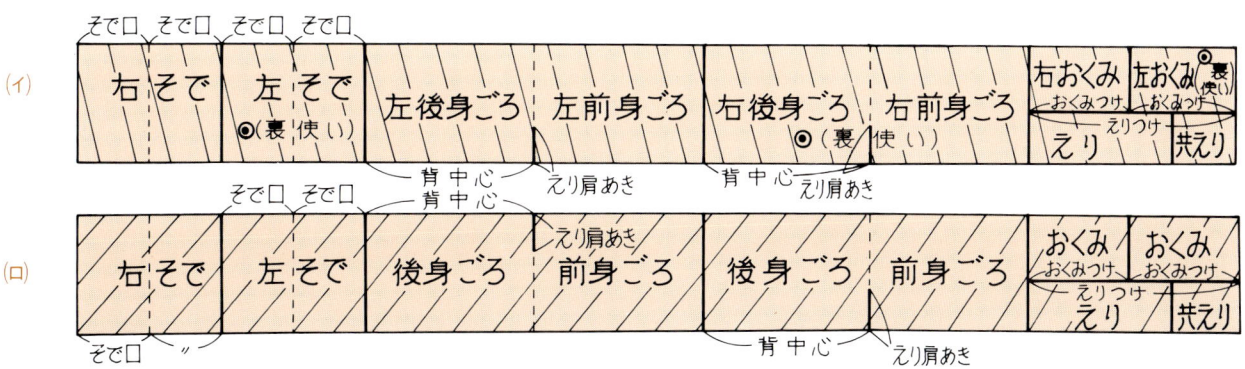

（イ）

（ロ）

＜5.一方向き＞

柄を一定方向にし、横に並ばないようにさえすればよいのです。前身頃を主体にして考えて裁ちます。

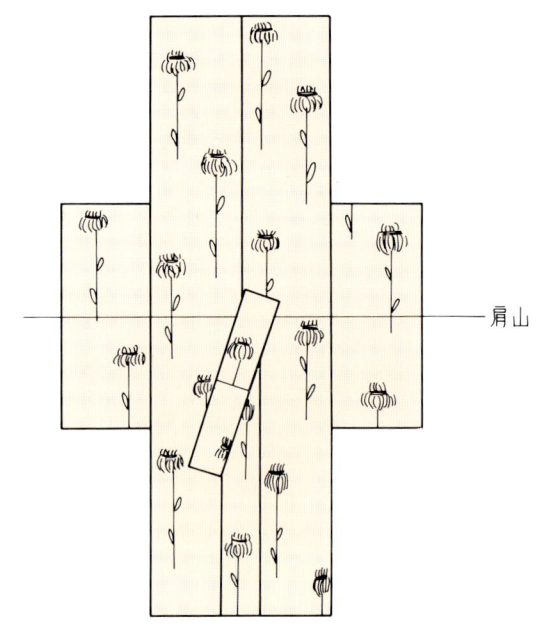

肩山

＜6.縦縞＞

縞模様は、細い縞・太い縞・さまざまにありますので扱い方によって太って見せたり、やせて見せたりするものです。着る人によく似合うよう、スマートな配置を考えます。背・裾・脇の縫い目にくる縞の幅に注意します。背中心で縞が重なって太くならないよう、背縫しろを加減します。
衿には縞の色の渋い方を使用した方が顔を引き立てます。

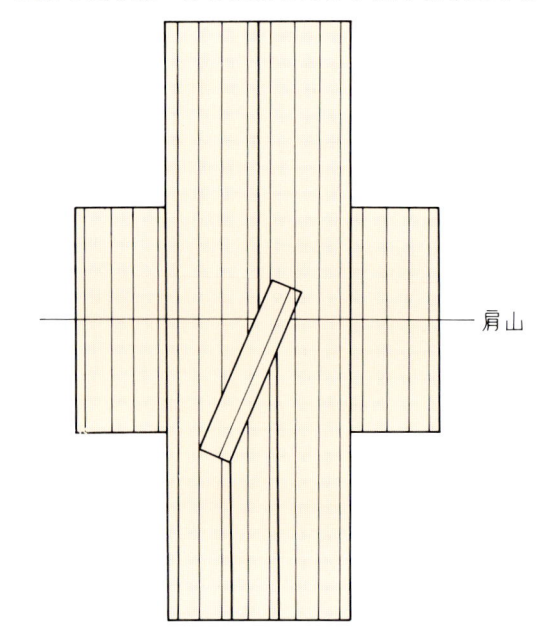

肩山

＜7.ボーダー柄のあつかい方＞

◆90cm幅ものの裁ち方

(背縫い・衽・脇はつまみ縫い仕立になります)

※ボーダー柄をどの位置にするかによって裁ちが異なります。

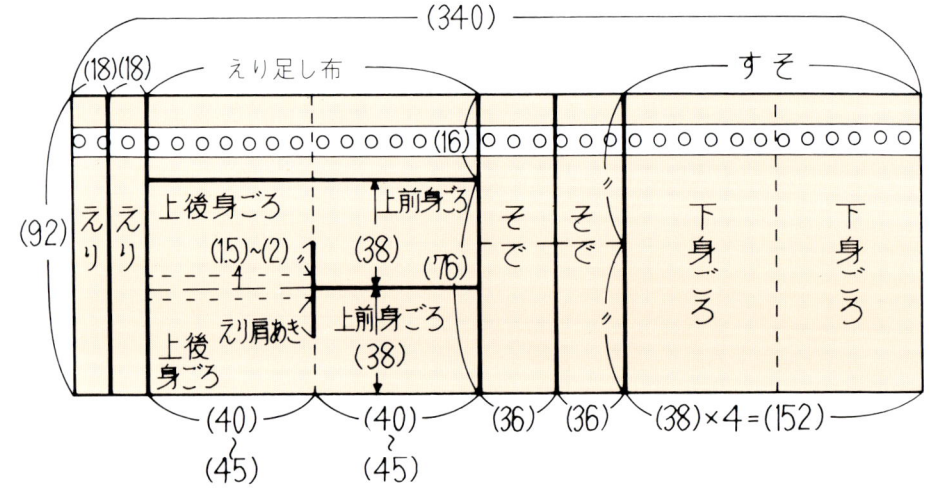

◆90cm幅ものの出来上り図

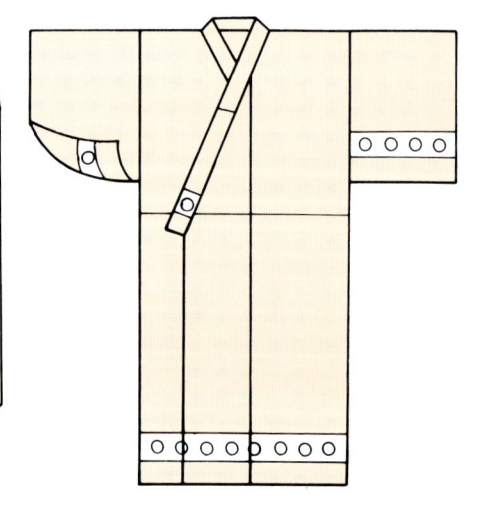

婦人ものの仕立て方

ゆかた

ウールのアンサンブル

下着…ひとえ長じゅばん

　　　半じゅばんとすそよけ

　　　肌じゅばん

ゆかた

湯上がりに着用したため、湯帷子もしくは由加太比良といわれたものです。しかし現在では夏のくつろぎ着としてすはだに着用しますが、布地によって外出着にも用います。その場合も素足に下駄というのがしきたりです。

出来上り図と各部の名称

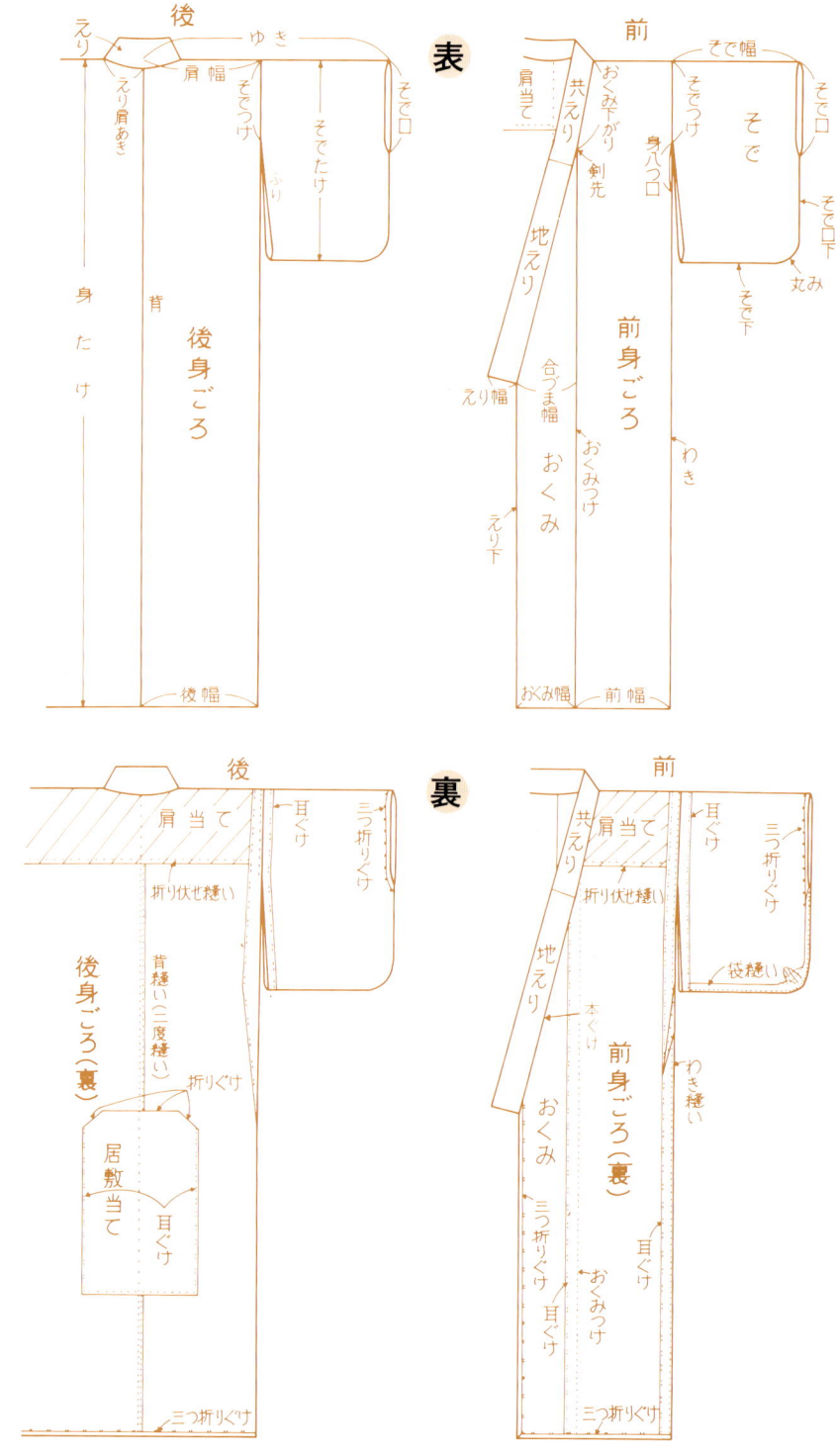

---★用意するもの★---

表布　並幅ゆかた地1反（36cm幅で11m50cm内外）。

肩当て・居敷当て　さらし木綿、または白の新モス（並幅1m40cm内外）。

三つえり芯　共布、または白の新モス（10cm5mm幅×27cm丈）。

その他　クロバー袖丸み形（軽金属製）、カタン糸30番、または木綿糸、クロバー金耳針三ノ三、または三ノ二。

〈寸法の計り方〉

できあがり標準寸法は参考として、自分の寸法を体型によって割り出します。

なお、そでたけ、そで丸み、そでつけなどは年令や好みによって適当な寸法を選んで下さい。

えり下の美しい寸法 えり先が腰ひも位置より6cm位下が一番美しくみえる寸法です。

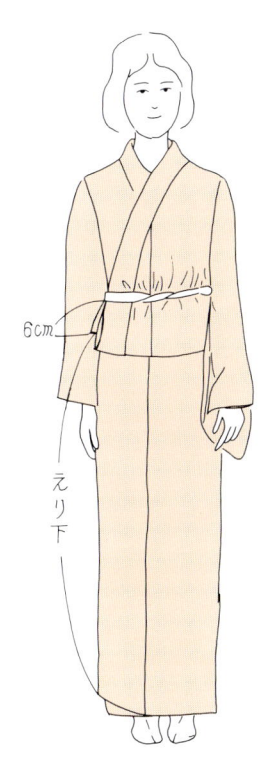

名　　　　称	採 寸 の 仕 方 ・ 割 り 出 し 方
身　た　け	着たけ＋おはしょり分25cm～27cmまたは身長＋5cm
ゆ　　き	手を45度上げて首のつけ根から手のくるぶしまで
そ　で　幅	ゆきたけ×½＋1cm
肩　　幅	ゆきたけ×½－1cm
前　腰　幅	腰まわり寸法×½－7cm（前後の差）
前　　幅	腰まわり寸法×½－7cm－15cm（おくみ幅規定寸法）
後　腰　幅	腰まわり寸法－前腰幅
後　　幅	後腰幅×½＋2cm（脇の厚み分）
抱　き　幅	胸幅×½
え　り　下	身長×½＋2cm～3cm（えり先が腰ひもより6cm位下）

●身幅の決め方

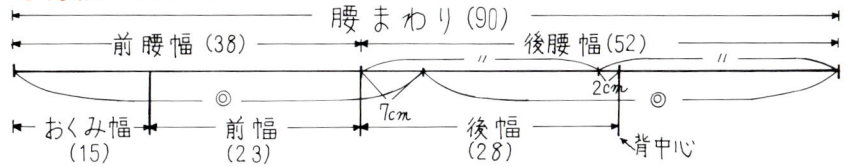

●出来上り標準寸法と割り出し方　(cm)

名　　　称	寸　　法		割 り 出 し 方
そ で た け	38～55		着たけ³⁄₁₀～⁴⁄₁₀
そ　で　口	20～23		
そ で つ け	21～23		そで丈×½内外
そ　で　幅	32～34		
そ で 丸 み	2～10内外		
身　た　け	150～160		身長と同寸または着たけ＋25～30
ゆ　　き	62～64		首のつけ根から手首まで
肩　　幅	30		ゆき－そで幅
え り 肩 あ き	8.5		裁ち切り9.5
身 八 つ 口	13～15		
後　　幅	28		
前　　幅	23		
お く み 幅	15		
合 づ ま 幅	13～14		
おくみ下がり	23		
え　り　下	76～80		身たけ×½＋3
え り 幅	ばちえり	えり肩廻り5.5	
		剣　先　6.5	
		えり先　7.5	
く り こ し	2～3		

見積り方

① **裁ち切りそでたけ**(52)〜(53)＝できあがりそでたけ(50)＋そで下縫いしろ(2〜3)

② **裁ち切り身たけ**(162)＝できあがり身たけ(160)＋すそくけしろ(2)

③ **裁ち切りおくみ下がり**(18)〜(20)＝おくみ下がり(21)〜(23)－おくみ先縫いしろ(3)

④ **裁ち切りおくみたけ**(142)〜(144)＝裁ち切り身たけ(162)－裁ち切りおくみ下がり(18)〜(20)

⑤ **裁ち切りえりたけ**(195)〜(197)＝｛できあがり身たけ(160)－えり下(76)〜(80)＋えり肩あき(8.5)＋えり肩まわりゆるみ(0.6)＋えり先縫いしろ(5)〜(8)｝×2

⑥ **裁ち切り共えりたけ**(85)＝｛えり肩あき(8.5)＋えり肩まわりゆるみ(0.6)＋おくみ下がり(23)＋(6)〜(8)＋共えり先縫いしろ(1.5)｝×2

裁ち方

下図のように並幅11m50cmと用尺が十分にあるときに用います。棒おくみ裁ちともいわれ、おくみを長方形に裁ちますので縫い直しもでき経済的です。

＜布のたたみ方と裁ち離し方＞

見積りをした布の寸法と布数をもう一度たしかめてから、番号順に切っていきます。

① 身ごろとそでの折り山を切ります。

② 身ごろとおくみ、えりの折り山を切ります。

③ おくみ、えりと残り布の折り山を切ります。

④ おくみはたけを二つに裁つ前に、まず幅に2cmの差をつけて裁ち切ります。

⑤ おくみたけを裁ち切ります。

⑥ えりと共えりを裁ち切ります。

裁ち切り方法

※（　）内の数字はcmをあらわします。

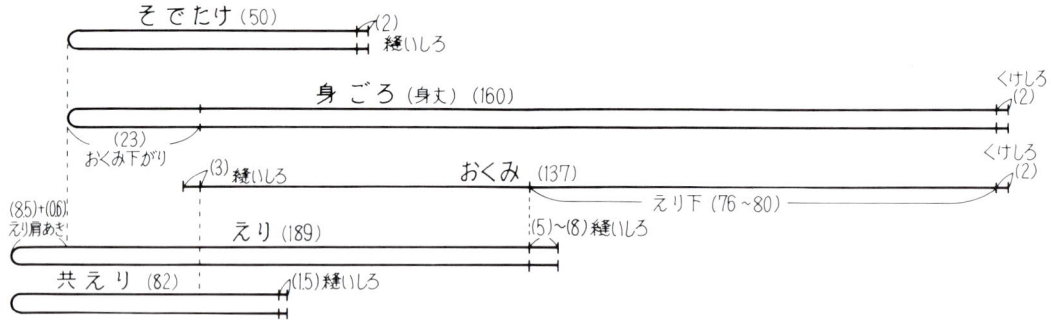

裁ち方　並幅11m50cm（普通裁ち）

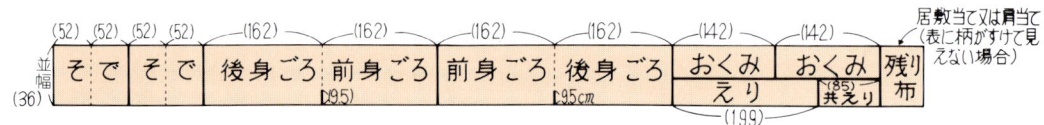

布のたたみ方と裁ち離し方

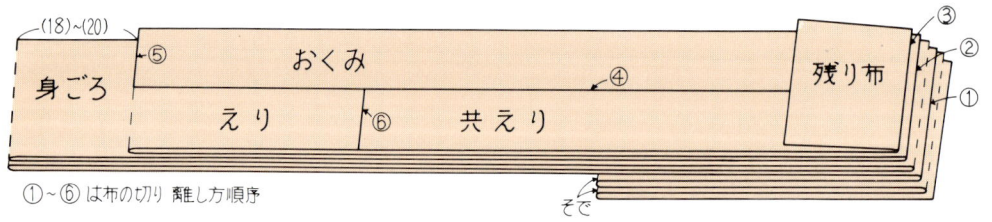

①〜⑥は布の切り離し方順序

布のたたみ方

折り山に待ち針を打つ

折り山に物さしを入れてきっちり折る

身ごろ

① そで

そで、身ごろ、おくみの順にたたむ

布端をまっすぐに布目を通して切り落す

居敷当て、肩当ての裁ち方（並幅1m45cm）

(45)	(50)	(50)
居敷当て	肩 当 て	肩 当 て
(36)	後ろ　　前	前　　後ろ
(27)	(9.5)(23)	(23)(9.5)(27)

しるしつけ

〈そでのしるしつけ〉

(1)たたみ方
左右のそでを中表に2枚合わせ、たけ2つ折りにします。

(2)しるしつけ
そで下の布目をきっちり通し、そで口を向こう側にして耳を4枚そろえます。

●**順序**
①山じるし　そでつけの山に山じるしをします。
②そでたけ　そで山から、出き上がりそでたけにきせ分0.2cmを加えてそでたけのしるしをします。
③そで口　そで山よりそで口23cm計ってしるしします。
④そでつけ　そで山よりそでつけ23cm計ってしるしします。
⑤そで口くけしろ　そで口くけしろを耳から0.8cm入ったところにしるしします。
⑥そで口下縫いしろ0.7cmをしるしします。
⑦好みの寸法のそで丸み型紙をつくり、しるしします。
⑧そで幅　出来上りそで幅にきせ分0.2cm加えてしるしします。

(3)丸み型紙の作り方
丸み寸法に5cm加えた寸法の正方形の厚紙を用意します。図を参照して丸みの線を引きます。丸み寸法止りにVに切り込みを入れます。

☆しるしつけ

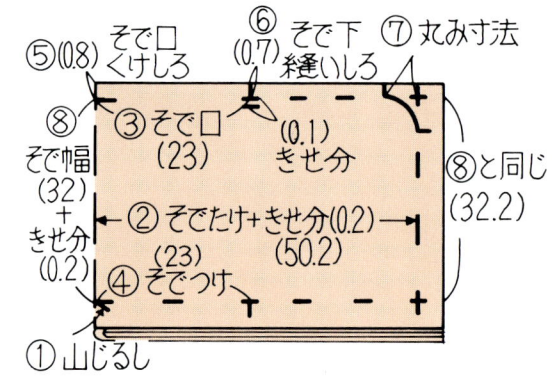

⑤(0.8)そで口くけしろ　⑥(0.7)そで下縫いしろ　⑦丸み寸法
⑧そで幅(32)＋きせ分(0.2)　③そで口(23)　(0.1)きせ分
②そでたけ＋きせ分(0.2)(50.2)(23)　⑧と同じ(32.2)
④そでつけ　①山じるし

そで口　丸み　4ヵ所に待ち針を打つ

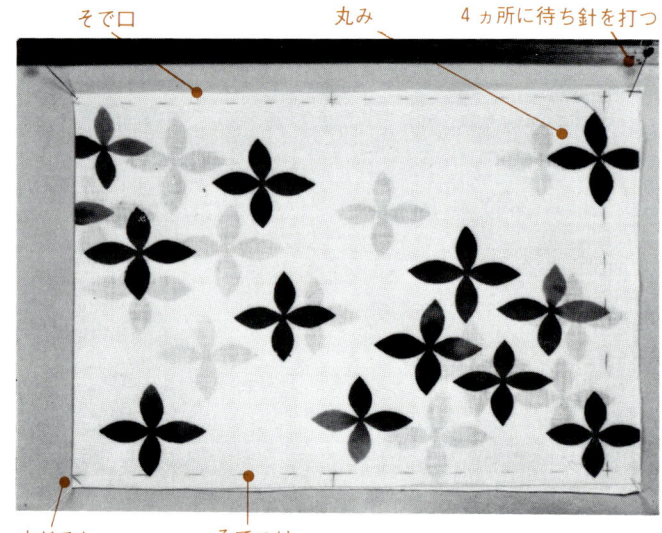

山じるし　そでつけ

☆そでのたたみ方

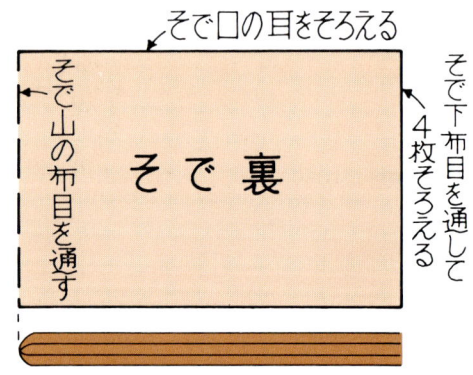

そで口の耳をそろえる
そで山の布目を通す
そで下布目を通して4枚そろえる
そで　裏
2枚を中表に合わせて2つ折りにする

☆丸み型紙の作り方

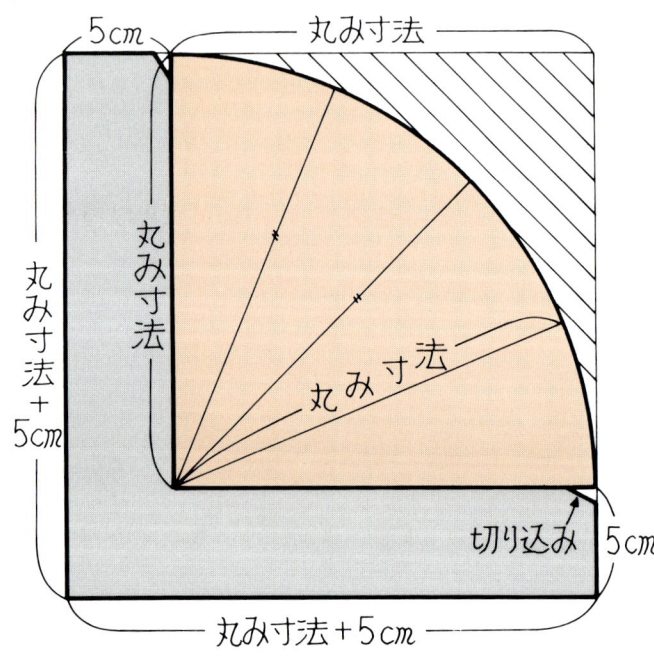

5cm　丸み寸法
丸み寸法
丸み寸法＋5cm
丸み寸法
切り込み　5cm
丸み寸法＋5cm

＜身ごろのしるしつけ＞

(1)布の重ね方、そろえ方

①左右の身ごろを中表に合わせます。

②たけを二つに折り、肩山を左、すそを右にし、前身ごろを下、後身ごろを上にして重ねます。

③肩山の布目を通し、2枚そろえます。

④身たけを計り、短いたけを基準にして、身たけ4枚をたちそろえます。

(2)後身ごろ （くりこしのない場合）

●順序

①山じるしをつけます。

②背縫いしろ　背縫いしろを耳端から1cm計ってえり肩あきからすそまでしるします。

③すそくけしろ　すその裁ち目よりすそくけしろ2cmを布幅いっぱいにしるします。

④そでつけ　肩山よりそでつけ23cm計ってしるします。

⑤身八つ口　そでつけより身八つ口寸法を計ってしるします。

⑥肩幅　背ぬいしろから肩幅にきせ分0.4cm加えてしるします。

⑦後幅　すそと身八つ口どまりで後幅にきせ分0.4cm加えてしるします。

⑧わきぬいのしるしはすそ幅しるしと身八つ口しるしを結びます。

⑨肩幅と身八つ口の幅しるしを結びます。

⑩えり肩あき　手前側耳より肩山に9.5cm計り待ち針を打ちます。ここまで手前側耳から切り込みを入れます。

※くりこしのある場合はウールのアンサンブル（P.79）を参照。

☆布の重ね方、そろえ方

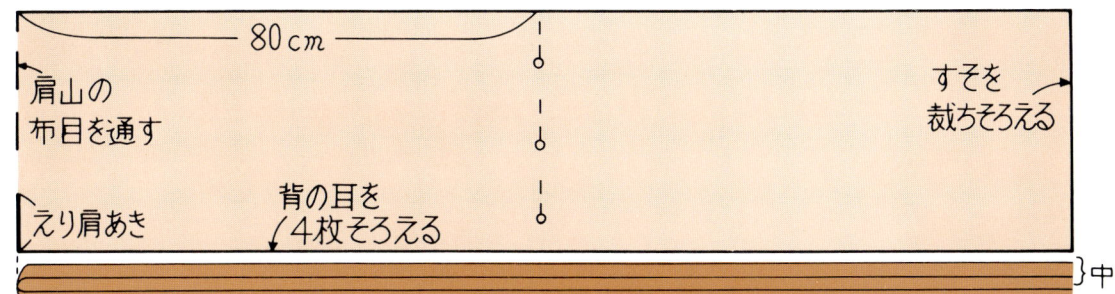

☆後身ごろ（くりこしのない場合）

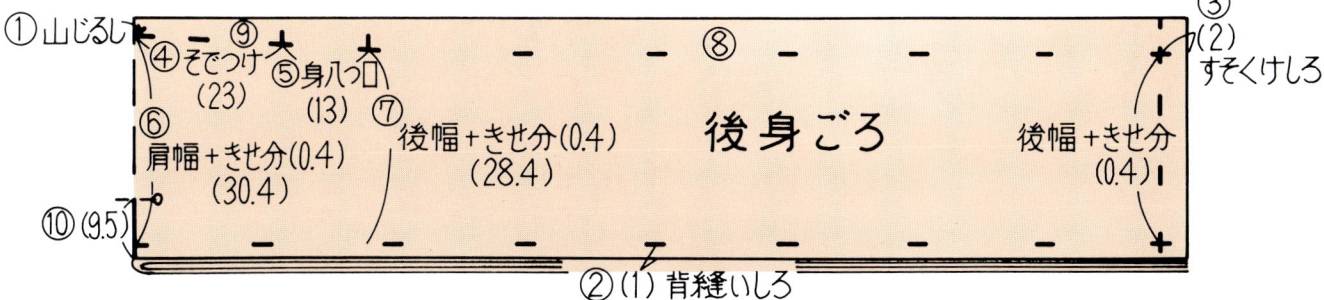

しるしつけをする前に4方に待ち針を打つ

(3)前身ごろ

後身ごろを左側に起し、後身ごろでつけた背ぬいしろ以外のしるしをつけ直し、番号順に前身ごろのしるしをつけます。

①おくみ先のしるし　肩山からおくみ下がりを計り、裁ち切りえり肩あきから1〜1.5cm差し引いた寸法をT字にしるします。

②前幅のしるし　すそで前幅にきせ分0.4cmを加えたものをしるします。

③おくみつけのしるし　剣先のT字しるしと前幅のしるしを結んでおくみつけのしるしをします。この間を計っておくみたけ寸法とします。

前幅のしるしつけは、すそからおくみ下がりまで、直線に糸を張ってしるしをつける

☆前身ごろのしるしつけ

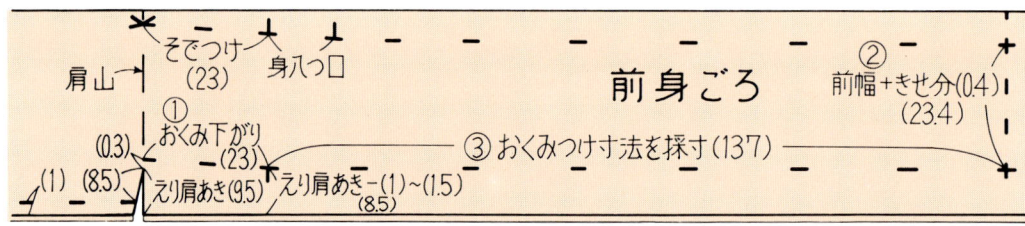

☆えり肩あきのしるしつけ

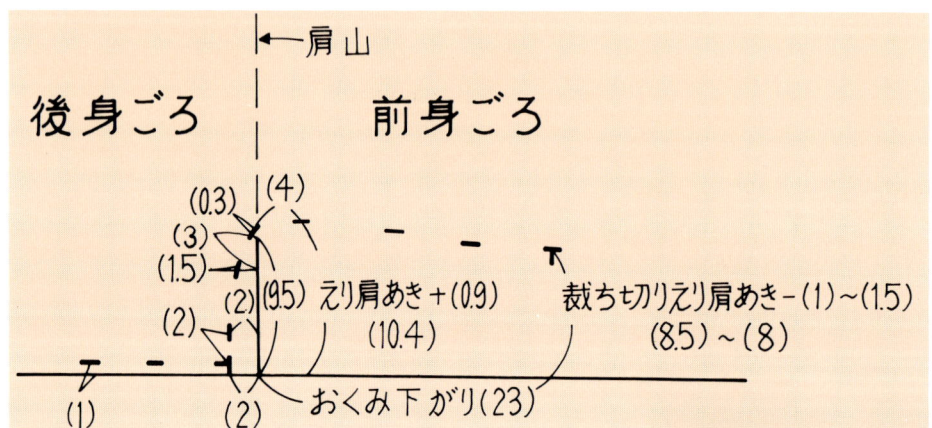

〈おくみのしるしつけ〉

左右のおくみを中表に合わせ、手前を裁ち目に、すそを右にしておきます。

●順序

①すそくけしろ　2cmとり、布端いっぱいにしるします。

②おくみたけ　身ごろで採寸した寸法をすそくけしろからとり、しるします。

③えり下　すそよりえり下寸法をしるします。

④えり下くけしろ　1.5cm裁ち目から計ってしるします。

⑤おくみ幅のしるし　えり下くけしろよりおくみ幅にきせ分0.2cm加えた寸法をすそで計ってしるします。

⑥合づま幅のしるし　えり下の位置でえり下くけしろから合づま幅に0.2cmのきせを加えた寸法を計ってしるします。

⑦おくみつけしるし　おくみ幅しるしと合づま幅しるし、おくみたけを結んでおくみつけのしるしをします。

⑧えりつけしるし　おくみたけしるしより0.3cm下げたしるし(剣先)とえり先とを結びえりつけしるしをします。採寸をします(えり流れとも言う)。

〈ばちえりのしるしつけ〉

たけを中表に二つ折りにし、裁ち目を手前に、わをえり山として左側におきます。

●順序

①山じるしをつけます。

②えり山よりできあがりえり肩あきにゆるみ分0.6cm加えた寸法を計りしるします。

③②の位置からおくみ下がりの寸法をしるします。

④③の位置からおくみで採寸したえりつけ寸法をしるします。

⑤えりつけしろ1cmをしるします。

⑥えり幅のしるしをします、Ⓐ、Ⓑでできあがりえり幅5.5cmの2倍にきせ分0.1cm加えた寸法をしるします。Ⓒ剣先で13.1cm、Ⓓえり先では15.1cmそれぞれのしるしをし、これを結びます。

〈共えりのしるしつけ〉

中表にたけ二つ折りにして、裁ち目を手前にわを左側におきます。

①山じるしをします。

②共えりつけしろ1cmしるします。

③えり先ぬいしろ1.5cmをしるします。

☆おくみのしるしつけ

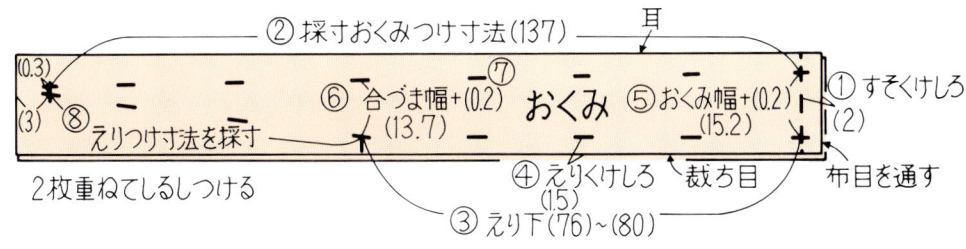

☆ばちえりのしるしつけ

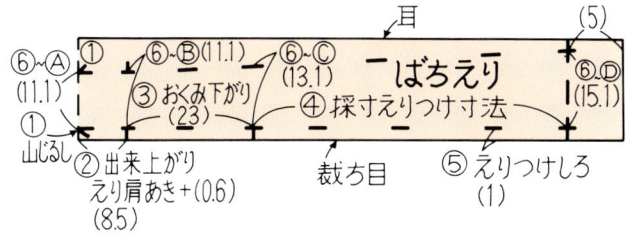

☆共えりのしるしつけ

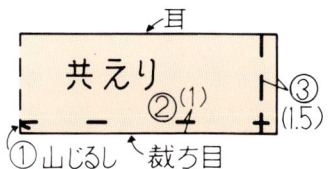

縫い方

〈そでの縫い方〉

(1)そで下の袋縫い

①中縫い

外表にそで下裁ち目を合わせ0.4cmの縫いしろで、ふりくけしろの1.5倍と丸み寸法に2cm加えたものをそれぞれ両端に残し、待ち針をしてそで下の袋縫いの中縫いをします。

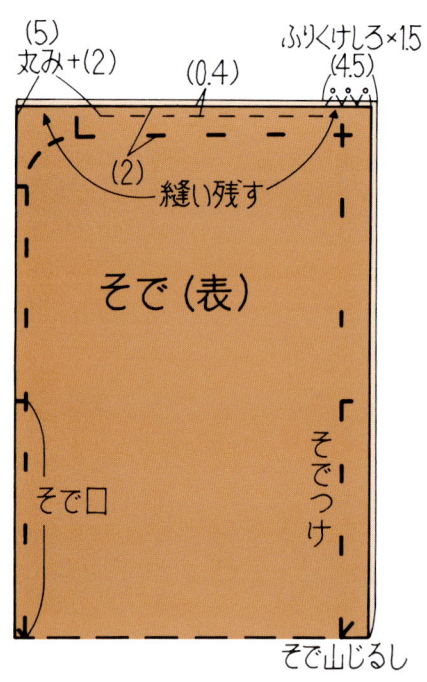

(5)
丸み+(2)
(0.4)
ふりくけしろ×1.5
(4.5)
(2)
縫い残す
そで(表)
そで口
そでつけ
そで山じるし

②きせをかけます。

0.1cmのきせをかけて折りをつけます。

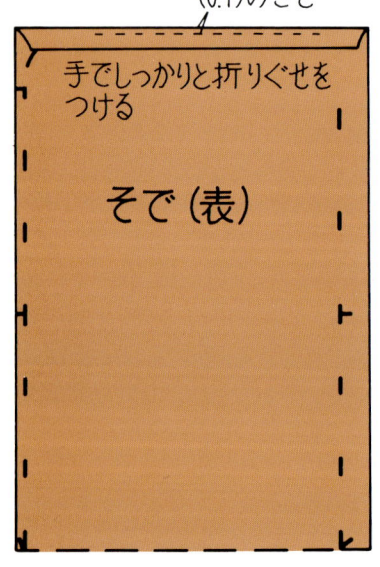

(0.1)のきせ
手でしっかりと折りぐせをつける
そで(表)

③毛抜き合わせにします。

裏にかえして毛抜き合わせに整えます。

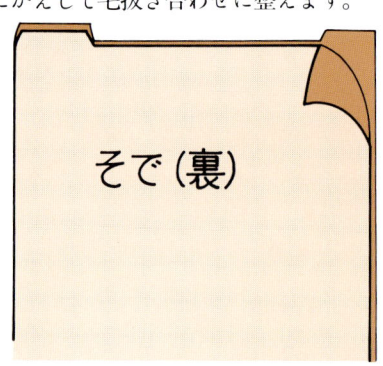

そで(裏)

(2)待ち針の打ち方

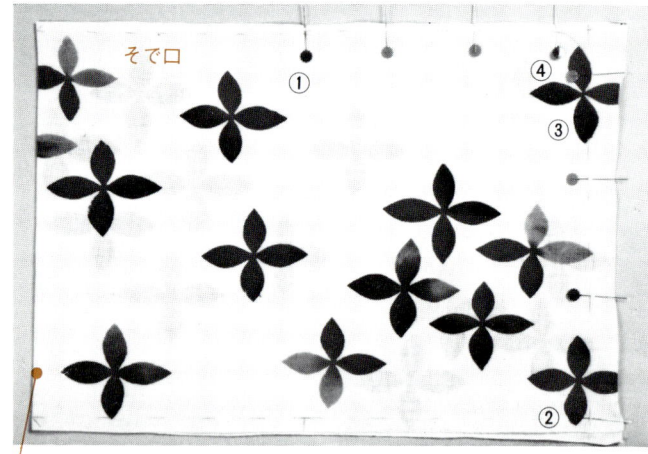

そで口
①
④
③
②
そで山

番号順に待ち針を打ち、さらに間をこまかく打つ

中表に合わせてしるし通りに待ち針を打つ

(3)そで下からそで口下の縫い方

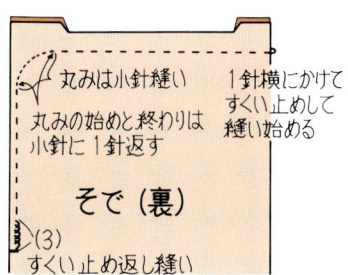

丸みは小針縫い

丸みの始めと終わりは
小針に1針返す

1針横にかけて
すくい止めして
縫い始める

そで(裏)

(3)
すくい止め返し縫い

(4)丸みの縫い方

① 丸みにそって2本縫います

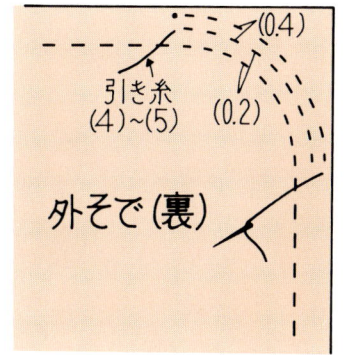

引き糸
(4)～(5)

(0.4)

(0.2)

外そで(裏)

4～5cm引き糸を左右に残す

② 袖丸み形を使ってそでの丸みを作ります

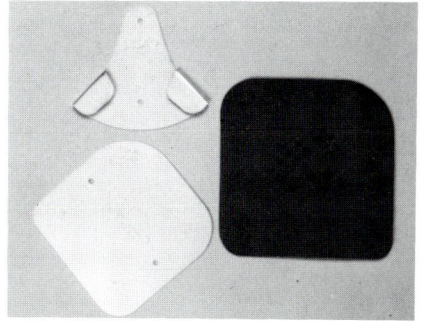

丸みにあてがって、左右の引き糸を絞る
0.2cmのきせをかけて内そで側に折る

③ ささえ金具をしっかりはさみ止め、更に引き糸でしめながら丸みを整えます

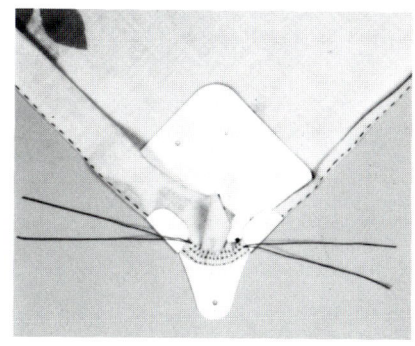

④ 左右の引き糸を結びます

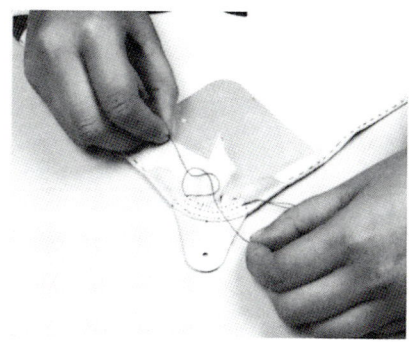

⑤ ひだ山を返し針でおさえます

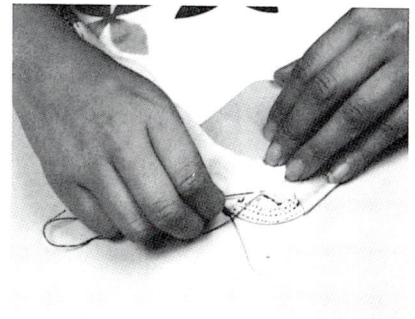

⑥

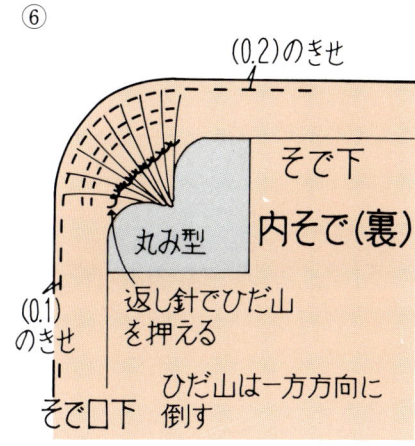

(0.2)のきせ

そで下

内そで(裏)

丸み型

返し針でひだ山
を押える

(0.1)
のきせ

そで口下

ひだ山は一方方向に
倒す

⑦ 1針内そでにとじます

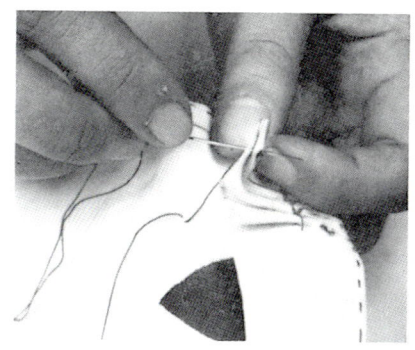

⑧ 丸みの出来上り(表)

(5)そで口の三つ折りぐけ

①そで口下は0.1cmきせをかけて折り
　ます

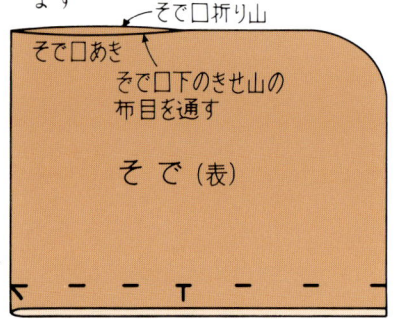

（イ）0.2cmのきせをかけて指の腹で強
　くおさえる

（ロ）強くしごく

（ハ）きせ山どおり毛抜き合わせにする

②くけ方

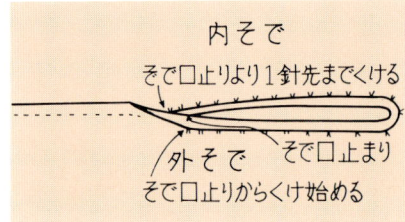

（イ）そで口を折る

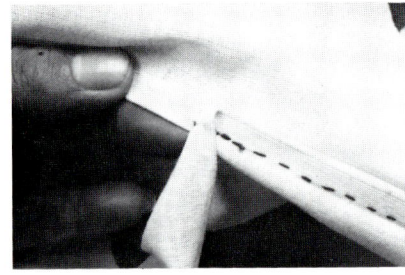

（ロ）三つ折りぐけ

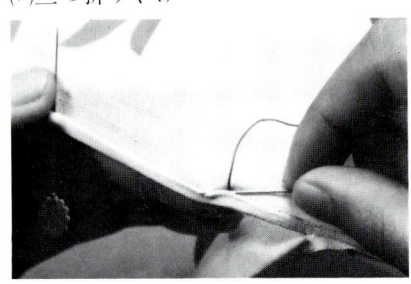

（ハ）そで口の縫い始めと縫い終り

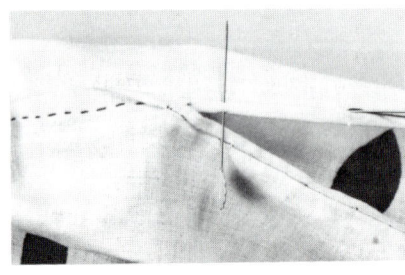

③そで口の出来上り

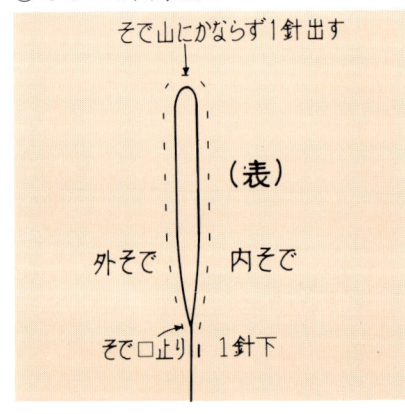

(6)そでの出来上り

（裏）

（表）

電気ごて

縫い目に平ごてを当てたり、きせを
かけたり、くせ取りなどに使用し、
細かい部分に当てるのに便利です。

〈身ごろの縫い方〉

(1)背縫いの待ち針

①えり肩あきをかけはりではさんでピーンと布を張ります。

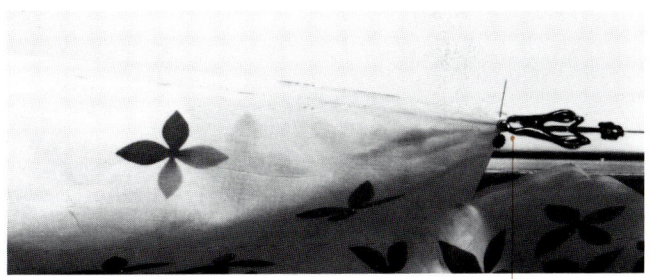

かけはりで布をしっかりはさむ

②布を張った状態で待ち針を打っていきます。

③待ち針の打ち方

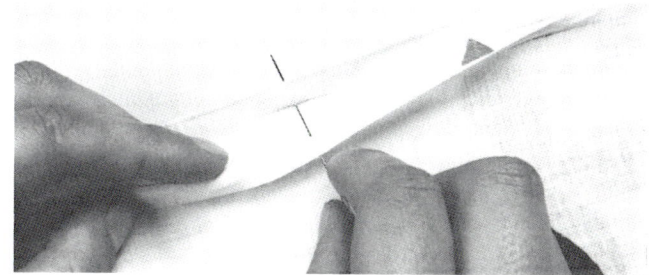

(2)背縫い（2度縫い）

①1度めの縫い方

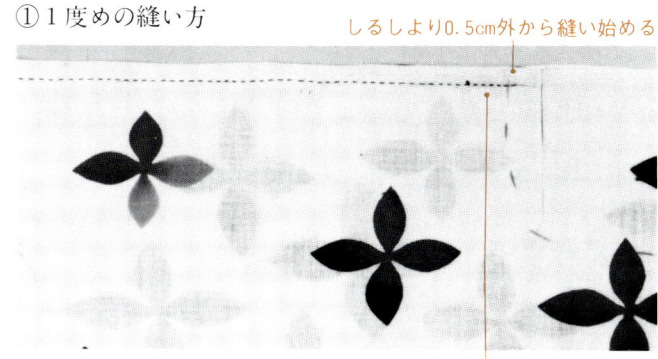

しるしより0.5cm外から縫い始める

3〜4cm返し縫いをする

②2度めの縫い方

しるしより0.5cm外まで縫う

耳から0.2〜0.3cm入って、背縫いと平行に2度縫いをする

☆背縫いの待ち針の打ち方

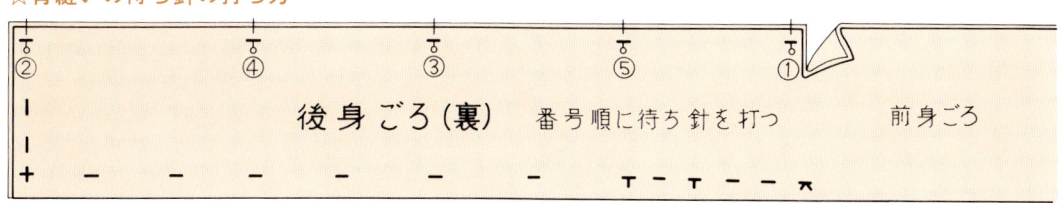

② ④ ③ ⑤ ①

後身ごろ（裏）　番号順に待ち針を打つ　　前身ごろ

☆背縫い（2度縫い）

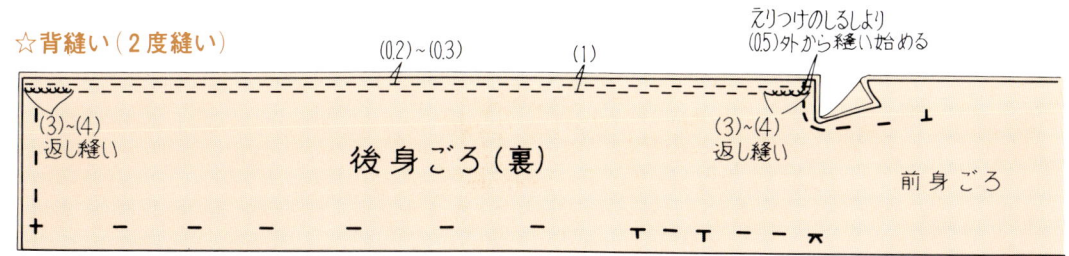

(0.2)〜(0.3)　(1)

えりつけのしるしより
(0.5)外から縫い始める

(3)〜(4)
返し縫い

後身ごろ（裏）

(3)〜(4)
返し縫い

前身ごろ

(3)縫いしろの折り方

えり肩あきを右手に持って手前に折ります。

〈肩当て布の縫い方とつけ方〉

①1cmの縫いしろで背縫いをします。

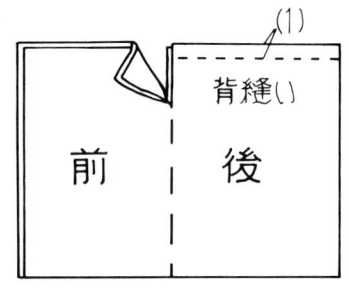

②0.2cmのきせをかけて、身ごろと反対の右身ごろ側に、片返しに折ります。

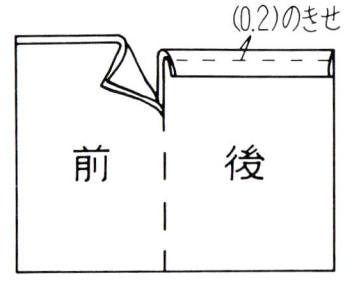

③前後の肩当て布のすそを1cm折り、伏せ縫いをします。

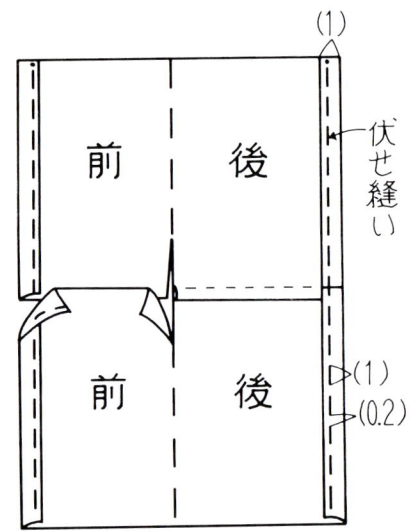

④肩当て布を身ごろにつけます。右後身ごろを出して、肩当て布を合わせます。

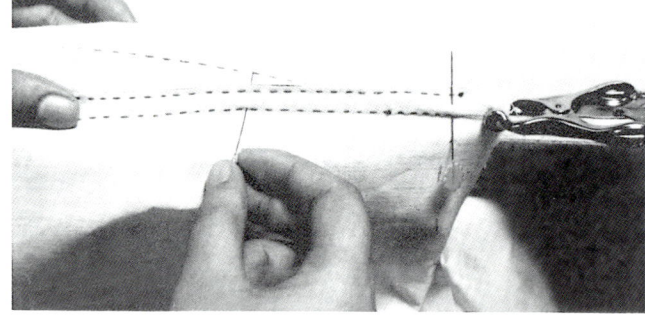

⑤えり肩あきを合わせて、背縫いしろに中とじをします。背縫い目より0.2cm上を1.5cmと0.5cmの針目でとじつけます。中とじ

⑥できあがりの状態に裏身ごろを開いて、肩当て布をのせ、えり肩あきをそろえ、えりつけじるしより0.2cm外側をしつけでおさえます。つぎに肩当て布を心持ち幅をゆるめてそでつけ側は脇縫いしろに2cm加えた寸法だけ入ってまっすぐにしつけでおさえておきます。

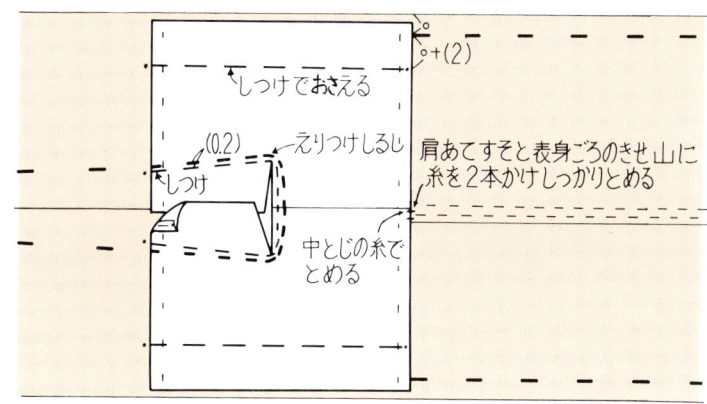

〈居敷当ての縫い方とつけ方〉

(1)縫い方

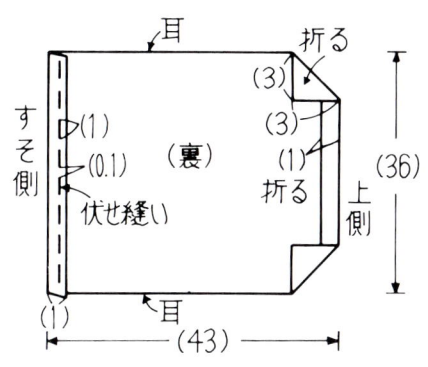

耳

折る
(3)
(3)
(1)
折る

すそ側

(裏)

(1)

(0.1)

伏せ縫い

(1)

耳

上側

(36)

(43)

(2)つけ方

背縫いの0.2cm上を1.5cmの一目落しで身ごろにとじる

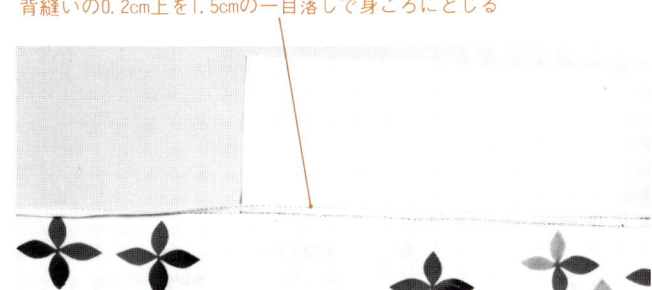

(3)始末

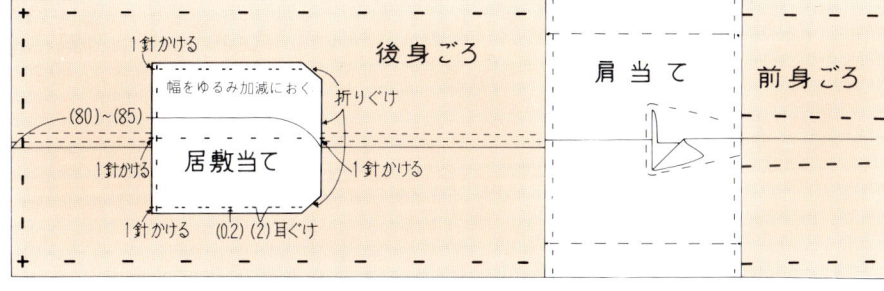

1針かける

後身ごろ

幅をゆるみ加減におく

折りぐけ

(80)〜(85)

肩当て

前身ごろ

1針かける

居敷当て

1針かける

1針かける

(0.2) (2)耳ぐけ

(4)出来上り

＜わきの縫い方＞

(1)わき縫い

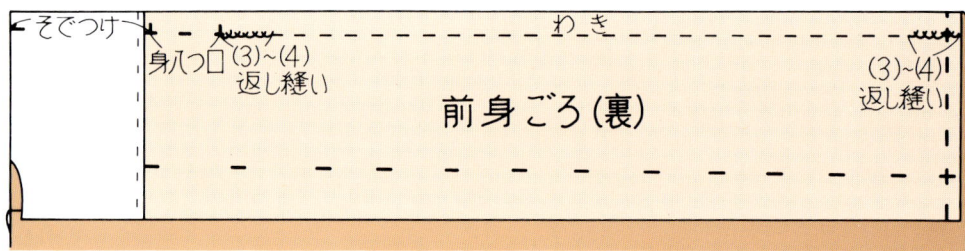

そでつけ

身八つ口　(3)～(4)
返し縫い

わき

前身ごろ(裏)

(3)～(4)
返し縫い

(2)きせのかけ方

(0.2)のきせ

前身ごろ(裏)

(3)そでつけ縫いしろの折り方

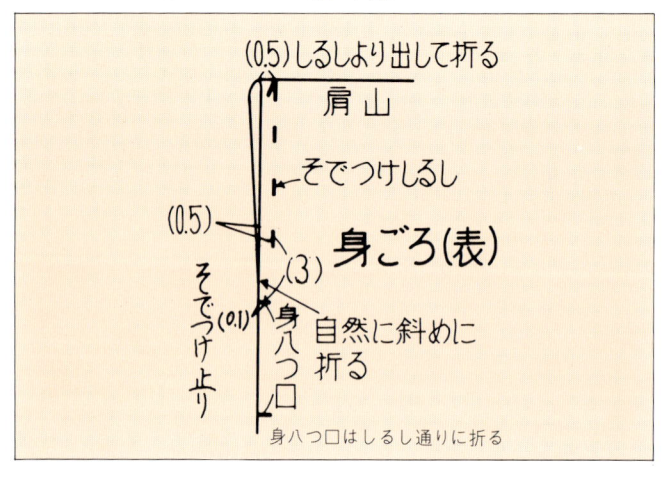

(0.5)しるしより出して折る

肩山

そでつけしるし

(0.5)

身ごろ(表)

(3)

そでつけ止り

(0.1)

身八つ口

自然に斜めに折る

身八つ口はしるし通りに折る

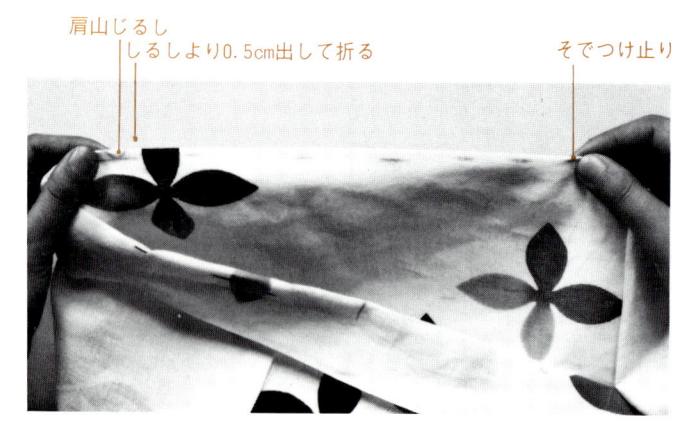

肩山じるし
しるしより0.5cm出して折る

そでつけ止り

(4)わき縫いしろの始末

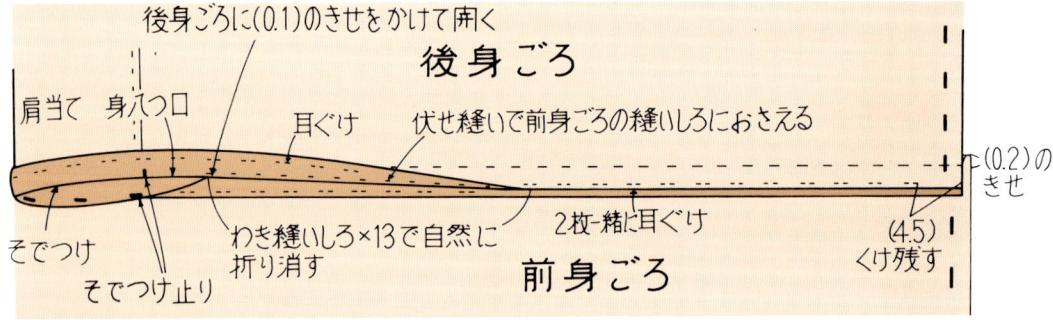

後身ごろに(0.1)のきせをかけて開く

後身ごろ

肩当て　身八つ口

耳ぐけ

伏せ縫いで前身ごろの縫いしろにおさえる

(0.2)のきせ

そでつけ

そでつけ止り

わき縫いしろ×1/3で自然に折り消す

2枚一緒に耳ぐけ

前身ごろ

(4.5)くけ残す

＜おくみのつけ方＞

(1)えり下をくける

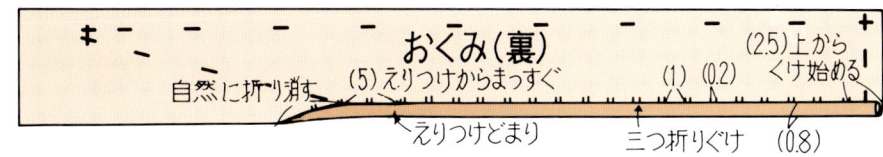

おくみ（裏）
(5)えりつけからまっすぐ　(1)(0.2)　(2.5)上から
くけ始める
自然に折り消す
えりつけどまり　三つ折りぐけ　(0.8)

(2)待ち針の打ち方

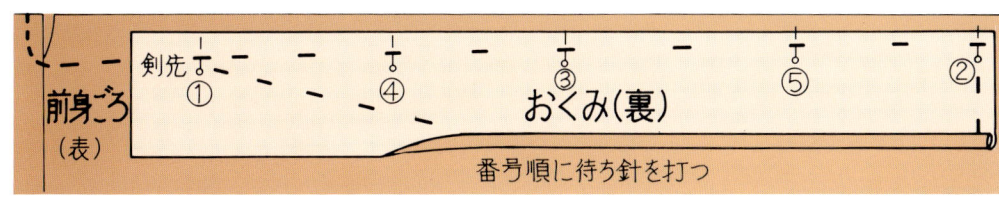

前身ごろ（表）
剣先①　④　③　⑤　②
おくみ（裏）
番号順に待ち針を打つ

(3)おくみつけの縫い方

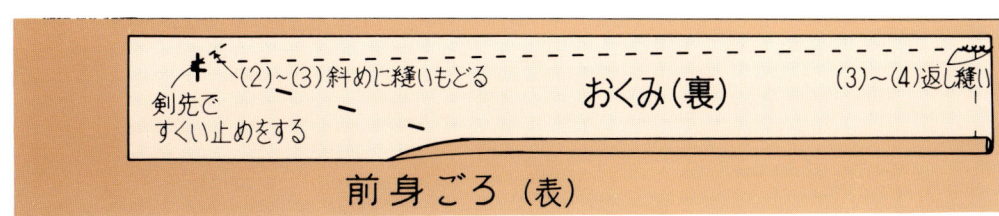

剣先ですくい止めをする
(2)～(3)斜めに縫いもどる　おくみ（裏）　(3)～(4)返し縫い
前身ごろ（表）

(4)縫いしろの始末

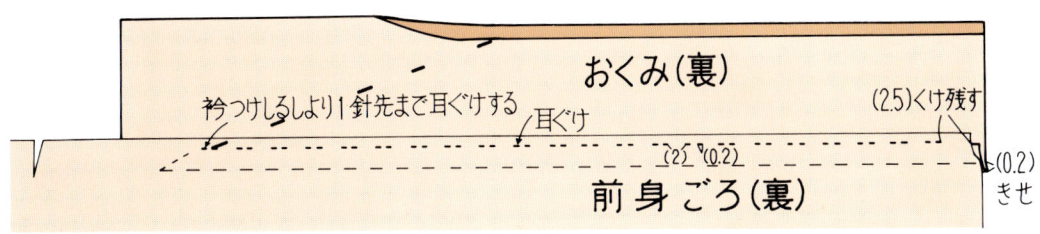

おくみ（裏）
衿つけしるしより1針先まで耳ぐけする　耳ぐけ　(2.5)くけ残す
(2.5)(0.2)　(0.2)
前身ごろ（裏）　きせ

(5)布目を斜め上に引く

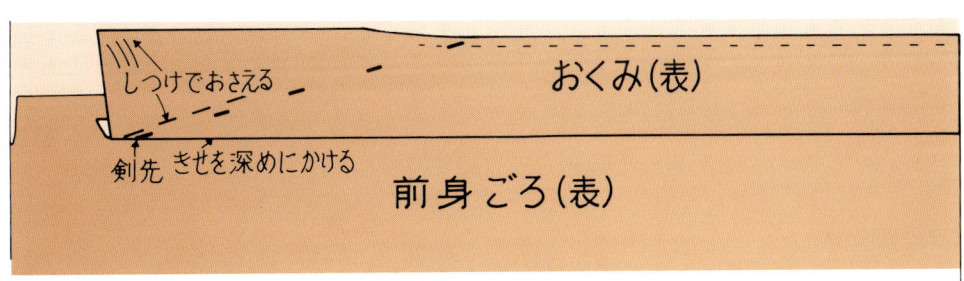

しつけでおさえる
おくみ（表）
剣先　きせを深めにかける
前身ごろ（表）

☆えり下のくけ方

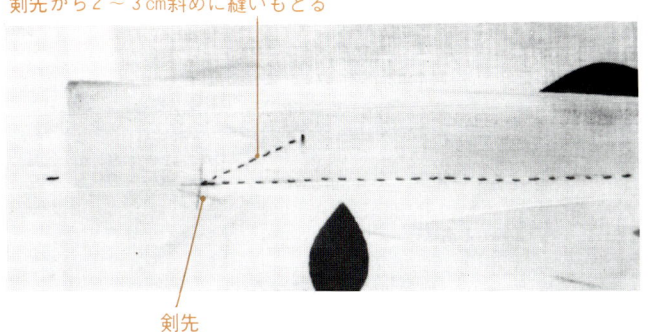

自然に折り消す
えりつけ止りから5cmまっすぐ三つ折りぐけ　えりつけ止り

☆おくみつけの縫い方

剣先から2～3cm斜めに縫いもどる
剣先

〈すその始末〉

(1)つま先の折り方

① 折り山をきめる
えり下
すそ山
(ハ)
(ロ)
(イ)
折り山

② 斜めの点線を折る
すそ山
(ハ)
(ロ)
(イ)

③ すその裁ちめを点線から折る
すそ山
(ハ)
(イ)
(ロ)

④ すそ山から折る
(ロ)
(ハ)
かどを直角にする

(2)くけ方

① 角の(0.2)内側から針を出す
すそ
(0.2)

② 角に針を出す
すそ

③ すそ折り山から(0.2)内側をくける
(1)
(0.2)すそ
角をきっちり止める

④ きせ山は1針返しぐけ
縫い目
すそ
縫い目から(0.2)をすくう

(3)下前おくみすそのくけ方 (くけ終り)

① すそ角とえり下の角をきっちりとめる
すそ

② 斜め折り山をくける
斜め折り山

③ (0.2)手前で玉止め
(0.2) くけしろの中に入れて糸を切る

☆角のくけ方

① 角斜め折り山の0.2cm内側から針を出す

② ぴったり合うえり下くけしろに針を入れる

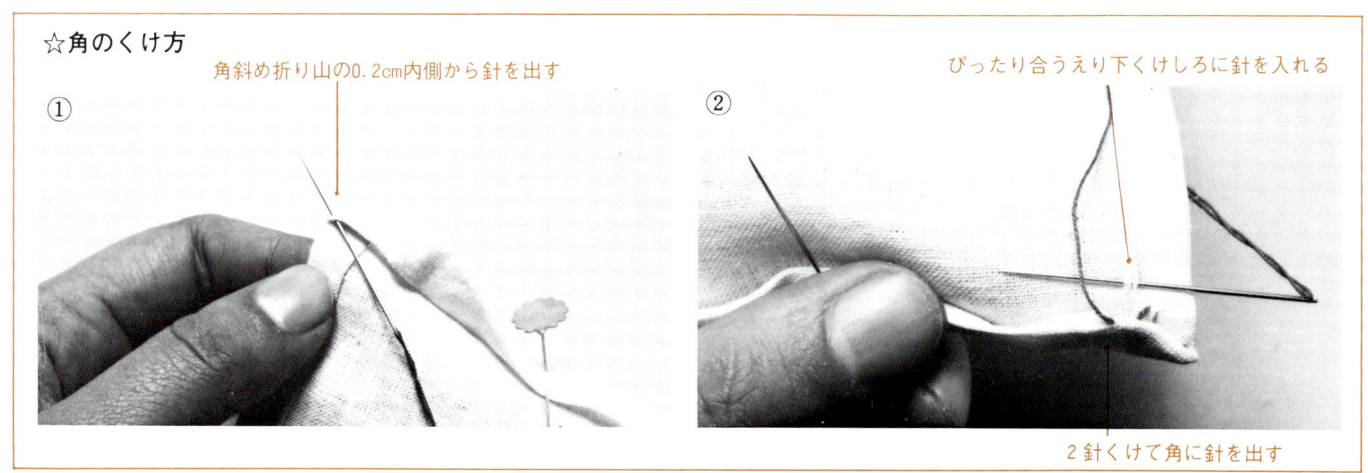

2針くけて角に針を出す

☆きせ山の返しぐけの仕方

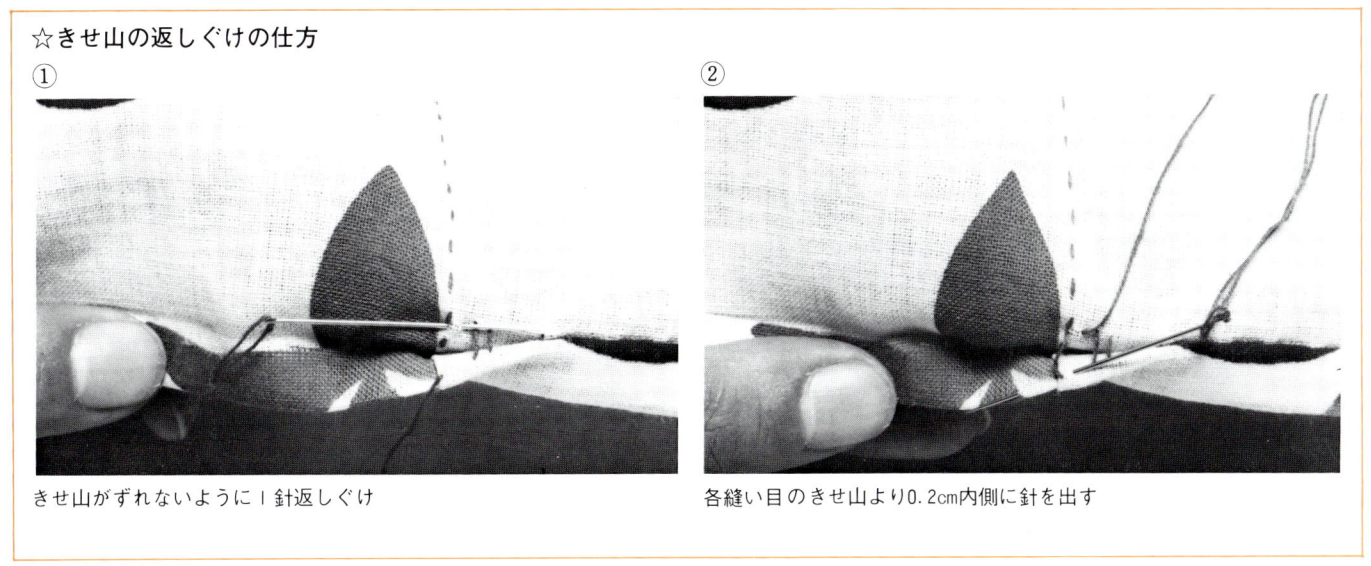

① きせ山がずれないように1針返しぐけ

② 各縫い目のきせ山より0.2cm内側に針を出す

(4)出来上り

（裏）

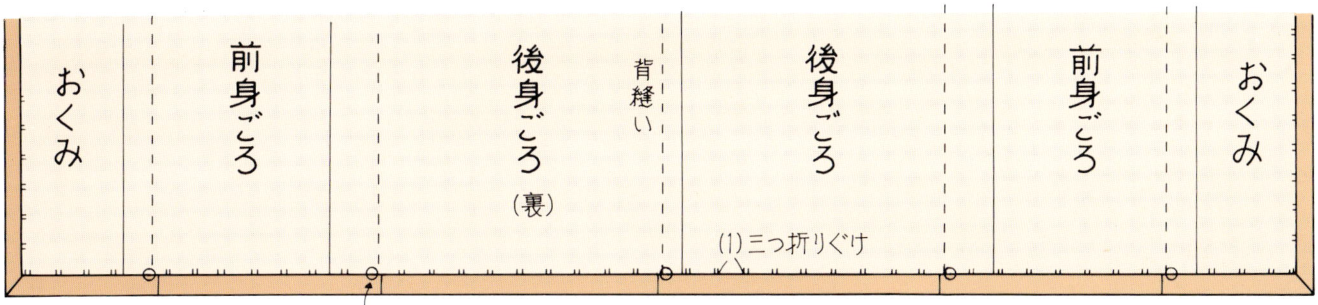

おくみ	前身ごろ	後身ごろ（裏）	背縫い	後身ごろ	前身ごろ	おくみ

(1)三つ折りぐけ

各きせ山ではきせ山がずれないように1針返しぐけをする

（表）

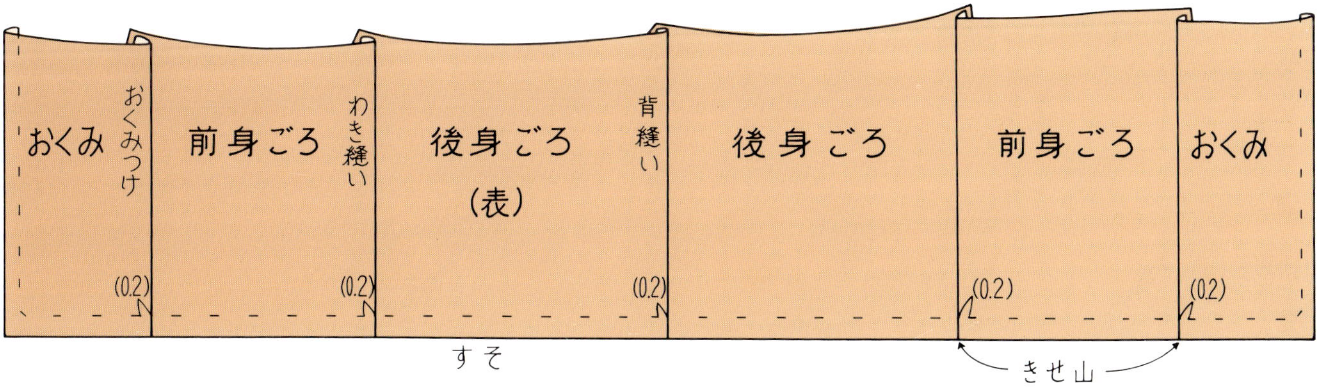

おくみ	おくみつけ	前身ごろ	わき縫い	後身ごろ（表）	背縫い	後身ごろ	前身ごろ	おくみ
			(0.2)			(0.2)	(0.2)	(0.2)

すそ

きせ山

〈共えりのつけ方〉

(1)両端を出来上り共えり丈に折る

(2)0.4cm内側をしつけで押える

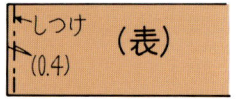

(3)地えりに共えりをつける

えり付側

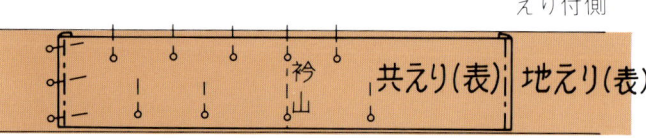

(4)共えりの両端を地えりに縫いつける

両端の待ち針だけを残す

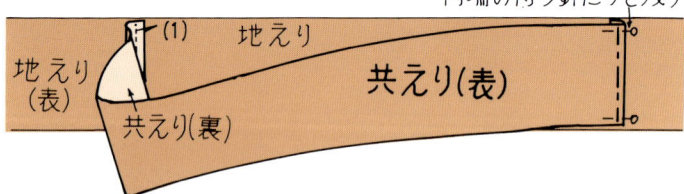

(5)共えりにしるしをつけ直す

えり中心に仮しつけ

えり肩あき　　　　おくみ下がり

〈えりのつけ方〉

(1)待ち針の打ち方

①えり肩まわりの待ち針のうち方
番号順に待ち針をうちます。
①～③まではえりと身ごろは平らなつり合いで待ち針をうちます。
③～④まではえりの方を0.1cmゆるめにします。
④～⑤までは0.4cmのゆるみをとります。

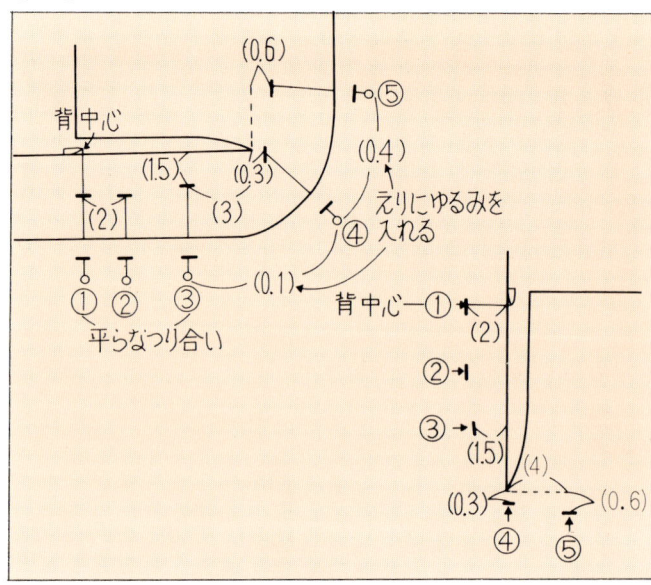

②えり肩あきのゆるみの入れ方

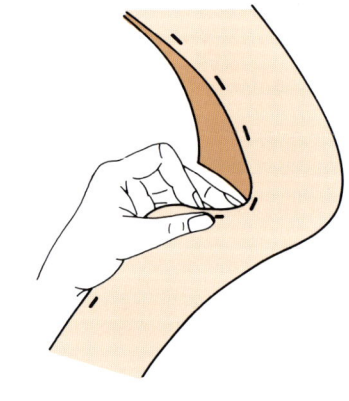

えり肩あきに中指を
あて、弓形にゆるみ
を入れて待ち針を打つ

70

③剣先からえりまでの待ち針のうち方

⑥～⑦剣先から10cmまではえりの方に0.1cmのゆるみをもたせます。衿先までは平らなつり合い又はえりをややつれかげんに待ち針を打ちます。

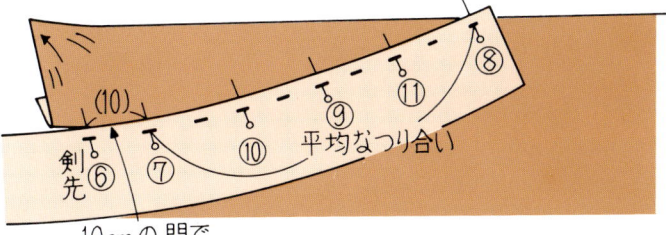

10cmの間で
(0.1)えりをゆるめる

おくみ剣先

おくみ剣先の折り山に待ち針を打つ

えりつけ止り

待ち針を打つ

⑵えりの縫い方

待ち針が打てましたら下前から縫い始めます。衿先から3cmは返し縫い、剣先ではきせ山をくずさないように小針で直角に針を出し1針返し縫いをします。えり肩まわりで返し縫いします。

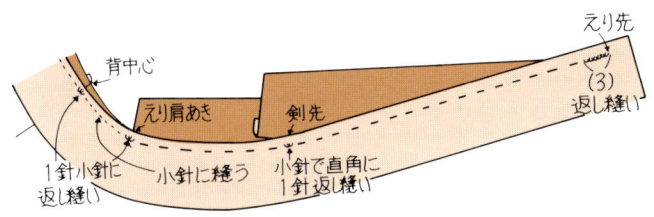

剣先

剣先で直角に1針返し縫い

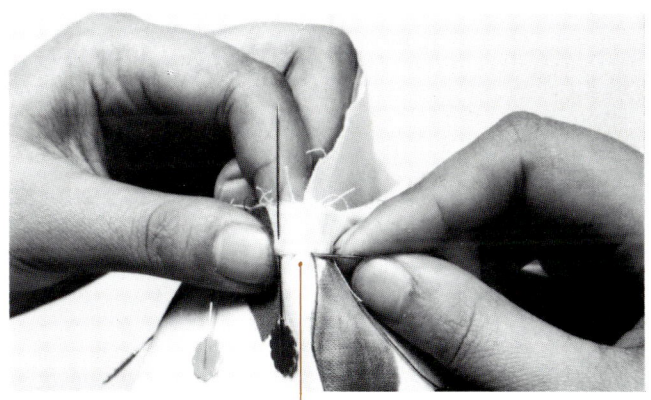

返し縫いする

小針に縫う   えり肩あき

(3)三つえり芯の入れ方

半幅で27cmの新モスか、さらし木綿を用意し、裁ち目をえりつけ側にして一目落しでとじつけます。

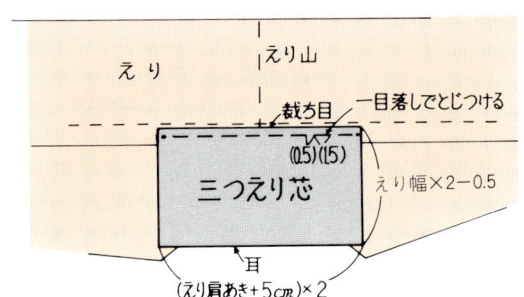

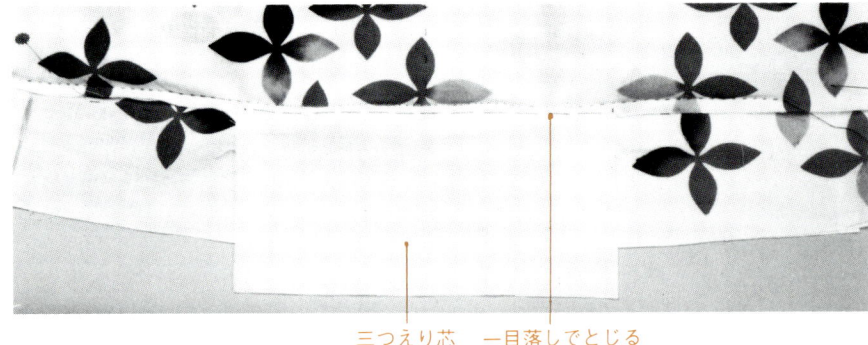

三つえり芯　一目落しでとじる

(4)えり縫い込みの始末

えり幅のしるしに折り、アイロンをあてて縫いしろはしつけでおさえます。

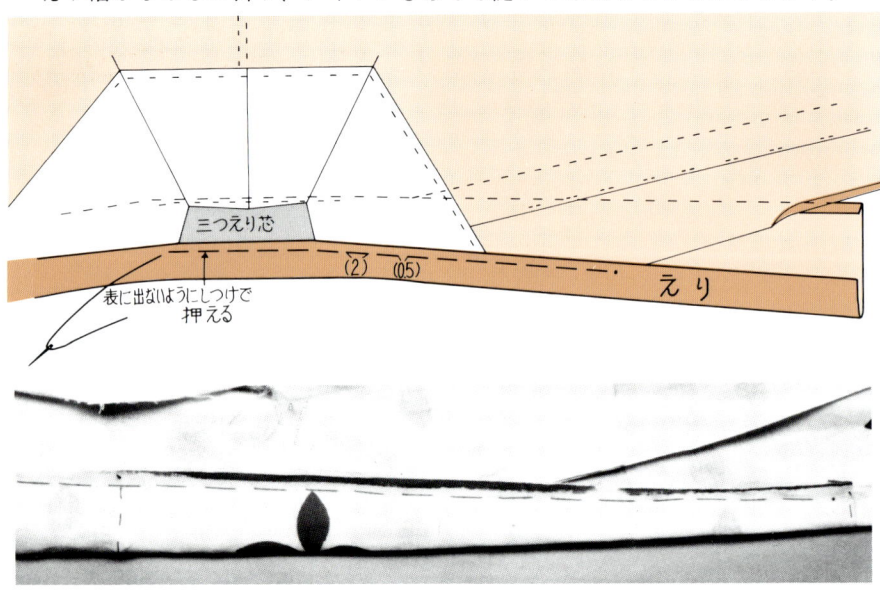

(5)えり先位置のきめ方

裏えり側に中央より待ち針を打ち下げ、えりつけ止りで裏えり側にきっちりと折り返します。

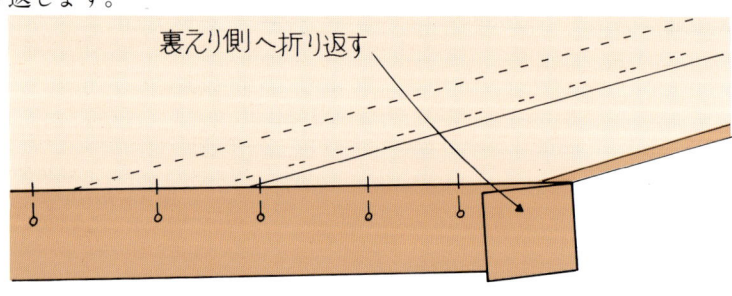

裏えり側へ折り返す

(6)えり先の止め

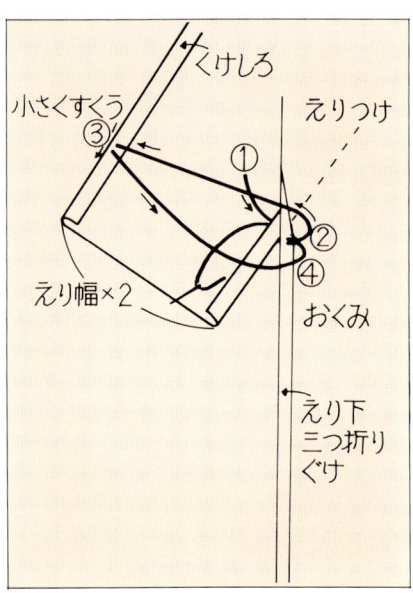

①えりのきせ山の裏から針を入れて、おくみの折り山内側（0.2cm）位に針を出します。

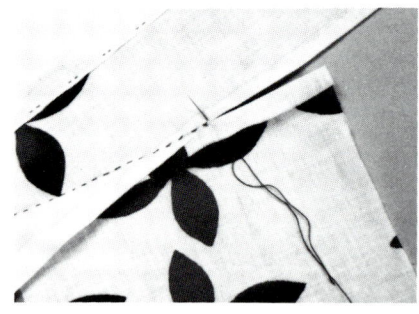

②えりくけ山を小さくすくって、始めに出した糸のきわにもどします。

えりくけ山

③表えりのきせ山にもどって糸をしめます。

④糸をしっかり結び合わせます。

⑤糸先を残して、よりをかけます。

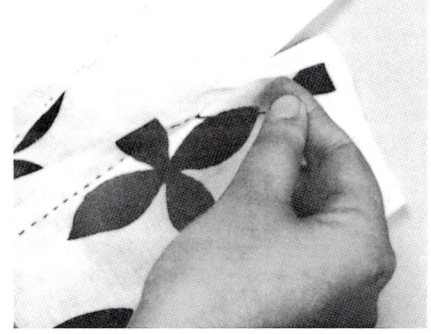

⑥えり先止めの出来上り。

(7)えり先の始末

①えり先を中表に合わせ、止めより0.7cm上を縫います。

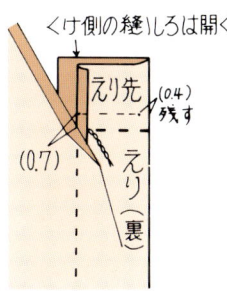

②えりつけどまりきっちりにえり先きを裏えり側に折ります。

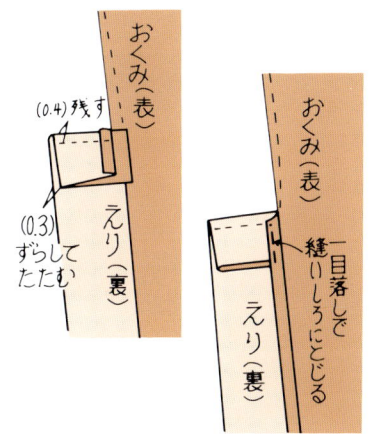

③えりくけしろを折り、一目落しでえり先き縫いしろに押さえます。

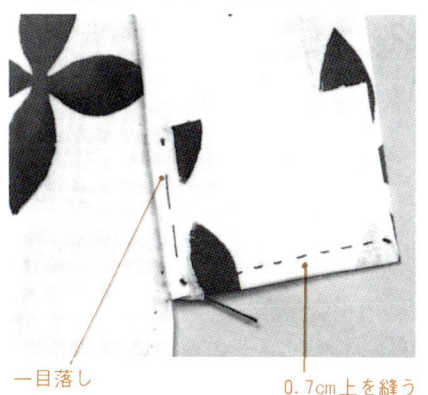

一目落し

0.7cm上を縫う

(8)表にかえし、えり幅に折りくける

衿先から2cmはもどりぐけにします。針目0.5cmで折り山から0.1cm奥を本ぐけします。

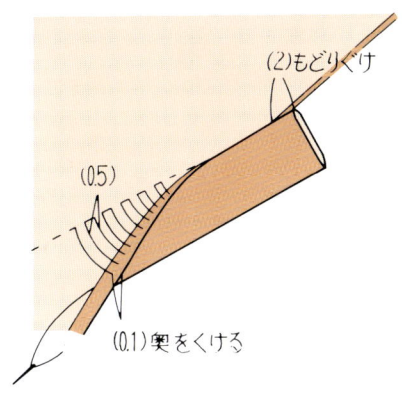

①出来上り幅に待ち針を打ちます。

②

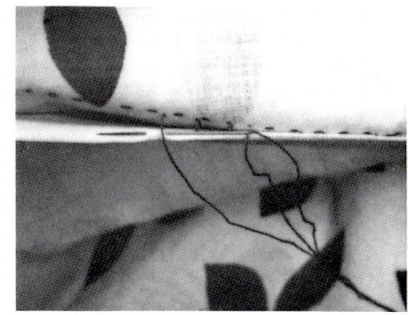

(9)えりの出来上り

〈そでのつけ方〉

(1)そでを身ごろの間にはさむ

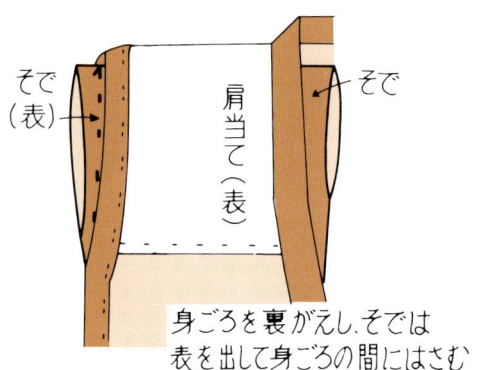

身ごろを裏がえし、そでは
表を出して身ごろの間にはさむ

(2)待ち針の打ち方

　身ごろを裏がえし、そでは外表のまま身ごろの間にはさみ、
そでを手前にして番号順に待ち針を打ちます。

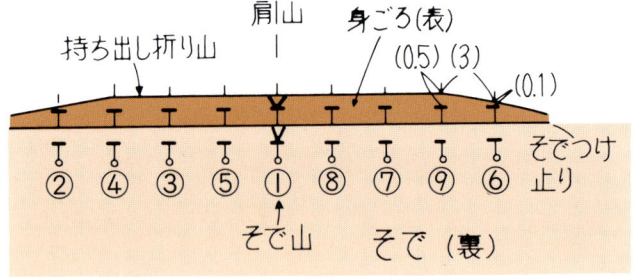

(3)そでつけの縫い方

　そでつけ止りでは3cm返し縫い、そで山で1針返し縫いを
して小針に縫います。

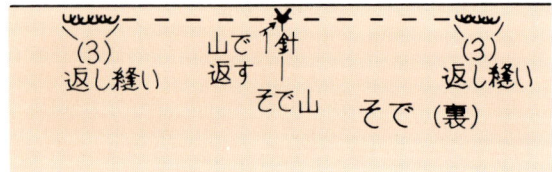

(4)そで縫いしろの始末

　0.2cmのきせをかけ、そでの方へ折って縫いしろの始末をします。ふりまで耳ぐけをします。

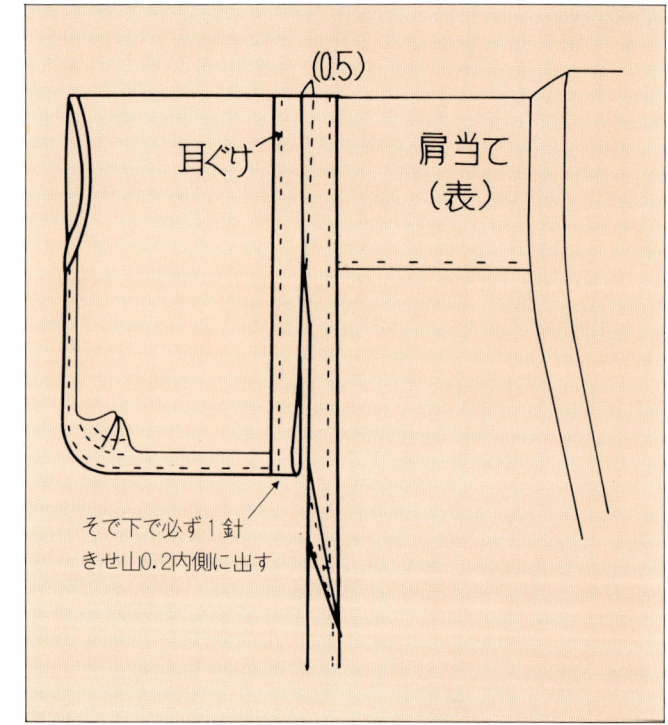

かんぬき止め

そでつけ止り、身八つ口止りにかんぬき止めをします。

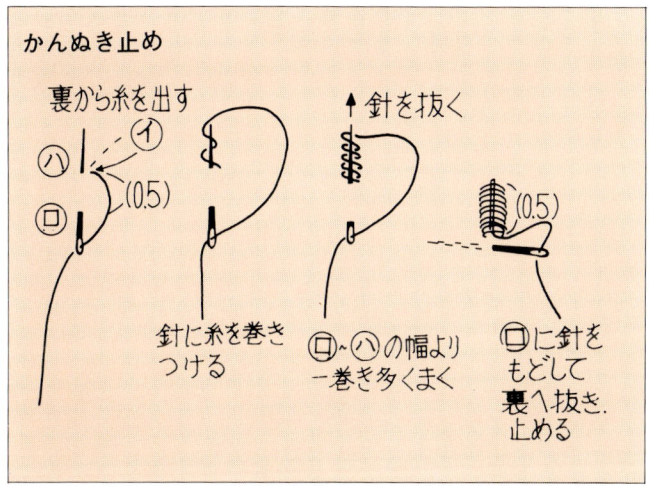

①出来上り幅を0.5cmと決めて①から針を出し、①①とすくいます。

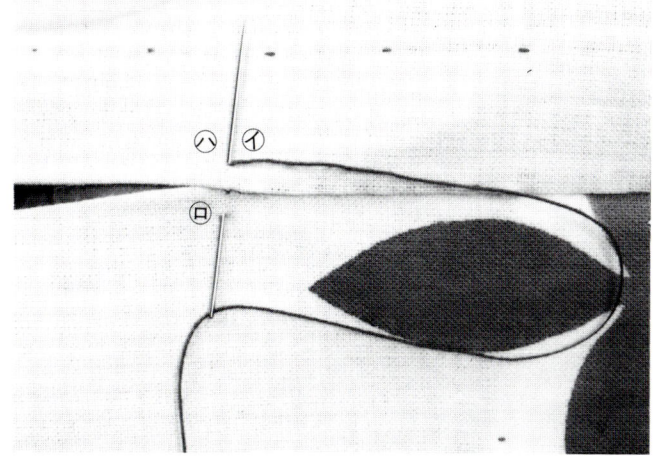

①の裏から糸を出す

②針に糸を巻きつけます。幅より1巻き多く巻きます。

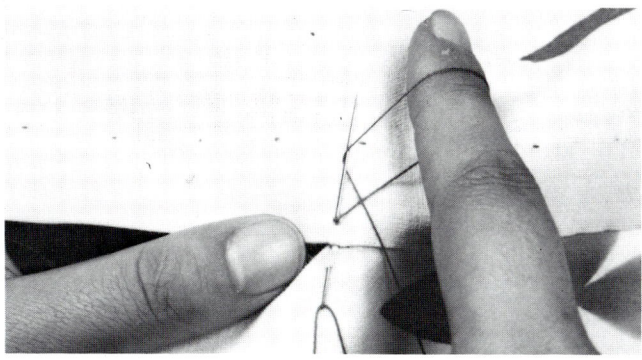

③親指で巻いたところを押え、針を抜きます。

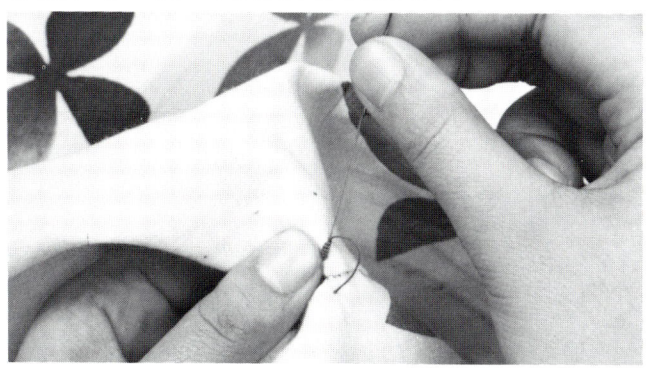

④①の位置へ再び針を入れて裏で止めます。

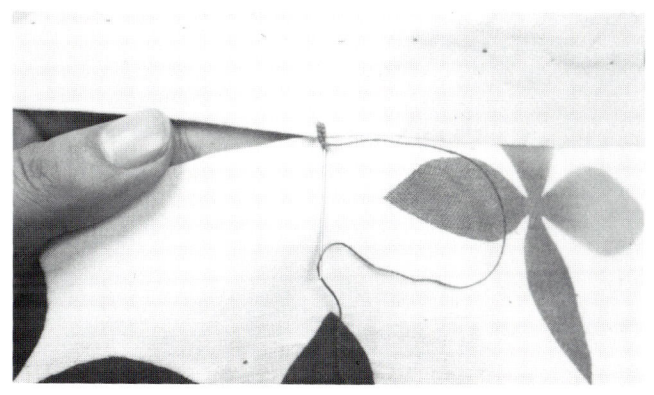

仕 上 げ

　きもの類は上手に縫い上げても、最後の仕上げをきちんとしませんと、すっきりとした仕立てに見えないものですし、着た時にもきもの姿が映えません。ゆかたなどの木綿類ですと、裏側から全体にアイロンをかけ、縫い目からきちんと折りたたんでおきます。ウール類の場合は縫い代が落ち着きにくいこともありますので、霧吹きで少々しめらせ、当て布をしてアイロンをかけます。そして縫い目からきちんと折りたたんでおきます。

　ゆかた、ウール共に裾の折り山や、袖丸味、衿付けなどをピタッと押えつけないで、ふっくらとした感じに仕上げましょう。

ウールのアンサンブル

　最近は、夏を除いて秋から冬、春の3シーズンにかけて、ウールの単長着が実用着として着用されています。そしてこれとアンサンブルでウールの単羽織が多く用いられています。

　ウールの単羽織は、袷羽織より仕立ても簡単で、街着や家庭着としてウールアンサンブルが広く利用されるようになりました。

ウール単長着

〈木綿単長着との違い〉

①肩当て、居敷当てをつけずに、えり肩まわりに力布をつけます。

②背縫いは背伏せ仕立てにします。

③そで口は細かい（0.5cmの針目）三つ折りぐけとし、そで付けを割り仕立てにします。

④つま先は額ぶち仕立てにします。

⑤わきは割り仕立てにします。

⑥各縫いしろの始末は折りぐけにします。

━★用意するもの★━

①ウール単長着

表布　ウール地1反。

裏えり　シルクウールには羽二重、ウール地には新モス、化繊などで半幅2m内外。

背伏せ布、薄地の場合は共布または羽二重せぶせ、厚地の場合は同色のクロバーベンベルグせぶせ。

三つえり芯　新モス（10.5cm幅×27cm丈）。

その他　クロバー袖丸み型（軽金属製）表地と同色の絹ぬい糸、ぞべ糸、しろも、クロバー金耳針四の三、または四の二。

長着の出来上り図と各部の名称

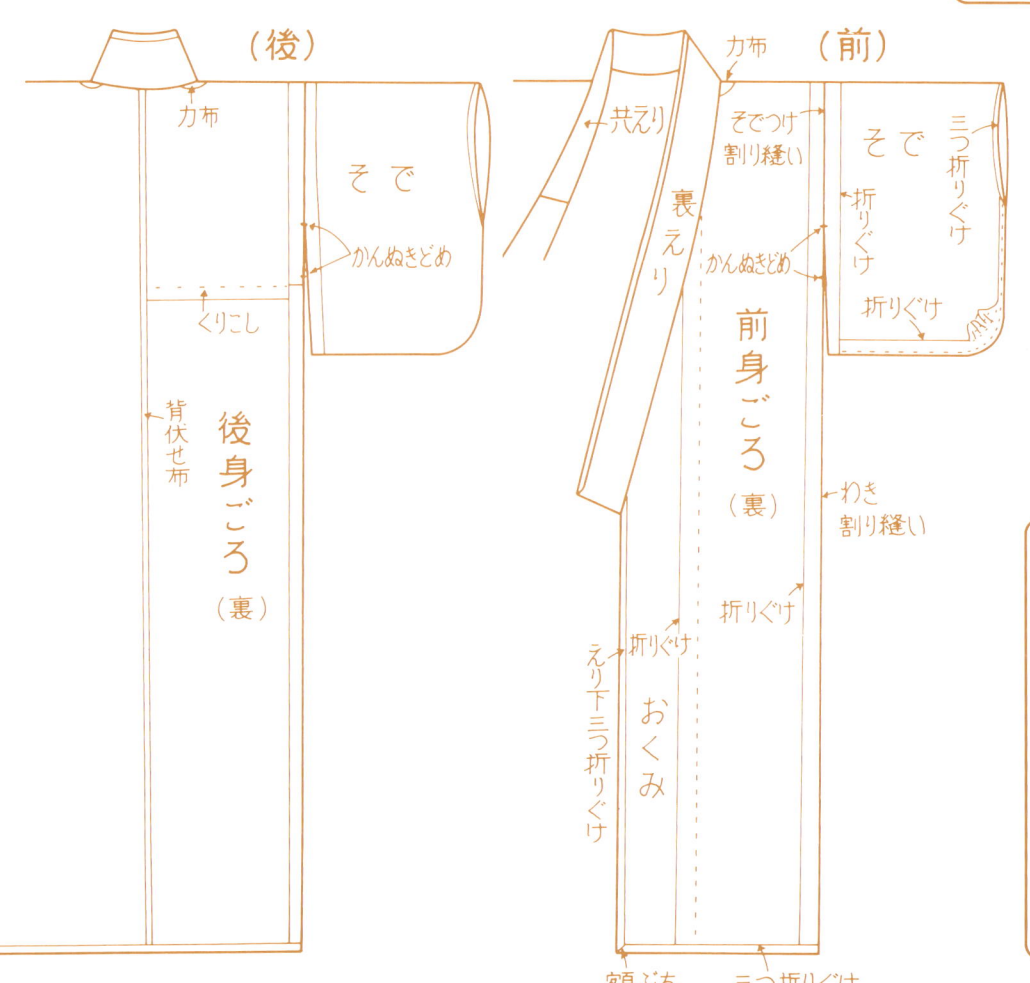

（後）
力布
そで
かんぬきどめ
くりこし
背伏せ布
後身ごろ（裏）

（前）
力布
共えり
裏えり
そでつけ割り縫い
そで
三つ折りぐけ
折りぐけ
折りぐけ
かんぬきどめ
前身ごろ（裏）
わき割り縫い
折りぐけ
えり下三つ折りぐけ
折りぐけ
おくみ
額ぶち
三つ折りぐけ

━★用意するもの★━

②ウール単羽織

表地　アンサンブル用ウール地

肩すべり　材質、色ともに表地との調和を考えます。すべりのよい材質で、表地に比べて明るく、表にうつらないような色が適当。交織織物、化繊織物などの無地物で、羽二重、デシンなど。

その他　糸、針は①のウール長着に準じ用意します。

羽織の出来上り図と各部の名称

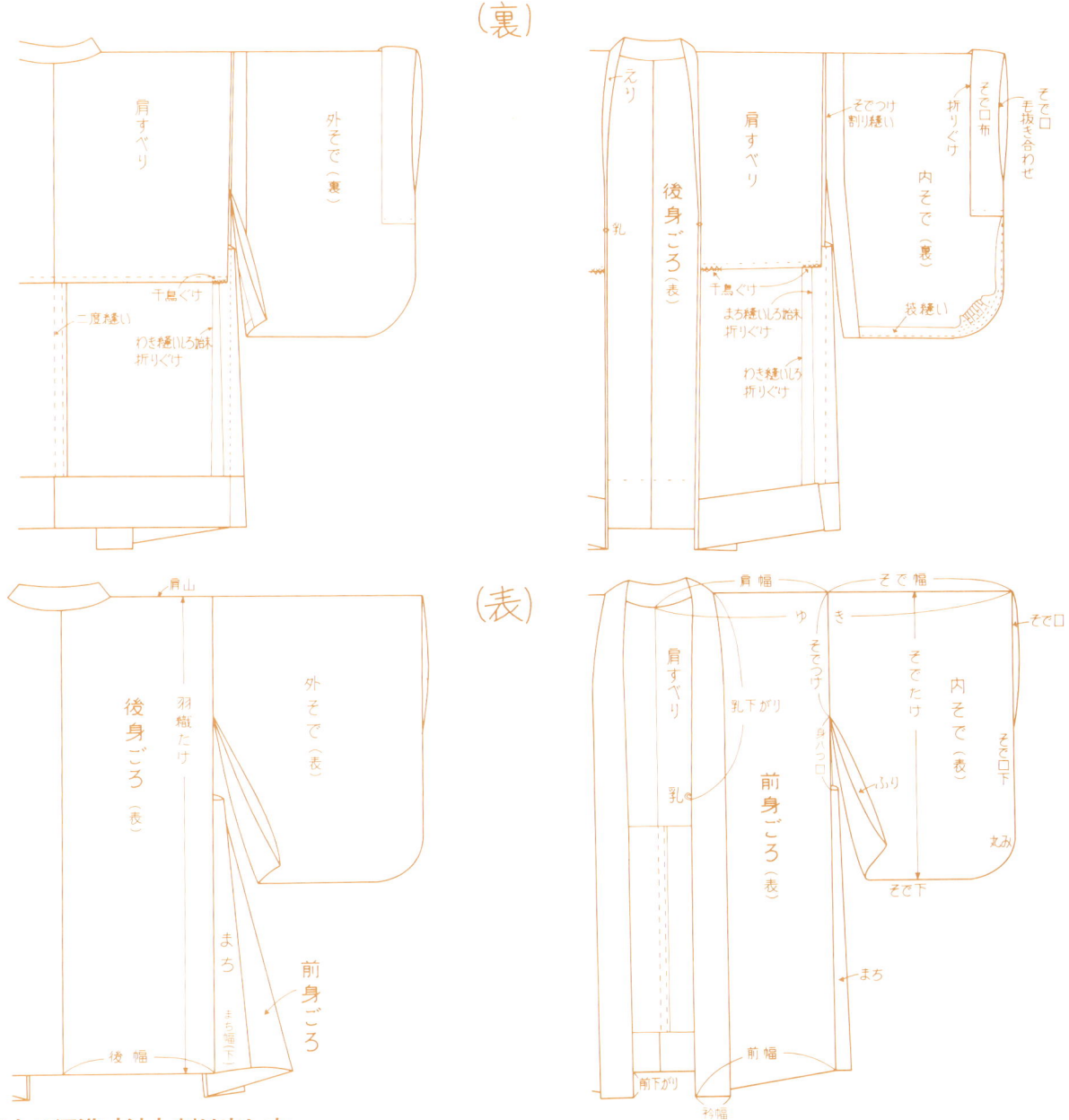

●出来上り標準寸法と割り出し方

(cm)

名　称	長着	羽織	寸法の決め方	名　称		長着	羽織	寸法の決め方
そで丈	38～55	37～54	長着−1～2	身八つ口		13～15	10	
そで口	20～23	20～23	長着と同寸または−0.5	後幅		28～29	28～29	長着と同寸または＋1
そでつけ	21～25	21.5～25.5	長着＋0.5	前幅		23	16～18	いっぱい、乳下がりから下で2cmつめる
そで幅	32～33	32.5～33.5	長着＋0.5					
着丈	身長×$\frac{83}{100}$			前下がり			3～4	
羽織丈		72～82	着丈×$\frac{3}{5}$	えり幅		11	6～6.5	まち幅と同寸
ゆき	62～63	62.5～63.5	長着＋0.5	まち			上2.下6～6.5	
肩幅	30	30	長着と同寸	乳下がり			32～34	肩山から計る
裁ち切りえり肩あき	9.5	9.5～10	長着と同寸または＋0.5	丸み	長そで	2	2	長着と同寸
くりこし	2～3	2.5～3.5	長着＋0.5～1		元禄そで	8～13	8～13	

見積り方

〈長着の見積り方〉

※長着の見積り方は婦人用ゆかたに準じます。(54頁参照)。

〈羽織の見積り方〉

① 裁ち切りそでたけ(50cm) ～ (51cm) ＝出来上りそでたけ(48cm) ＋そで下縫いしろ(2cm～3cm)

② そで口布たけ(56cm) ＝ ｛そで口寸法(23cm) ＋(5cm)～(6cm)cm)｝×2

③ 裁ち切りえりたけ(210cm) ＝ ｛出来上り羽織たけ(80cm) ＋えり肩あき(8.5cm) ＋くりこし(3cm) ＋前下がり(3cm) ＋えりのゆるみとえり先縫いしろ(5cm～10cm)｝×2

④ 裁ち切り後身たけ(90cm) ＝出来上り羽織たけ(80cm) ＋すそ折りかえし(8cm) ＋(2cm～3cm)

⑤ 補い布たけ(25cm) ＝そで口布たけ(56cm) －｛そでつけ(23.5cm) ＋身八つ口(10cm)｝＋まち上くけしろ(1.5cm～2cm)

⑥ 裁ち切り前身たけ(115cm) ＝裁ち切り後身たけ(90cm) ＋補い布たけ(25cm)

⑦ 肩すべりたけ(80cm) ＝ ｛乳下がり(32cm) ＋(6cm) ＋肩すべりすそくけしろ(2cm)｝×2

裁ち方

〈長着の裁ち方〉

※長着は婦人のゆかた54頁参照。

〈肩すべりの裁ち方〉

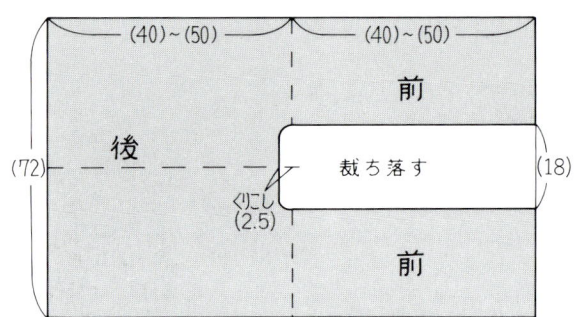

〈羽織の裁ち方〉

(1)布のたたみ方

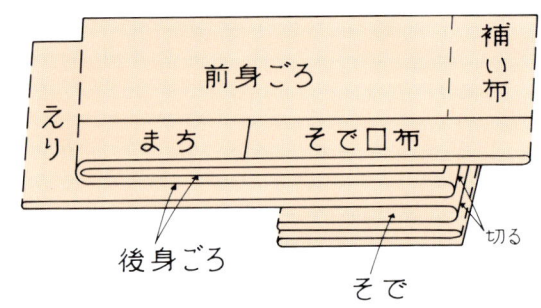

(2)布の裁ち落し方

身ごろの布をたけ二つ折りにして、そで口布、まち布を前身ごろから裁ち落します。

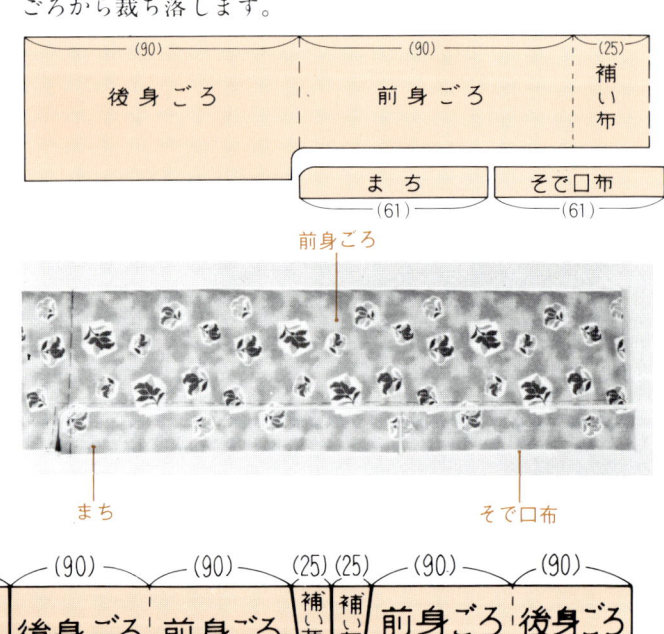

羽織の裁ち方 (並幅8m 20cm)

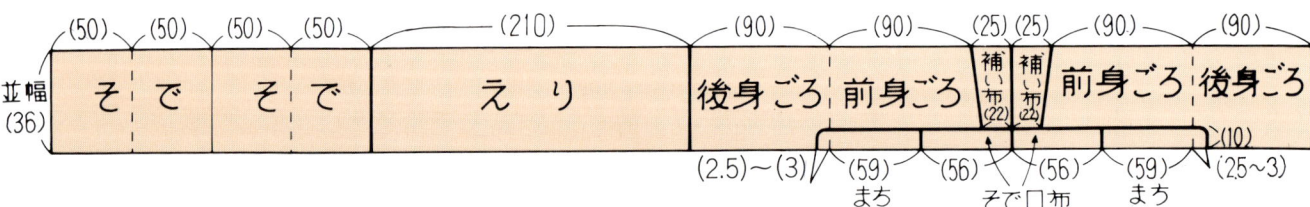

長着のしるしつけ

〈そでのしるしつけ〉

●順序

①山じるし
②そでたけ (50cm) ＋きせ分 (0.2cm) ＝50.2cm
③そで口＝23cm
④そでつけ＝23cm
⑤そで口くけしろ＝0.8cm
⑥そで口下縫いしろ＝0.7cm
⑦そで幅＝32cm
⑧そで下のそで幅＋きせ分 (0.1cm) ＝32.1cm
⑨丸み＝5cm

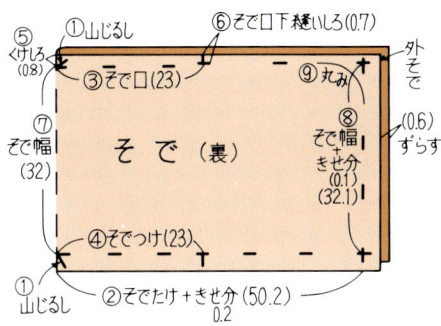

〈身ごろのしるしつけ〉

●順序

①身ごろを中表に2枚合わせ、下を前身ごろ、上を後身ごろとしてすその布目をそろえ、丈を二つ折りにし、わを左、裁ち目を右に、背縫いを手前にしておきます。
②手前側の耳をそろえます。
③肩山をきめます。
④肩山から80cm～100cmに、耳両側と幅の中央にそれぞれ待ち針を打ちます。
⑤肩山よりすそ裁ち切りまでを計ります。(裁ち切り身丈採寸)
⑥裁ち切りえり肩あきを手前の耳から計り、待ち針を打ち、ここまで切り込みを入れます。
⑦背縫いしろ＝1cm
⑧すそくけしろ＝2cm

(1)後身ごろ

●順序

①肩山をくりこし分 (2cm) ずらします。
②山じるし
③そでつけ寸法＝21cm～23cm
④身八つ口寸法＝13cm～15cm
⑤くりこしのあげ下がり＝身八つ口から4cm
⑥くりこし×2＝4cm……くりこしつまみしろ
⑦肩幅 (30cm) ＋きせ分 (0.4cm) ＝30.4cm
⑧後幅 (28cm) ＋きせ分 (0.4cm) ＝28.4cm
⑨肩幅と身八つ口止りを結び、さらに裾の後幅と結びます。

☆身ごろのしるしつけ

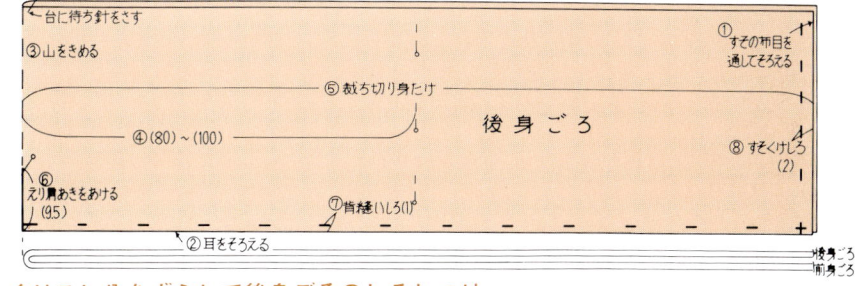

☆くりこし分をずらして後身ごろのしるしつけ

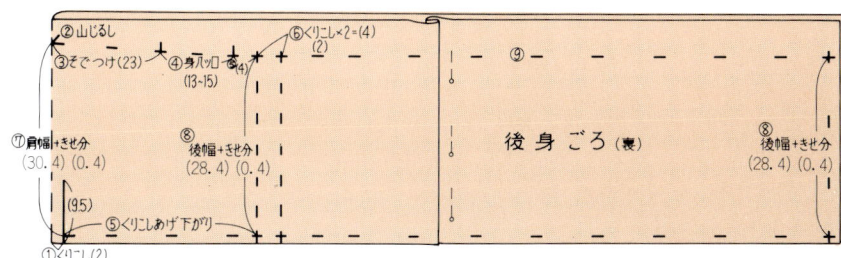

(2)前身ごろ

わきじるしより前幅(23cm)＋きせ分(0.4cm)＝23.4cm
※おくみ(婦人用ゆかた59頁参照)

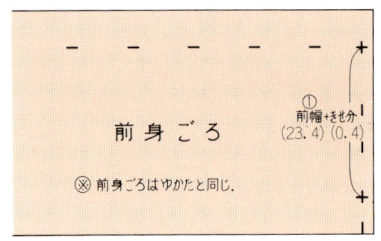

(3)えり肩あき
●順序

①えりのつけ込み2cmをとります。

②2cm上へまっすぐしるします。

③えり肩あきより3cm手前で、1.5cmのぬいしろをしるします。

④えり肩あき止りから縫いしろ0.3cmをとります。

⑤肩山から4cm下がった位置では、裁ち切りえり肩あきに0.9cm加えた寸法をとります。

⑥①〜⑤の案内線にしたがって自然の丸みをつけながら、おくみ下がりまでえり肩まわりのしるしをつけます。

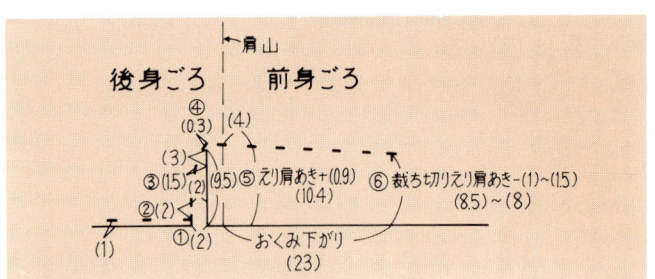

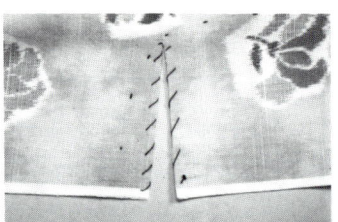

えり肩あきの裁ち目がほつれないようにかがり縫いをして、しるしをつける

〈広えりのしるしつけ〉
●順序

①山じるし

②えり肩あき(8.5cm)＋ゆるみ(0.6cm)＝9.1cm

③くりこし(2cm)　④おくみ下がり＝23cm

⑤おくみ衿つけ寸法(おくみで採寸したえりつけ寸法)

⑥えりつけしろ＝1cm

⑦えり幅(11cm)＋きせ分(0.1cm)＝11.1cm

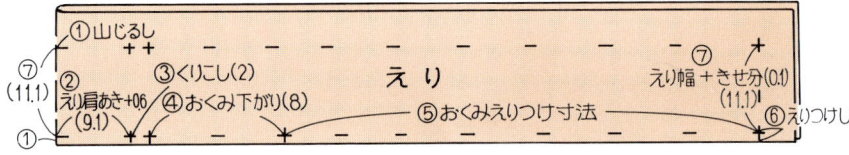

●切りじつけのかけ方

生地により、焼きごてを使えない場合や、へらではしるしが写らないときに、洋服のしるしつけのように切りじつけを使います。まず、チャコかへらでしるしをし、その上にしろもでしつけをします。

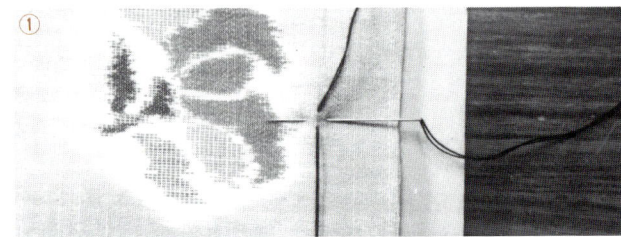

十字のしつけをする

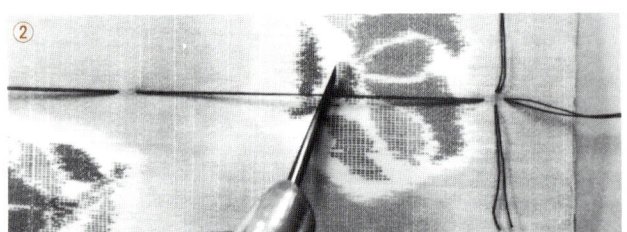

10cm間隔で一目落しのしつけをかけ、糸の中心で糸を切る

3cm〜4cmの糸を残し、次のしるしへ移る

手前の布をそっとめくり、布と布の間の糸を切る

羽織のしるしつけ

〈そでのしるしつけ〉

●順序

① 山じるし

② そでたけ（48cm）＋きせ分（0.2cm）＝48.2cm

③ そで口＝23cm

④ そでつけ＝23.5cm

⑤ そで口下縫いしろ＝0.7cm

　そで口縫いしろ＝0.8cm

⑥ そで幅（32.5cm）＋きせ分（0.3cm）＝32.8cm

⑦ そで口止りでそで幅（32.5cm）＋きせ分（0.1cm）＝32.6cm

⑧ 丸み＝5cm

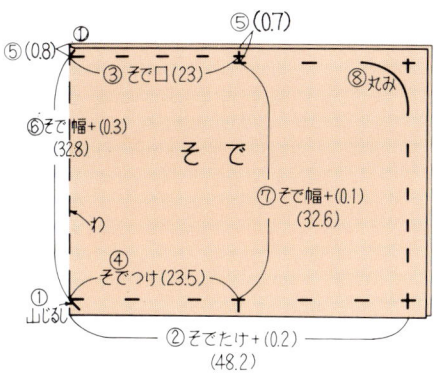

そで口布

●順序

① 山じるし

② そで口布奥縫いしろ＝1cm

③ そで口布下縫いしろ＝1cm

④ そで口寸法（23cm）－0.2cm

　＝22.8cm

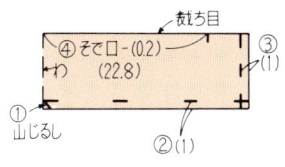

〈身ごろのしるしつけ〉

(1)後身ごろ

●順序

① 山じるし

② 羽織丈＝80cm

③ そでつけ＝23.5cm

④ 身八つ口＝10cm

⑤ 背縫いしろ＝1cm

⑥ 後幅（28cm）＋きせ分（0.4cm）＝28.4cm

⑦ 肩幅（30cm）＋きせ分（0.4cm）＝30.4cm

⑧ 肩幅と後幅を結びます。

⑨ まちつけ寸法

⑩ すその折り返し寸法＝8cm

⑪ すその中折り分＝2cm〜3cm

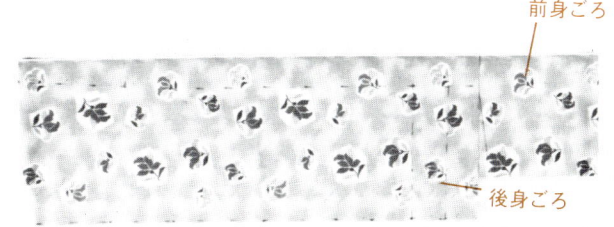

前身ごろの上に後身ごろをのせ、後身ごろのしるしつけをする。

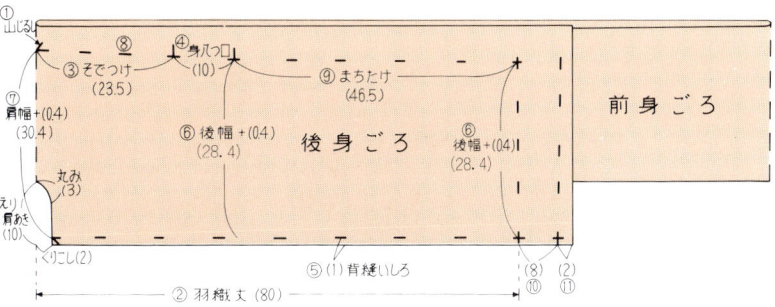

⑵前身ごろ

●順序

①後身ごろの羽織丈、そでつけ、身八つ口、肩幅をつけ直します。

②乳下がり＝32cm

③前下がり＝3cm

④折り返したけ＝8cm

⑤すその折りこみしろ＝2cm〜3cm

⑥えりつけを乳下がりから計ります。

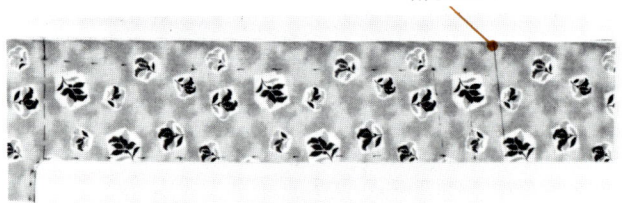

裁ちはなす

前身ごろの羽織たけ、そでつけ、身八つ口、肩幅をつけ直す

＜まちのしるしつけ＞

しるしつけ前の準備

①左右のまちを中表に合わせ、まち上の裁ち目をそろえ、手前の裁ち目もそろえて前とします。

回上部2cmのしるしをつけ、三つ折りぐけします。

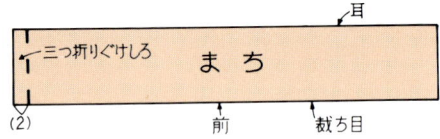

三つ折りぐけしろ　まち　耳

(2)　前　裁ち目

●順序

①まちたけ（46.5cm）−0.1cm＝46.4cm

②すそ折り返したけ＝8cm

③すその折りこみしろ＝2cm〜3cm

④後、まちつけ縫いしろの上部は、まち上の位置で、まち布幅の$\frac{1}{3}$を向こう側の耳から手前にとります。

⑤まち上幅（2cm）＋きせ分（0.4cm）＝2.4cm

⑥まち下部はすそ山のしるし位置で、まち下幅6cm＋きせ分（0.4cm）の$\frac{1}{2}$をまち布幅の中央から向こう側につけます。

⑦まち下幅（6cm）＋きせ分（0.4cm）＝6.4cm

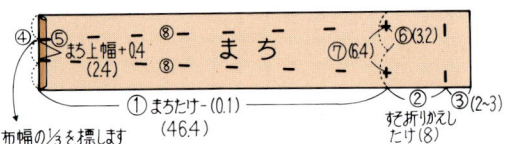

④
⑤まち上幅＋0.4
(2.4)
⑧
⑧
まち
⑦(6.4)
⑥(3.2)
①まちたけ−(0.1)
(46.4)
布幅の$\frac{1}{3}$を標します
②　③(2〜3)
すそ折りかえし
たけ(8)

⑥＝$\dfrac{まち下幅＋0.4}{2}$＝(3.2)

⑦＝まち下幅＋0.4 (6.4)

⑧前後まち付けじるしは、前後それぞれ上下のまち付け縫いしろのしるしを結びます。

⑨の後まち付け縫いしろは、すそ山から折り返し丈（8cm）と同寸法に計ったところの後まち付けの縫いしろの幅を Ⓐとし、くけ山で向こう側の耳から手前にとります。

⑩まち付けじるしは、すそ山から折り返し丈（8cm）と同寸法上に上がったところのまち幅Ⓑをくけ山にとり、くけ山でのまち付けの縫いしろのしるしまでの長さ Ⓒを採寸します。

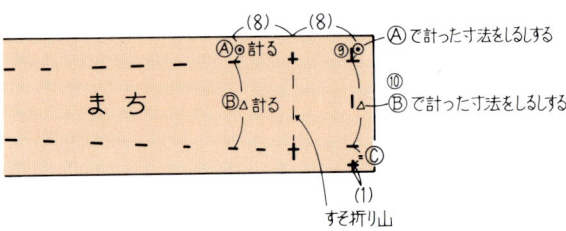

(8)　(8)
Ⓐで計った寸法をしるす
Ⓐ○計る
まち
⑨○
⑩
Ⓑで計った寸法をしるす
Ⓑ△計る
Ⓒ
(1)
すそ折り山

⑪すそ山を折り、まちのⒸで計った寸法をしるします。

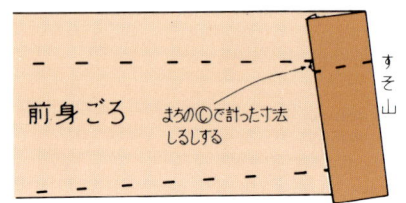

前身ごろ
まちのⒸで計った寸法
しるする
す
そ
山

☆前身ごろのしるしつけ

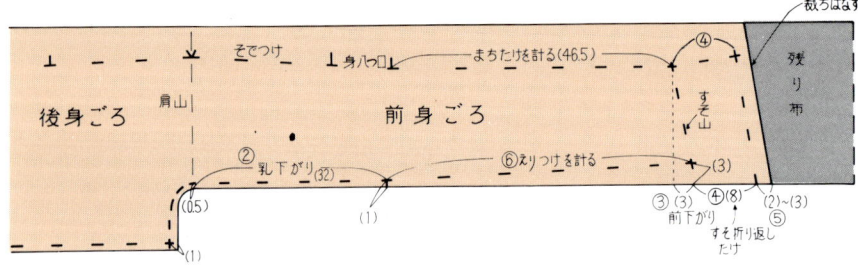

裁ちはなす
後身ごろ　肩山　前身ごろ　まちたけを計る(46.5)　④
そでつけ　身八つ口　す
そ
山
残り布
②乳下がり(32)　⑥えりつけを計る
③(3)　④(8)　(2〜3)
前下がり　⑤
すそ折り返したけ
(0.5)
(1)
(1)
(1)

長着の仕立て方

〈そでの縫い方〉

① しるしどおりに縫います。

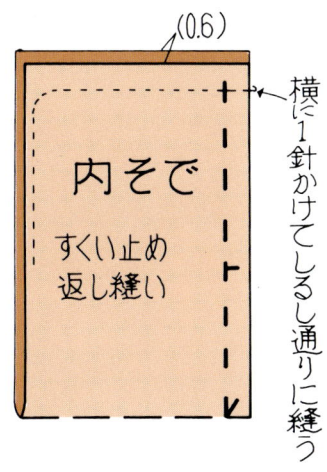

内そで

すくい止め
返し縫い

(0.6)

横に1針かけてしるし通りに縫う

② 丸みの始末をし、そで下を折りぐけします。

内そで

折りぐけ

(0.2)のきせ

△×1.5
くけ残す

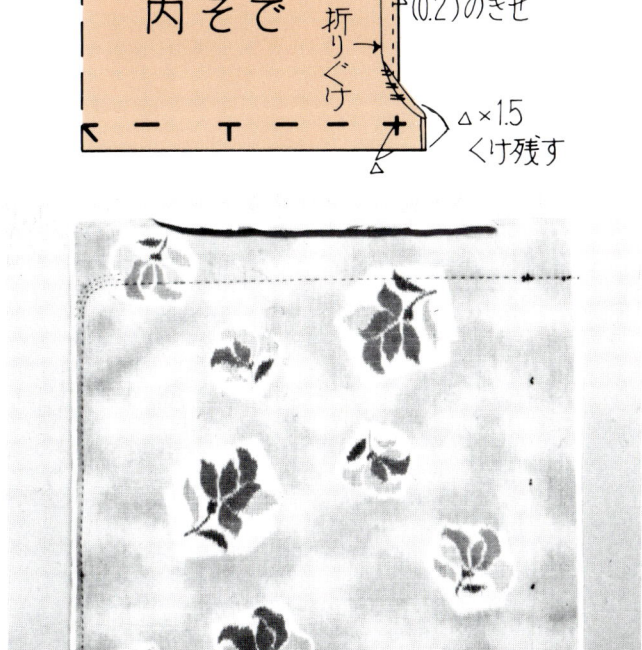

① 丸み側は丸み寸法＋2cm。
　そでつけ側はそでつけ縫いしろの1.5倍残して、外そでの縫いしろで内そでの縫いしろをくるみ、折りぐけする。

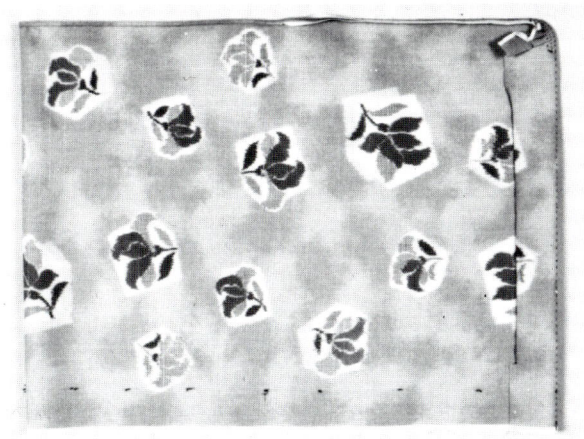

② そで口下は0.1cmのきせ、そで下は0.2cmのきせをかけ、内そで側に折る。

③ そでの出来上り。
　ぞべ糸で二目落しのかざりしつけをする。

〈身ごろの縫い方〉

① くりこしあげの縫い方はしるしより0.1cm浅く縫います。

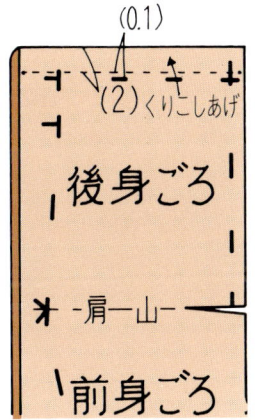

(0.1)

(2) くりこしあげ

後身ごろ

肩一山

前身ごろ

② 0.1cmのきせをかけすそ側に折ります。

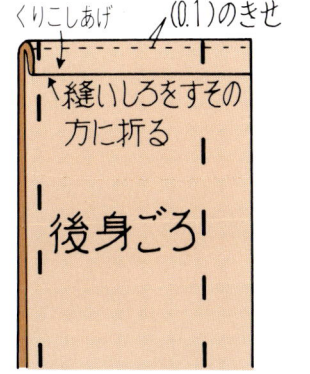

くりこしあげ

(0.1)のきせ

縫いしろをすその方に折る

後身ごろ

〈背伏せ布のつけ方〉

①待ち針を打ちます。

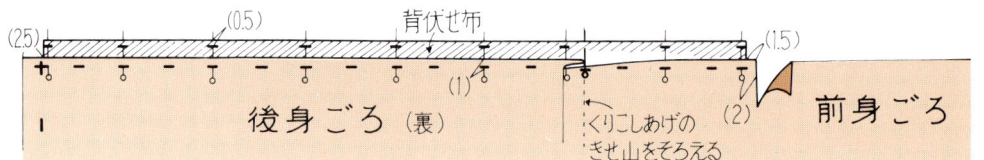

表地と同色の背伏せ布を用意する

②持ちかえて待ち針を打ち直し、背縫いをします。

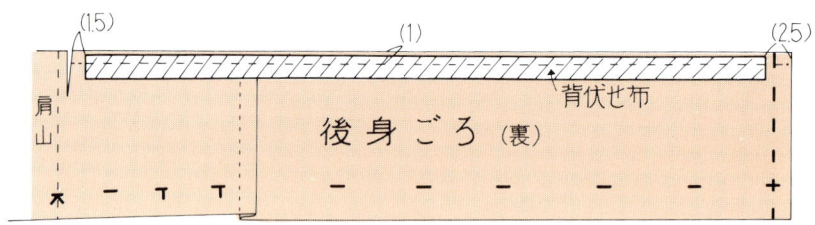

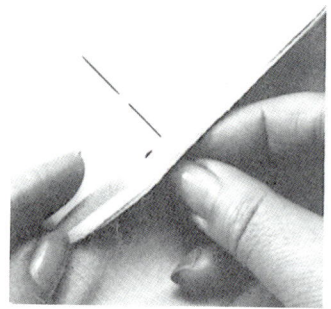

背伏せ布に待ち針を打つ

③0.2cmのきせをかけ片返します。

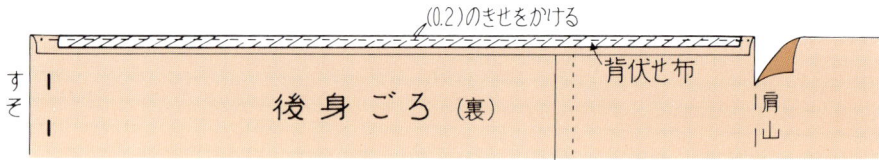

④背伏せ布は0.1cmのきせをかけます。

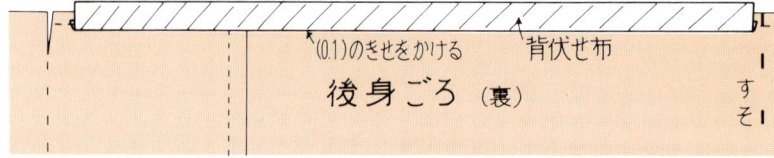

⑤背縫い目より0.2cm内側にくけつけます。

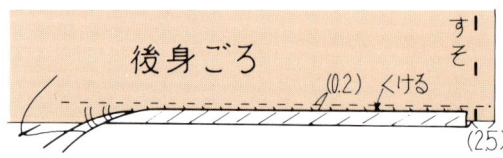

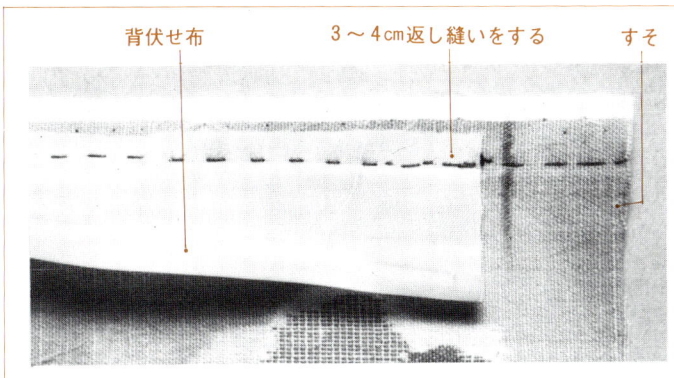

背伏せ布　　　3〜4cm返し縫いをする　　　すそ

すそから2.5cmひかえて背伏せ布をつける

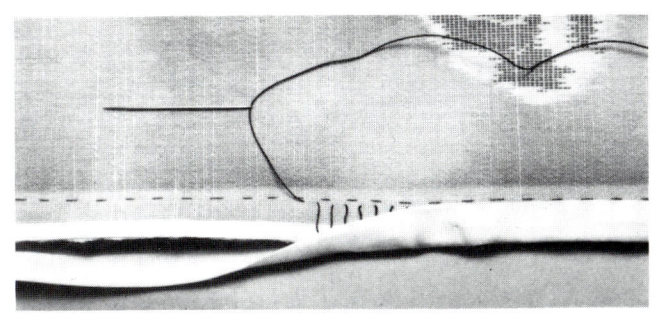

背伏せ布でくるみ、背縫いしろより0.2cmひかえて背縫いしろにくける

〈わきの縫い方〉

●順序

① 二度縫いします。二本目はしるしより0.4cm上をすそから
　身八つ口とまりより4cm手前まで縫います。
② 0.2cmのきせをかけ前身ごろに折ります。
③ 後身ごろ側の縫いしろを0.1cmのきせで開きます。
④ 折山のきわの縫いしろを伏縫いで押えます。
⑤ 身八つ口どまりでは4cmすそ側から自然に斜めになるよう
　に開き、わきの縫いしろの始末をします。
⑥ 縫いしろ端を0.5cm折りくけます。

① 二度縫い

② 0.2cmのきせをかけ前身ごろに折ります。

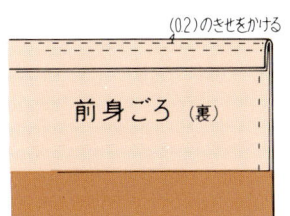

0.2cmのきせをかけて、前身ごろにたおす。

③ 後身ごろ側の縫いしろを開きます。

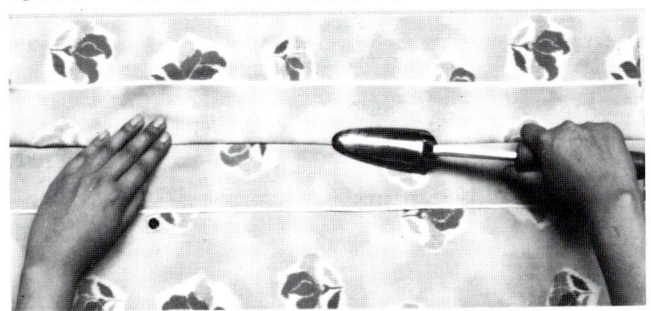

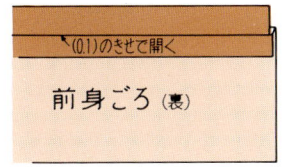

(0.1)のきせで開く

前身ごろ (裏)

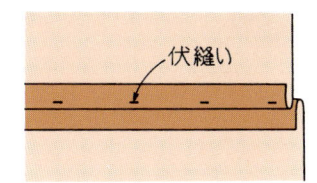

伏縫い

⑤ わき縫いしろの始末

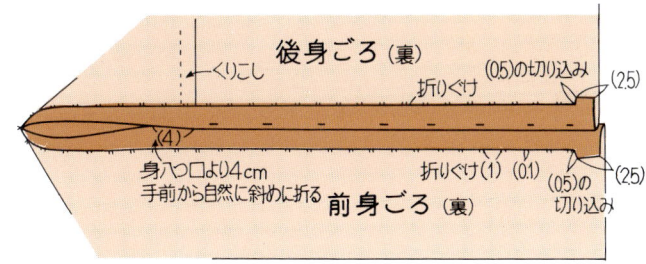

⑤ 布端を0.5cm折り、折りぐけします。

すそは、すそぐけをすっきりさせる意味で2.5cm内側で切り込みを入れてくけしろを開く。

85

〈額ぶちの作り方〉

①図のようにしるしつけをします。実線は縫い目になります。

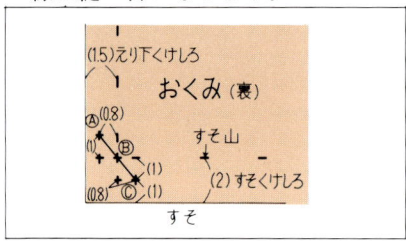

②Aに針を入れ、Cに出します。

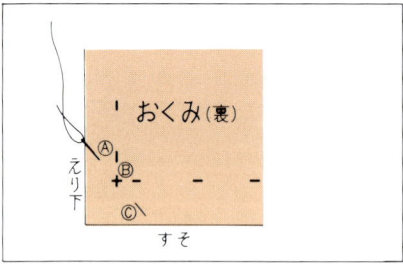

③B点をわにぴったり布を合わせます。糸端はわをつくります。

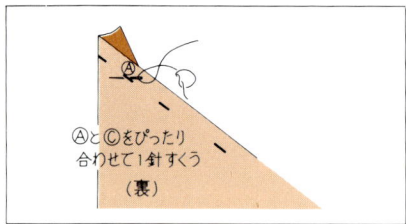

④Aで1針小さくすくって糸端のわに針をとおしとめます。

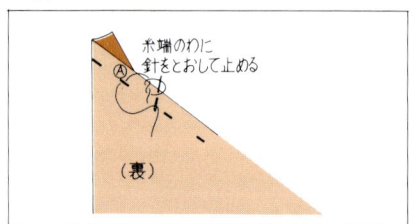

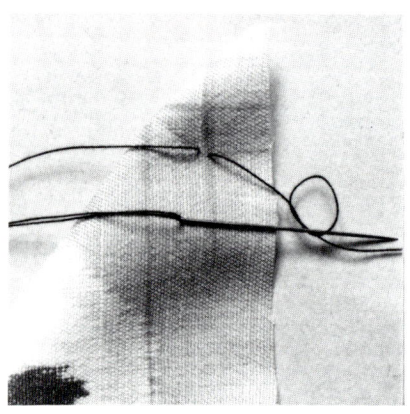

⑤半返しでB点の1針手前まで縫います。

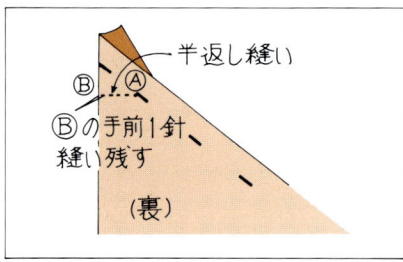

⑥縫い終りは、向こう側から折り山に糸をかけて手前に針を出します。

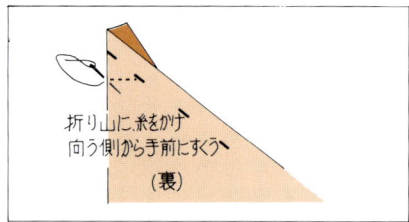

⑦斜めに縫い上ってとめます。

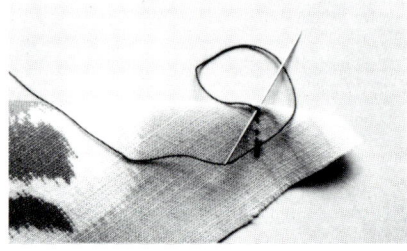

⑧縫い目を割り、くけこみを三角に折ります。

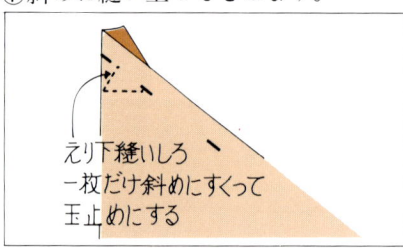

⑨つま先の角を直角になるように針先で整えます。

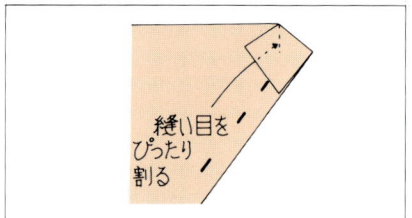

縫い目をぴったり割る

⑩えり下、すそのくけしろを三つ折りにします。

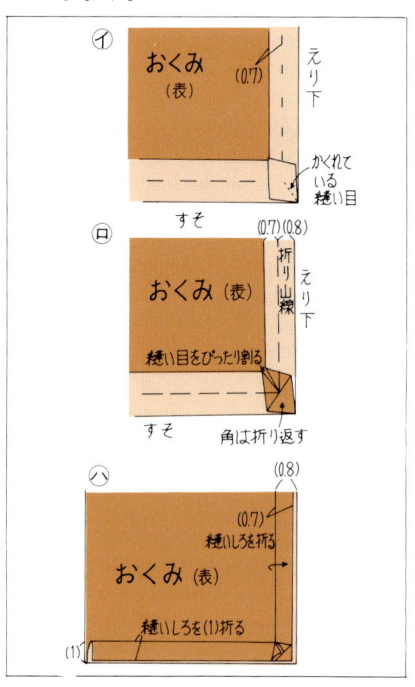

⑪額ぶちの角に引き糸をつけます。

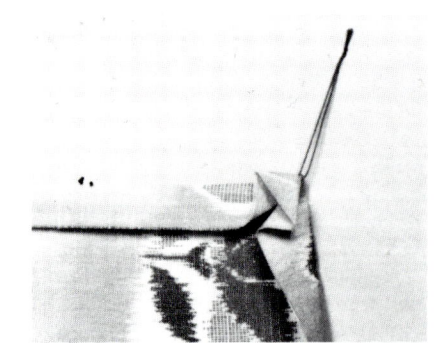

⑫表にかえし、角の引き糸を引出します。

⑬引き糸をピンと張り、角にこてを当てて整えます。

⑭しつけでおさえ、三つ折りぐけをします。

＜おくみのつけ方＞

※婦人のゆかた67頁参照

①おくみ縫いしろの始末

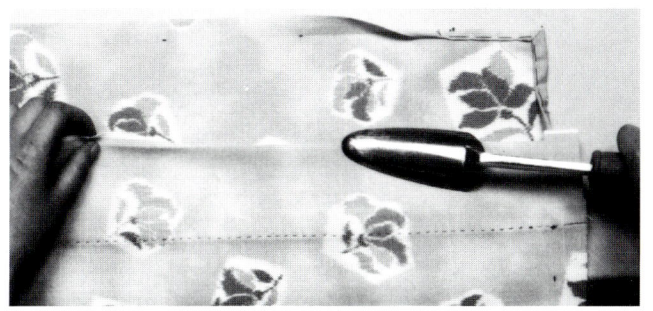

布端0.5cm折り、折りぐけをする

②わき、おくみの縫いしろの始末とすそぐけ

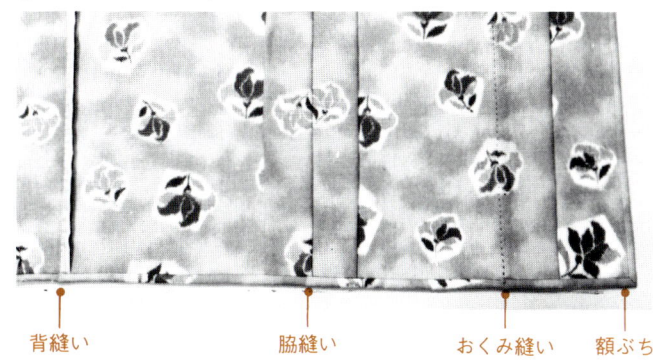

背縫い　　脇縫い　　おくみ縫い　　額ぶち

＜三日月型力布の作り方＞

①5cmの正方形の布を三角に折り、三日月型に縫います。

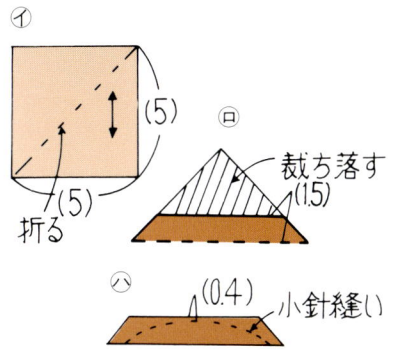

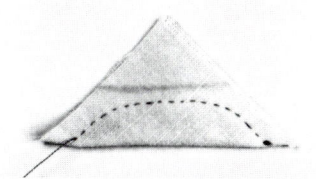

②糸を引きながらバイヤスを伸ばします。

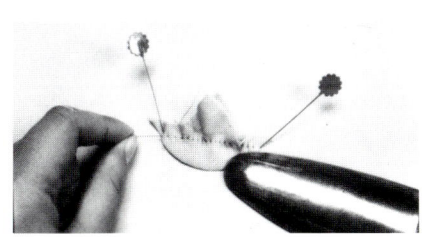

③三日月型力布の出来上り

④力布をえりつけ位置につけます。

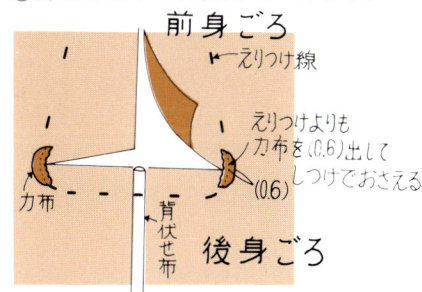

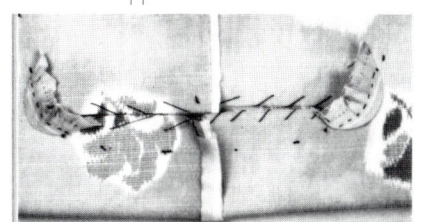

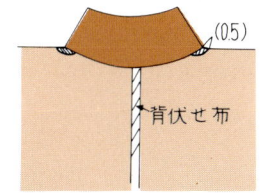

87

〈えりのつけ方〉

●順序

①先ず表えりの待ち針を打ちます。

※えりのつり合い（婦人用ゆかた70頁参照）。

裏えりの合じるしに合わせて待ち針を打ち直します。

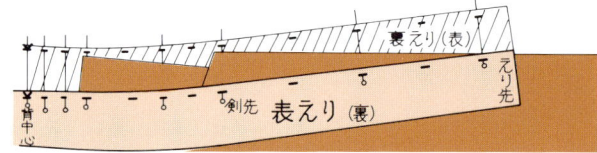

☆えり肩まわりのゆるみのとり方

①

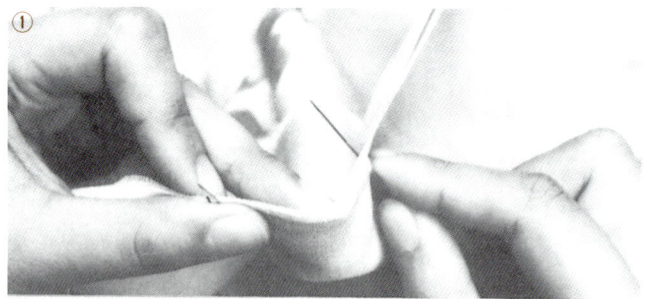

中指をえり肩あき止り位置に差し込み、表えりにゆるみを入れる

②

背中心とえり肩あきの間は、えり側にゆるみを0.1cmとり、待ち針を打つ

②えりつけ　えり先では、すくい止めして縫い始め3cm返し縫い、剣先、背中心で1針返し縫い、えり肩まわりは返し縫いで縫います。

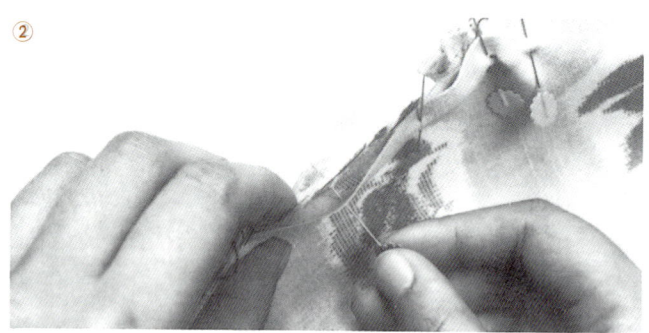

③表えり、裏えりは0.1cmのきせで、表えりに返します。ただし共えり下は表えりにきせをかけません。

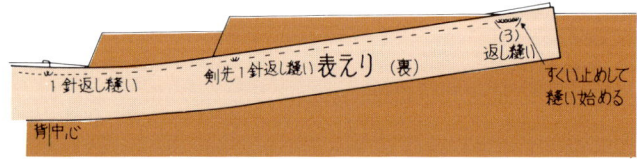

④えり先をとめます。

1の針　表えりのえりつけどまりきせ山から針を入れます。
2の針　えり下の折り山を浅くすくいます。
3の針　裏えりのえりつけどまりへ針を出しえり先の方へ横糸2〜3本すくいます。
4の針　えり下折り山はすくわないで1の針のきわにもどります。

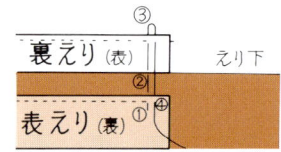

☆えり先のとめ

①

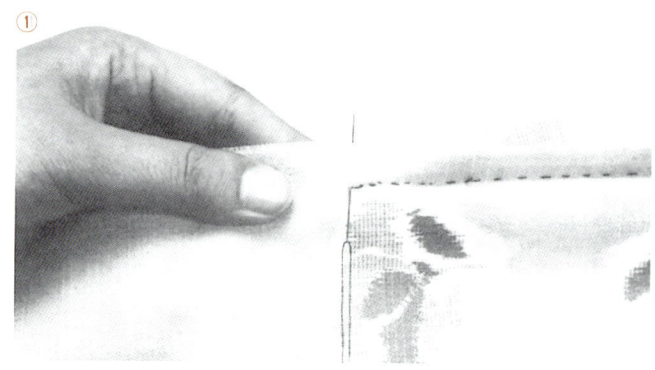

表えりの裏から縫い止りのきせ山に直角に針を入れる

②

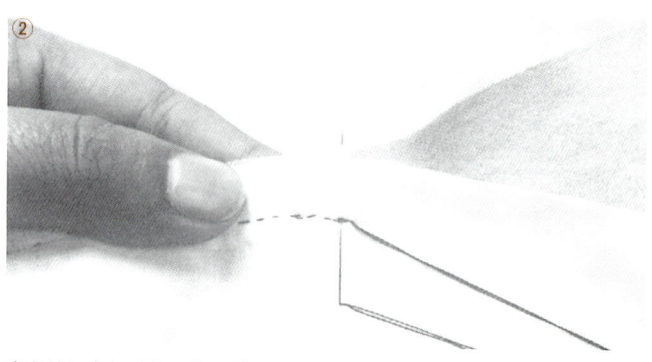

裏えりに出してえり先の縫いしろに向って横糸2〜3本すくい、表へ出す

③

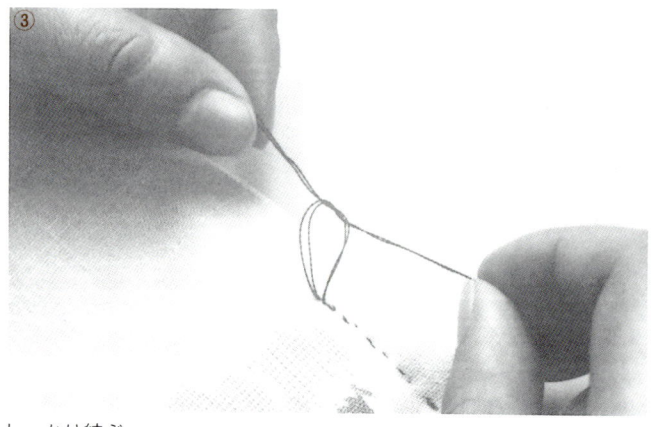

しっかり結ぶ

⑤えり先をしるしより0.7cm上を縫います。

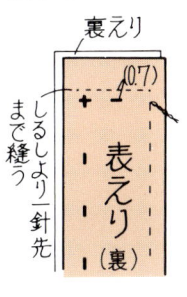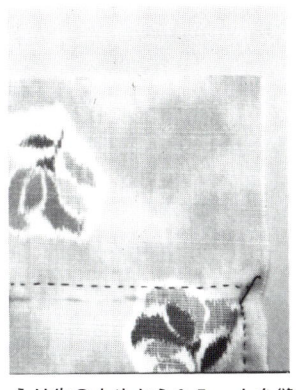

えり先の止めから0.7cm上を縫う

⑥えり先をしるしから、裏えり側に折り、縫いしろをとじます。

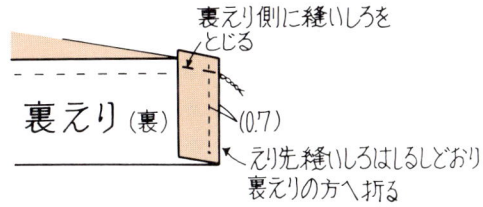

⑦えりをくける前の準備をします。

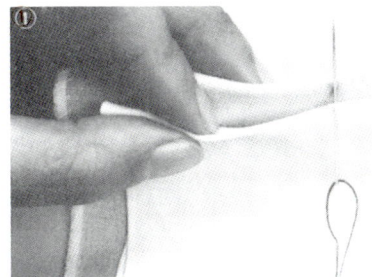

出来上りえり幅に引き糸をつける。

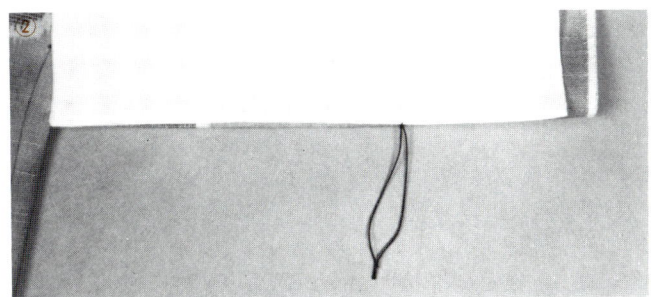

引き糸をつけたところ。

③

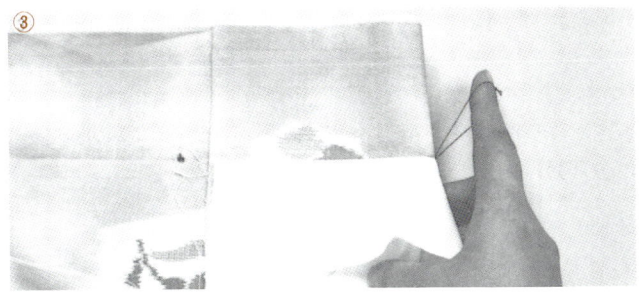

引き糸を指に通し、えり先縫いしろを表えりにふくませて折る。

④

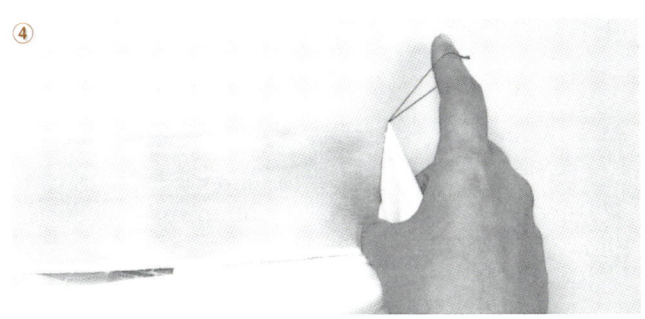

次に表えりを出来上りえり幅に折る。

⑤

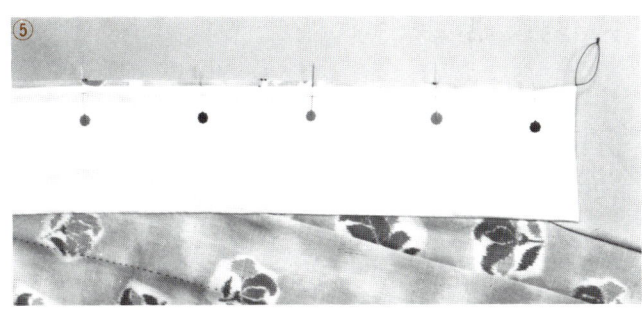

えり先をつま形に整え、裏えりを表えりより0.6cmひかえて待ち針を打つ。

⑧えりをくけます。えり先をつま形に作り、表えりより0.6cmひかえてくけます。

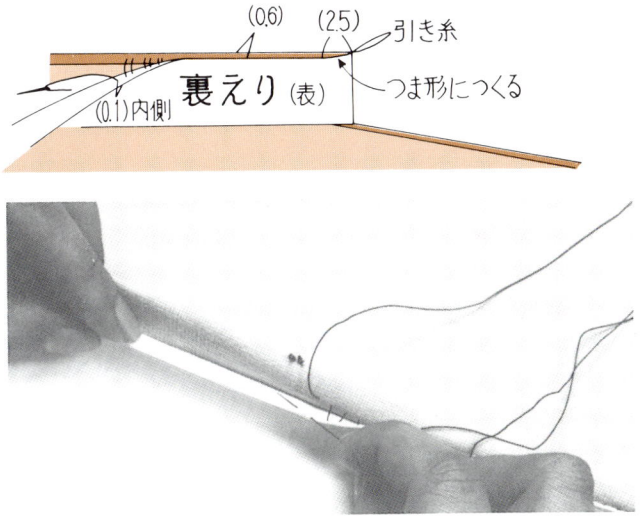

裏えりは表えりより0.6cmひかえて本ぐけする。

〈共えりかけの準備〉

①出来上りえり幅に折る

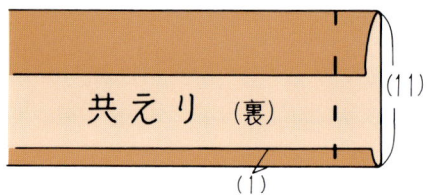

②つけ側の角を三角に折り込みます。

〈共えりのかけ方〉

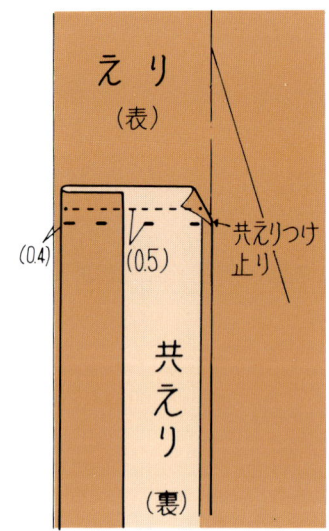

①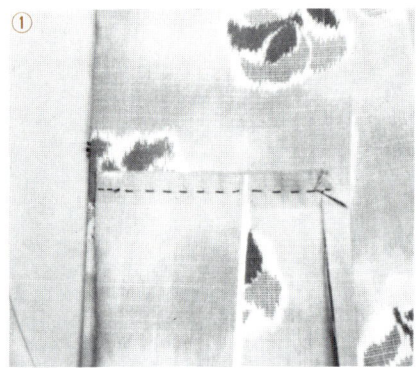

えりつけ側を三角に折り、しるしより0.5cm上を地えりに縫いつける

②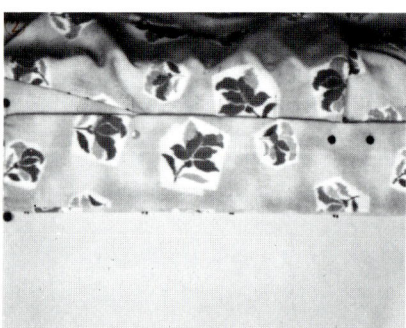

背中心・えり肩まわり、剣先と地えりとのつり合いをみながら待ち針を打つ

③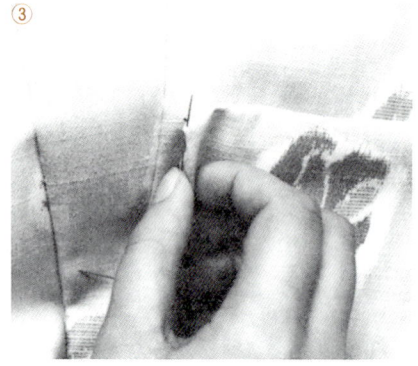

共えり角のえり付け側から0.1cm内側からえり先の折り山に針を入れる

④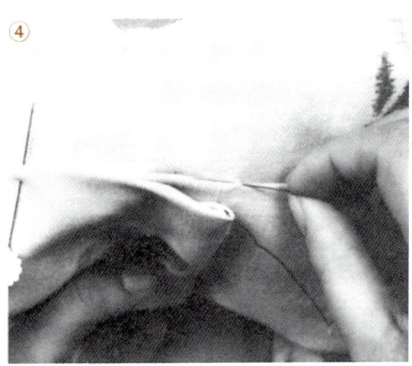

地えりのえり付け側の折り山をたてにすくう

⑤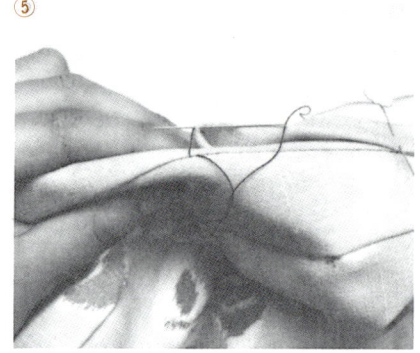

持ちかえて共えりの折り山をすくい、最初の針へもどり、しっかりととめる

⑥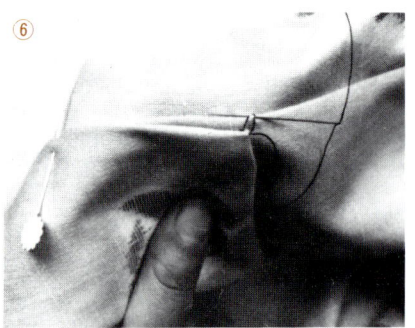

また、持ちかえて地えりのもとの針へもう一度もどって1針すくう

⑦

地えりのつけぎわと、共えりの折り山より0.1cm内側とをくけ合わせる

⑧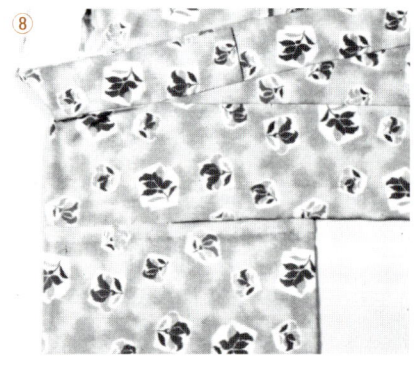

共えり付け出来上り

＜そでつけ出来上り＞

※そでのつけ方
（婦人用ゆかた74頁参照）

そでつけ止りと身八つ口止りにかんぬき止めをします。

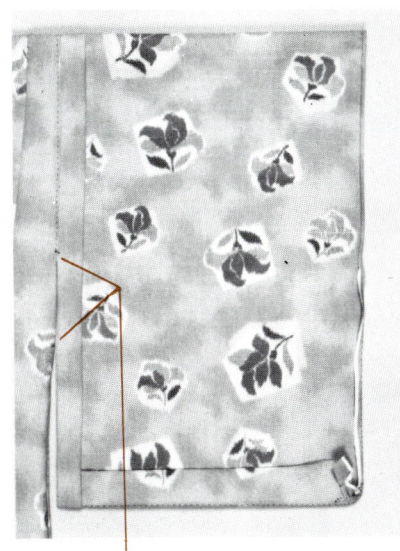

かんぬき止め

※かんぬき止めの仕方は75頁参照

羽織の仕立て方

＜そでの縫い方＞

(1)そで口布の縫い方

①そで口布をつけます。図のようにそでの方にゆるみをもたせ待ち針を打ちます。

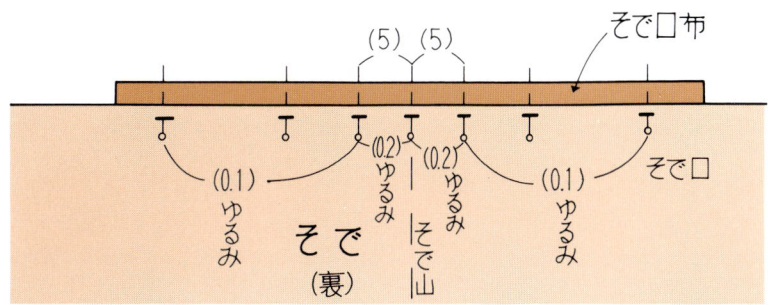

（5）（5）

そで口布

（0.1）ゆるみ　（0.2）ゆるみ　そで山　（0.2）ゆるみ　（0.1）ゆるみ　そで口

そで（裏）

②そで口止りで、0.6cm縫い残し、しるしどおりに縫います。

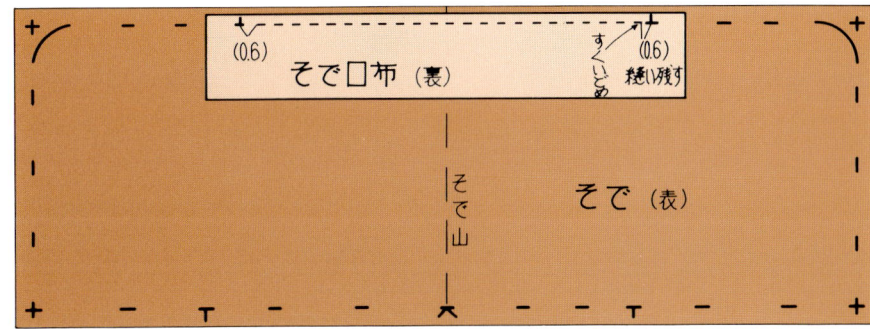

（0.6）　そで口布（裏）　すくいとめ　（0.6）縫い残す

そで山　そで（表）

③縫い目は0.2cmのきせで、毛抜き合わせにし、そで口にしつけをします。

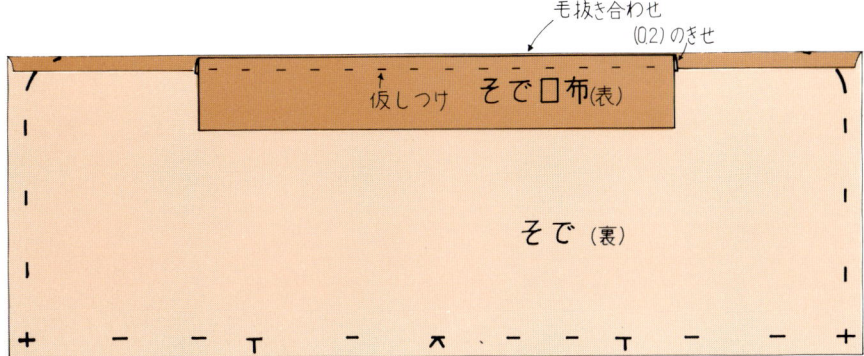

毛抜き合わせ　（0.2）のきせ

仮しつけ　そで口布（表）

そで（裏）

(2)そで口の四つ止め

1の針　内そでのきせ山に裏から表へ針を出します。

2の針　内そで口布のきせ山をすくいます。

3の針　外そで口布のきせ山をすくいます。

4の針　外そでのきせ山をたてに0.1cmすくいます。

5の針　1の針のそばにもどり、そで口止りでしっかり糸を結びます。

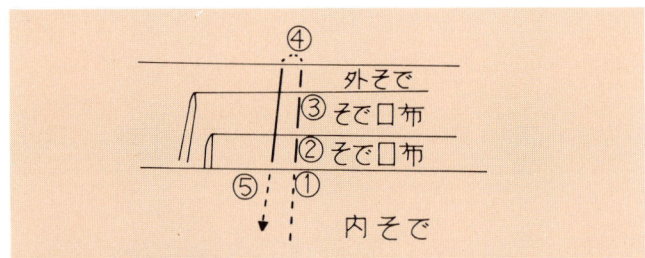

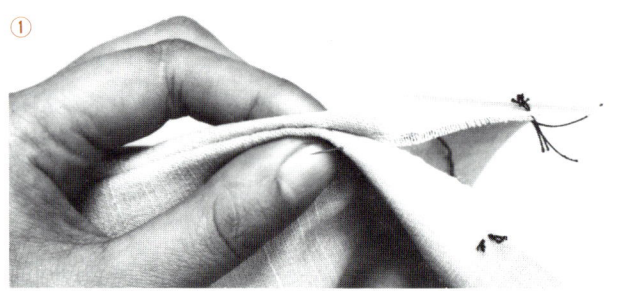

そで口を毛抜き合わせにし、内そでを手前にして内そでのそで口止りのきせ山に裏側から針を出す。

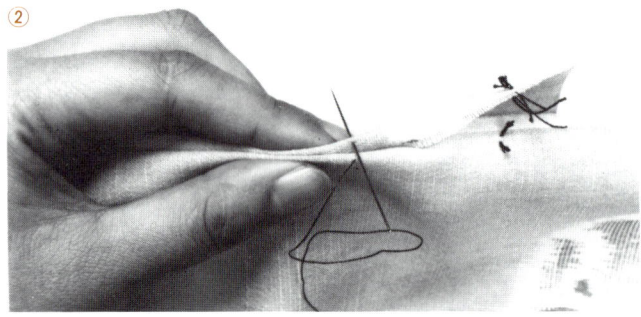

そで口布のきせ山をすくう。

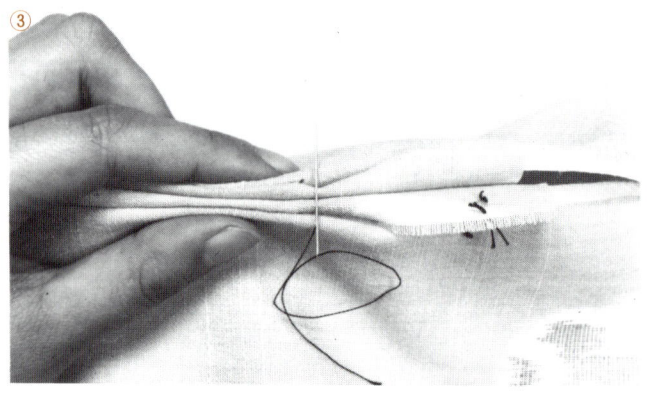

外そでのそで口布を②と同じようにすくう。

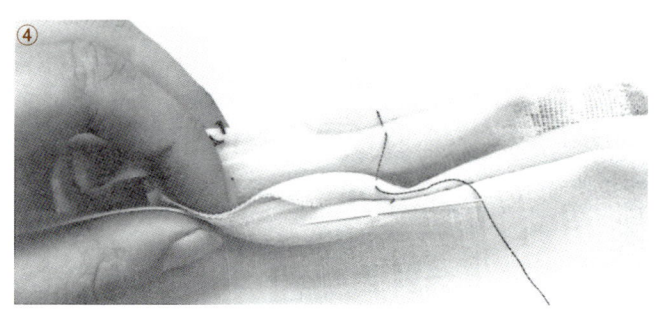

外そでが手前になるように持ちかえて、外そでのそで口止りのきせ山をたてにそで下に向って0.1cmすくう。

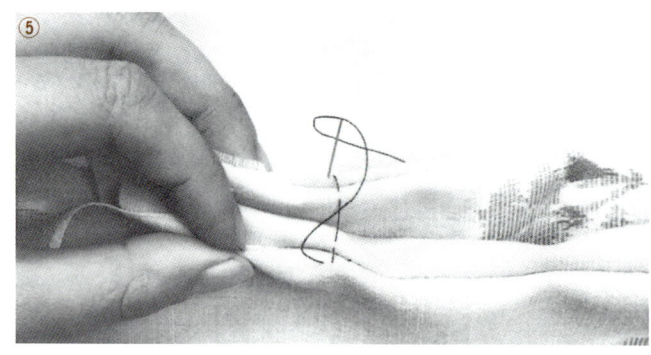

内そでの最初の針へもどる。

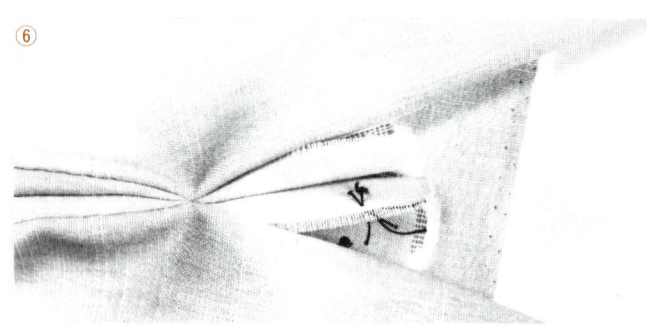

そで口の四つ止めの出来上り。

(3)そで口下からそで下縫い

そで口下から丸みを通り、そで下を縫います。

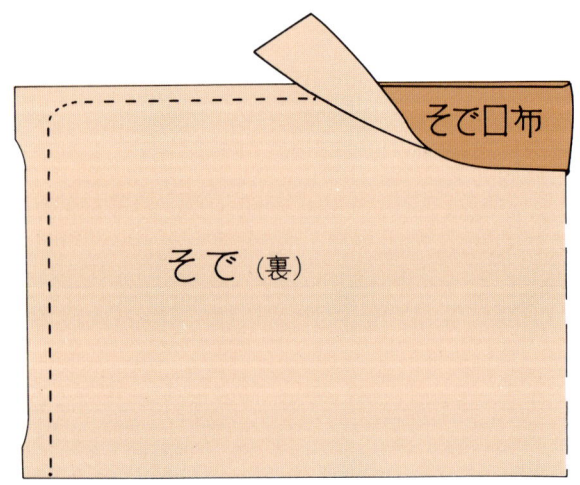

(4)そで口布のそで口下の縫い方と始末

①そで口布のそで口下を縫い、縫いしろを割ります。

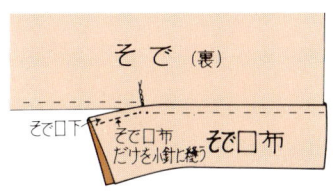

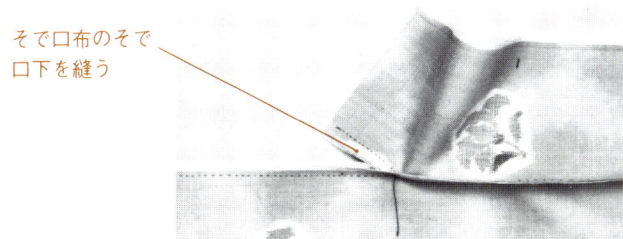

そで口布のそで
口下を縫う

②そで口布端を伏せ縫いします。

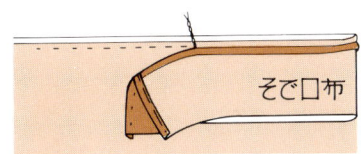

③外そで口の縫いしろを斜めに折ります。
　外そでの縫いしろは自然に斜めに開きます。

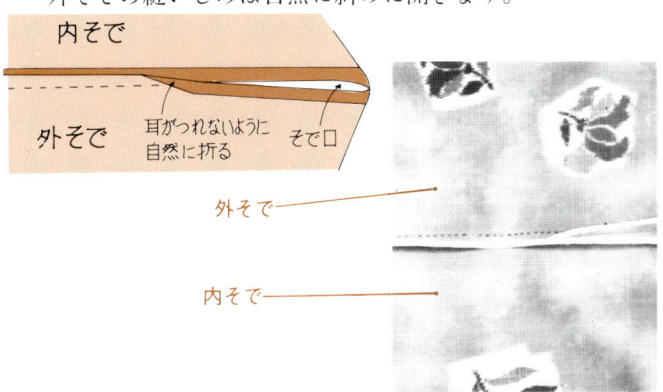

外そで

内そで

④縫いしろを中とじします。

小針に縫ったそで口布と、そで口下の縫いしろを合わせて中とじをする。

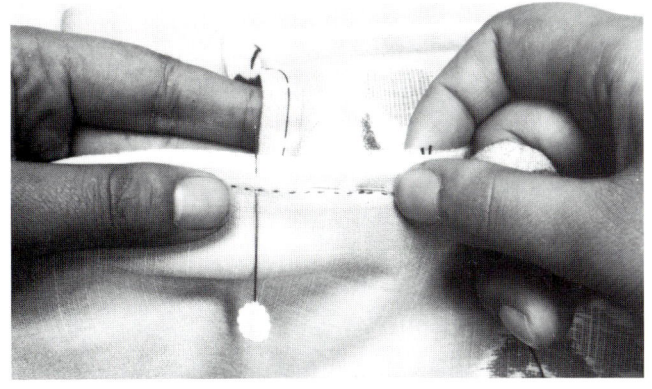

⑤しつけをかけて整えます。

表にかえして形を整え、そで口からそで下までかざりしつけをかけ、そで口布奥にしつけをかける。

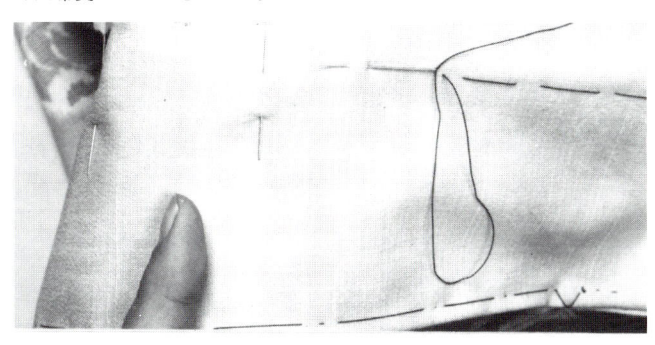

⑥そで口布奥をくけます。

裏に返してそで口布奥をくけます。

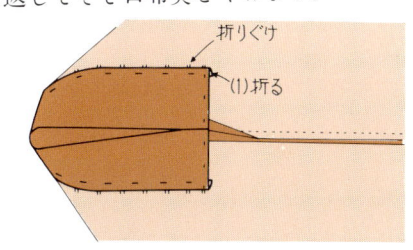

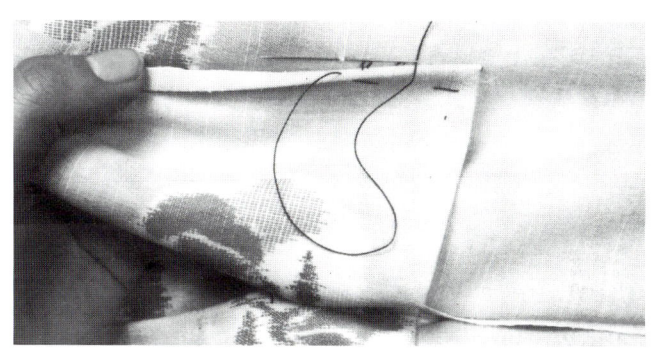

(5)そでの出来上り

縫い目にアイロンを当てて、仕上げをする

〈身ごろの縫い方〉

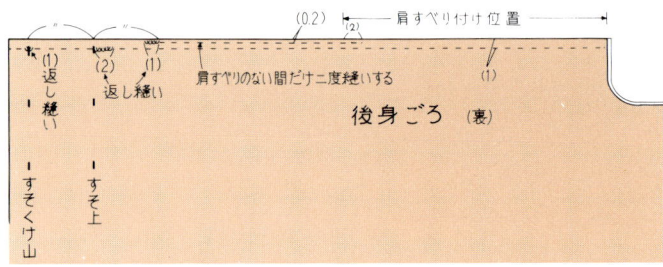

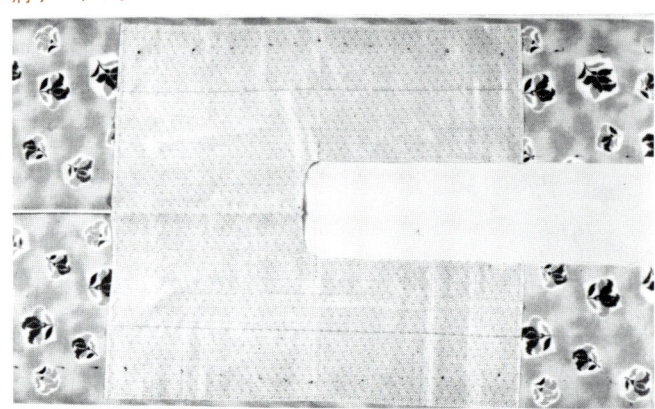

〈肩すべりのつけ方〉

(1)背の縫い合わせ

肩すべりのすそを三つ折りぐけし、背縫いと肩すべりの中心を合わせ、一目落しでとじつけます。

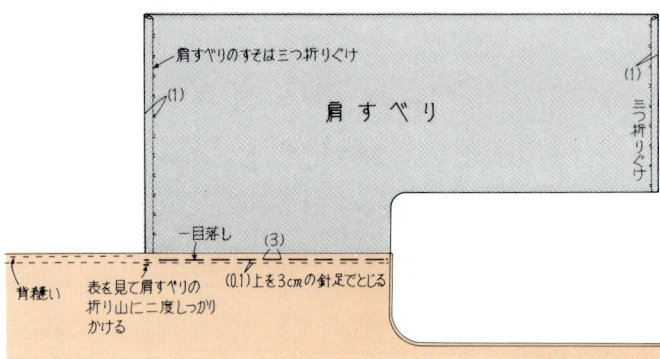

(2)肩すべりのしつけ

そでつけのしるしより内側と、えり肩まわりを仮じつけします。

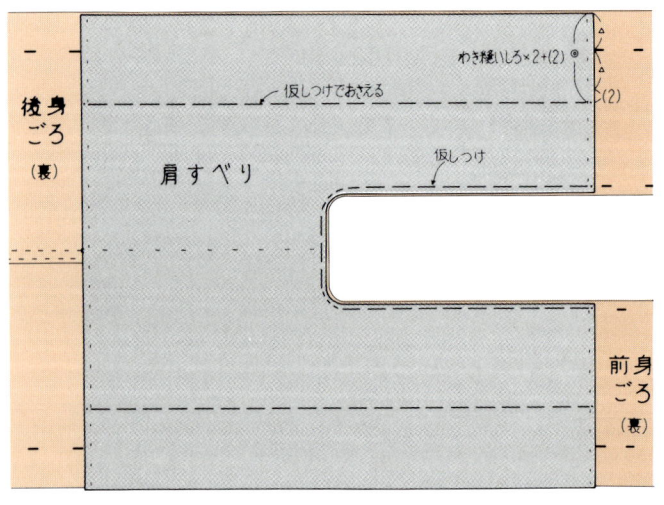

〈まちのつけ方〉

(1)後まちの待ち針の打ち方

図のようにしるしどおりに待ち針を打ちます。

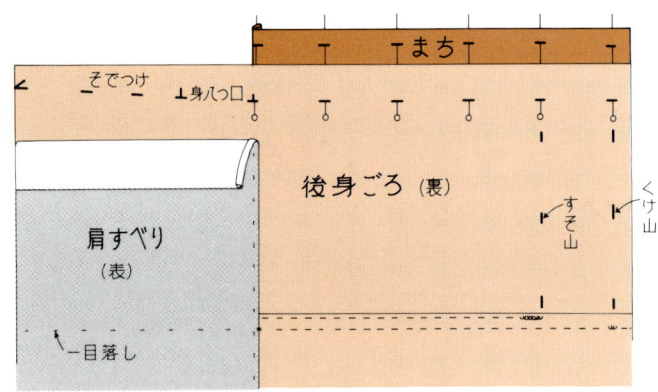

(2)後まちつけ (後身ごろを見て縫う)

①まちつけどまりでは4～5cm返し縫いをし、すそ山で1針返し縫い、くけ山より1cm先まで縫います。

②0.2cmのきせをかけ、身ごろの方へ折ります。

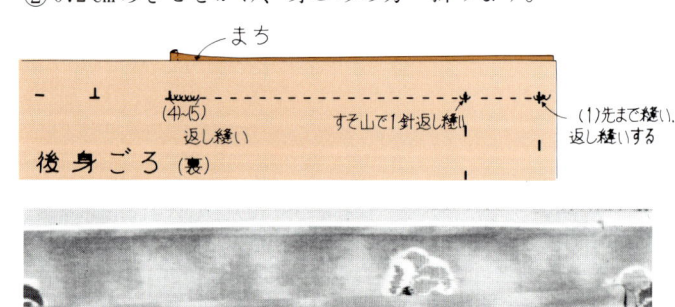

まち

⑶前まちつけ

①後まちつけと同じ要領で縫います。

②縫いしろの始末

0.2cmのきせをかけ、身ごろの方に折り、布端0.5cmを折ってわき縫いしろに折りぐけをします。

まちの上部は三角に折ってくけます。その際、肩すべりがまちの上部にかかるくらいに長い場合は、三角に折らずに肩すべり丈より2cm内側までまっすぐくけます。

③前まちの付け方

すそ折り山のしるしより1cm先から縫います。上部は4〜5cmすくい止め返し縫い。

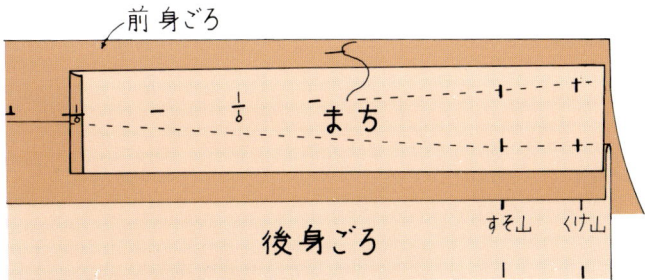

⑷わきとまちの縫いしろの始末

まち、わき共0.5cmの折りぐけをします。

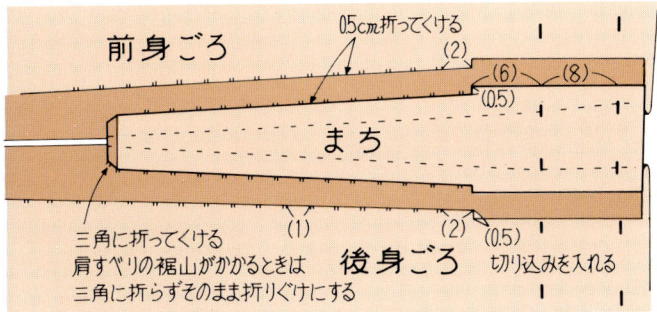

〈そでのつけ方〉

⑴そでつけ

※婦人用ゆかた74頁参照

⑵そでつけ縫いしろ・ふりの始末

布端を0.5cm折って折りぐけをします。

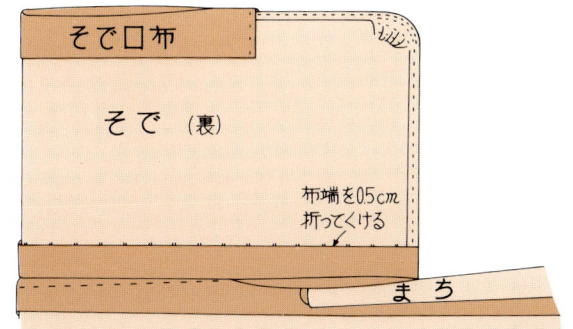

⑶肩すべりの始末

そでつけより0.2cmひかえ、折りぐけし、下部は千鳥ぐけでおさえます。

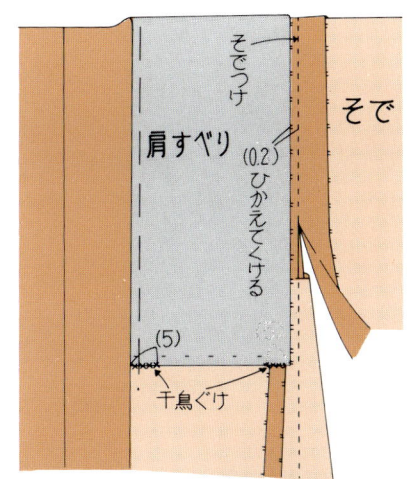

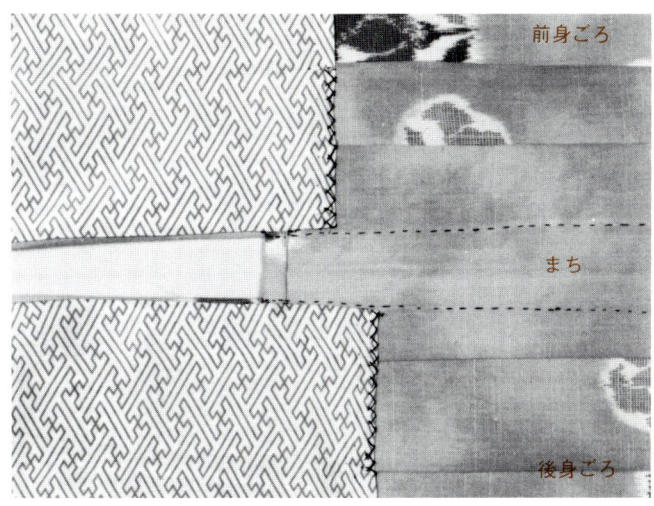

そでつけから身八つ口は0.3cmひかえてくける

前肩すべり

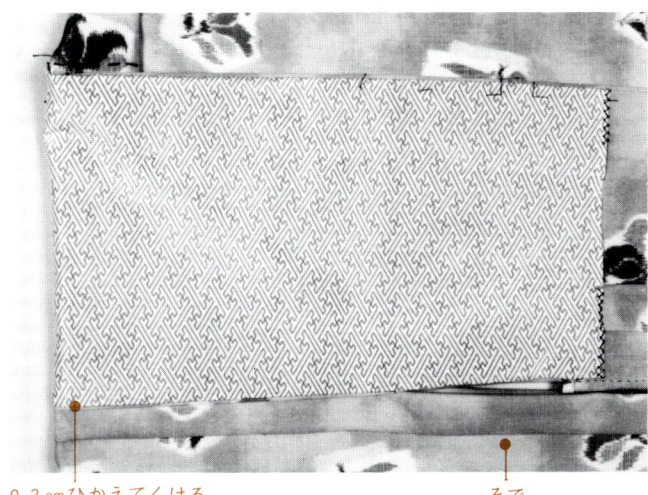

0.3cmひかえてくける　　そで

〈すそのくけ方〉

①くけ山を折り、軽くアイロンをあてます。

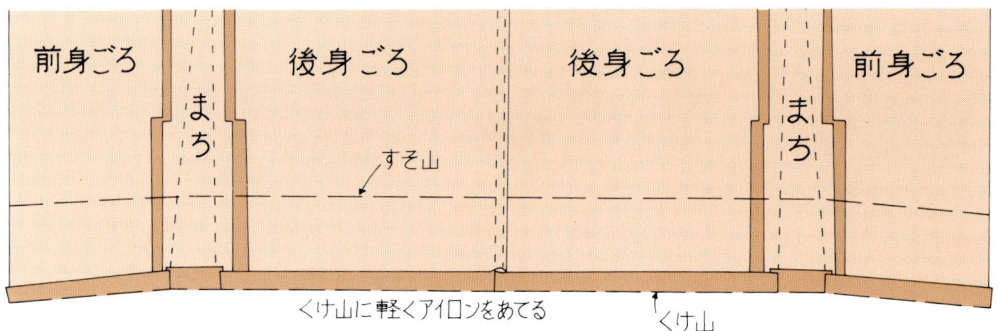

前身ごろ　　まち　　後身ごろ　　後身ごろ　　前身ごろ　　まち

すそ山

くけ山に軽くアイロンをあてる　　くけ山

②背縫い、まちつけの山では1針返しぐけをします。

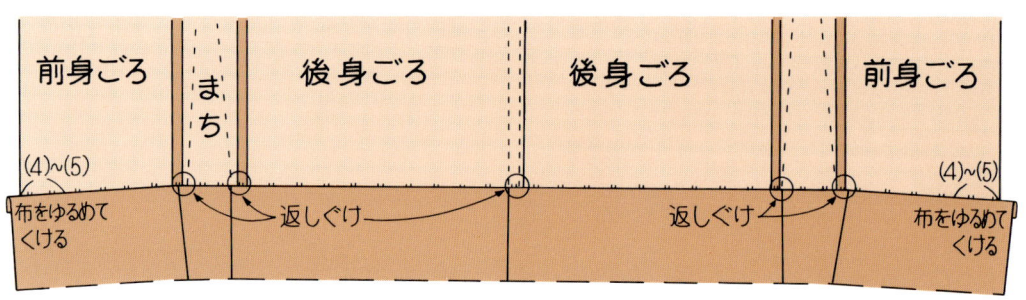

前身ごろ　　まち　　後身ごろ　　後身ごろ　　前身ごろ

(4)～(5)
布をゆるめてくける
返しぐけ　　返しぐけ
(4)～(5)
布をゆるめてくける

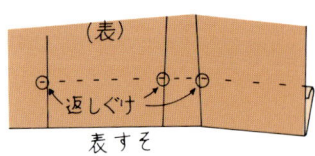

（表）
返しぐけ
表すそ

〈乳の作り方〉

乳下がり位置に乳をつけます。

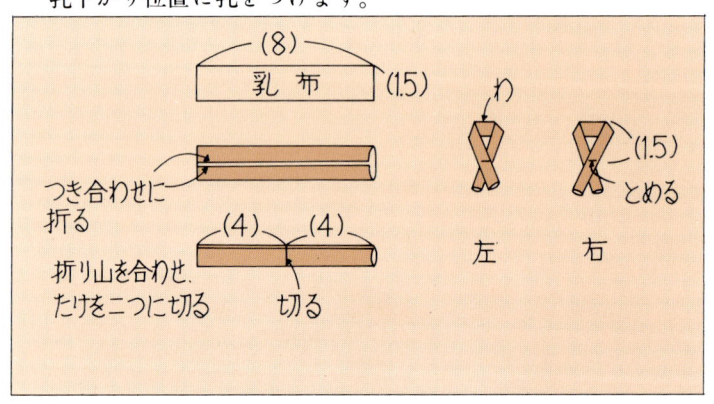

（8）
乳布　（1.5）

つき合わせに折る

わ
（1.5）
とめる

（4）　（4）
折り山を合わせ、たけを二つに切る　　切る

左　　右

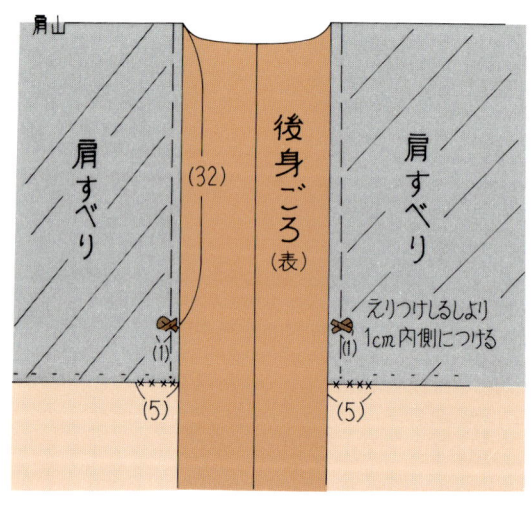

肩山

肩すべり　　後身ごろ（表）　　肩すべり

（32）

えりつけしるしより1cm内側につける

（1）　　（1）

（5）　　（5）

〈えりの折り方〉

①図のようにしるしをつけます。

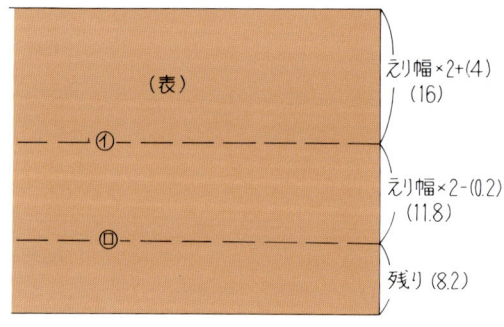

（表）
①
回

えり幅×2+(4)（16）

えり幅×2-(0.2)（11.8）

残り（8.2）

②⑦のしるしを外表に折ります。

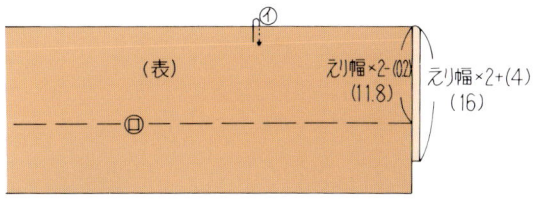

えり幅の2倍に4cm加えた寸法を、布端から計り、外表にこてを当てる

③えりつけしろ1.4cmを⑦から計り内側へ折ります。

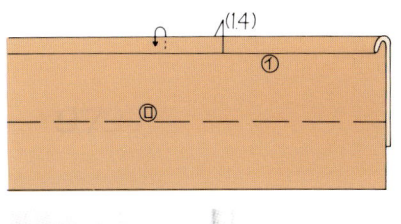

えりつけしろ1.4cmを⑦の折り山から計り、折り込む

④えり幅の2倍に0.4cm減じた寸法を⑦から計りえりくけしろのしるしをつけます⊜。回を手前に折ります。

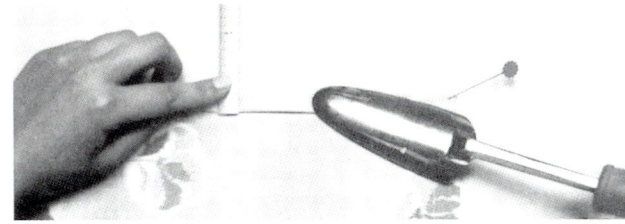

えり芯となる内側の布を折る

⑤⑦と回をつき合わせに折ります。

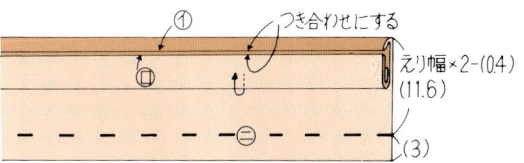

更にえり芯となる内側の布回をつけしろにつき合せに折り込む。

⑥えりくけしろ⊜を折ります。

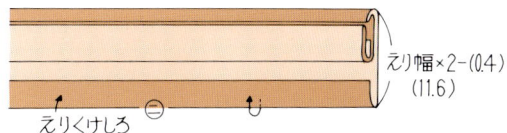

表えりを、えり幅の2倍に0.4cm減じた寸法を残して折る

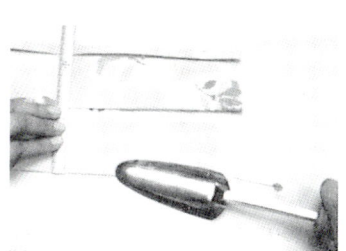

⑦出来上り　えりくけしろ⊜をえりつけしろより0.4cmひかえて折り上げます。

えりの切りじつけ

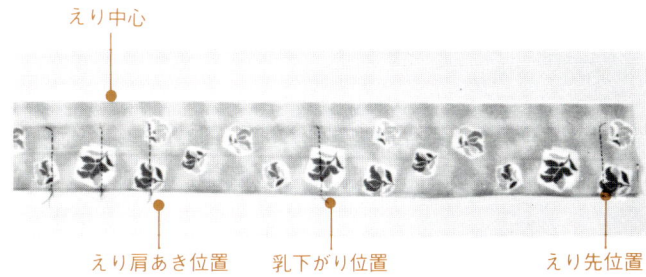

えり中心

えり肩あき位置　　乳下がり位置　　　　えり先位置

＜えりのつけ方＞

(1)えりつけの待ち針の打ち方

えりつけ縫いしろの折り山より0.4cm上に待ち針を打ちます。
背中心より4cmは平らに、えり肩まわりから乳下がりまでは
0.6cmのゆるみ、乳つけを中心に4cmはつらせます。そして、
すその折りしろ部分では0.1cmゆるめます。

(2)えりつけの縫い方

すその折りしろでは半返し縫い、乳つけ2cmは半返して針を
たてながら縫います。えり肩あきは半返しで、背縫いのきせは
1針返し縫い。ほかは10cm間隔で1針返し縫いします。

(3)えり先の縫い方と始末

①開いているくけ側の表えりを矢印の方向に折ります。

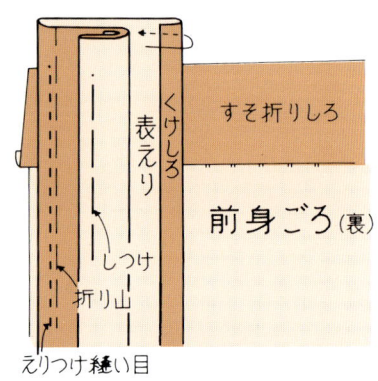

②えり先0.8cm上を縫います。

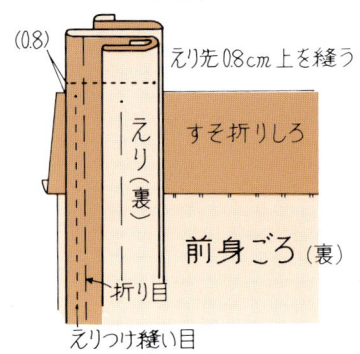

③すそ山きっちりに折り込み側に折ります。

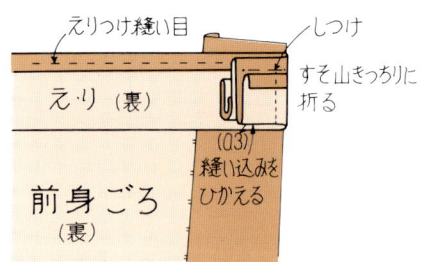

④縫いこみの糸をゆるめてとじます。

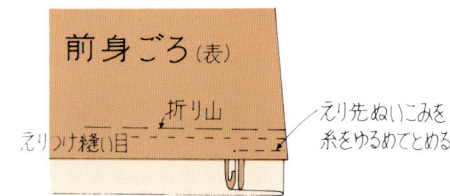

☆**えりつけの待ち針の打ち方**

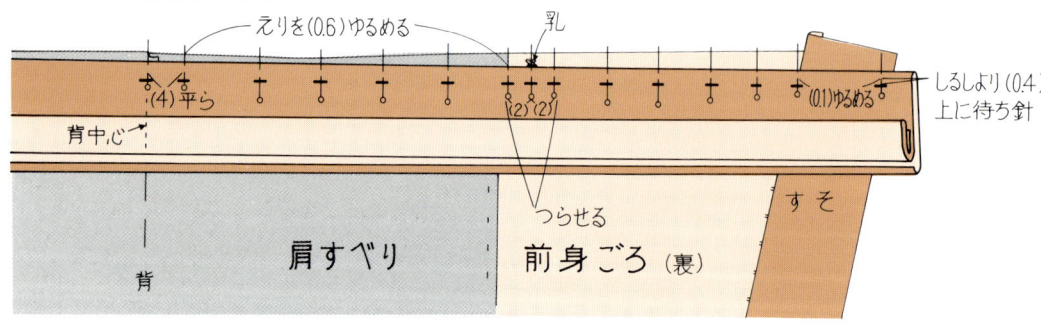

☆**えりつけの縫い方**

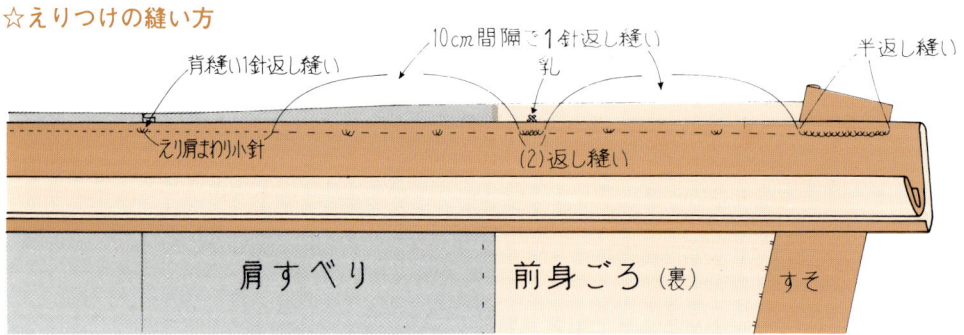

〈えりのくけ方〉

① えりを表に出してくけます。くけの針目は0.4 cm、えりつけ縫い目がかくれるようにくけしろの折り山より0.1 cm内側に針を出してくけます。

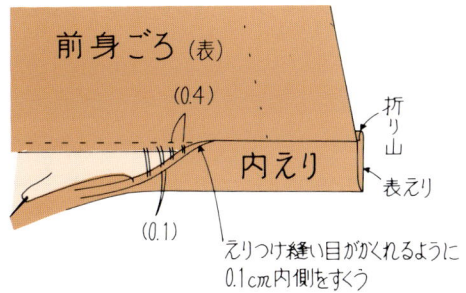

② えりつけと同様につり合いをとりながらくけます。

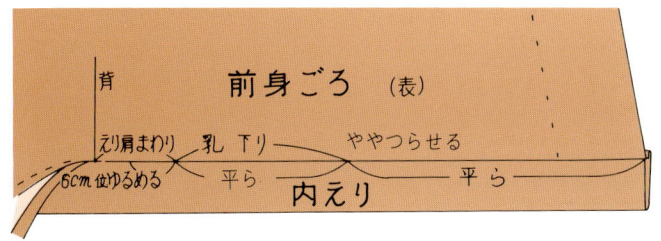

③ 前身ごろを0.5 cmひかえてえりをおちつかせ、アイロンで整えます。

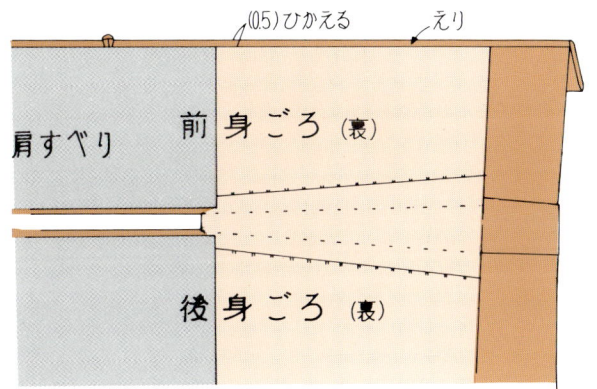

〈えりのかざりしつけ〉

えりのかざりしつけは、ぞべ糸1本どりで、図のようにしつけていきます。

えりのかざりしつけ

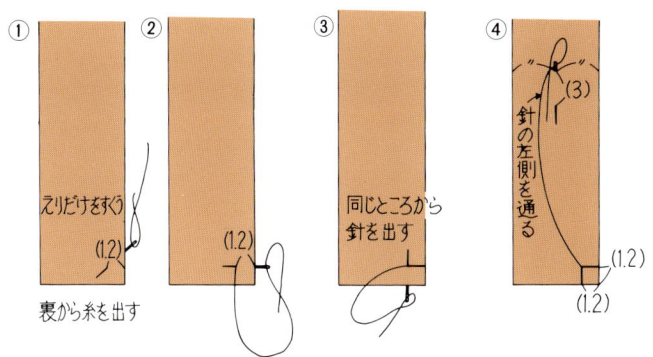

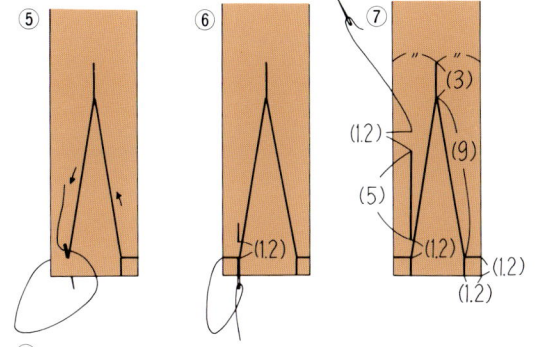

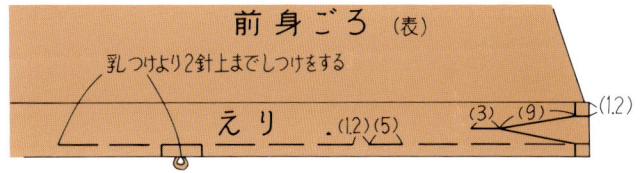

身ごろまで糸がかからないようにするため、ものさしなどで下敷をする。

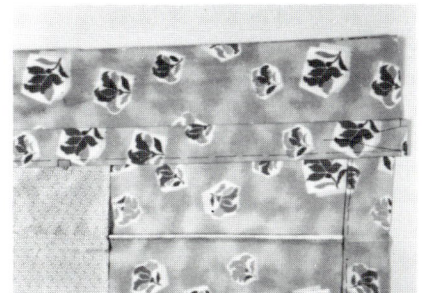

かざりしつけの出来上り

☆えりのかざりしつけ

中央10cmを千鳥ぐけ

内えりのえり中心10cmを千鳥ぐけでおさえる

ひとえ長じゅばん

ひとえ長じゅばんは、春、秋のあわせの季節から夏のひとえのきものまで長い間着ることができ、洋服でいえば、スリップにあたるもので、きもの姿を美しくみせる上で大切な役割をします。

長じゅばんを大別すると関東仕立と関西仕立の2種にわかれ、各自の体型に合わせ、一番着やすいように工夫して仕立てることが大切です。一般的に関西仕立はきもの式なので体格のいい人に好まれます。

また、用布が残る場合は裁ち落さずに、内あげをしてぬい込んでおき、すそがいたんだり、汚れたときにくりまわしをします。

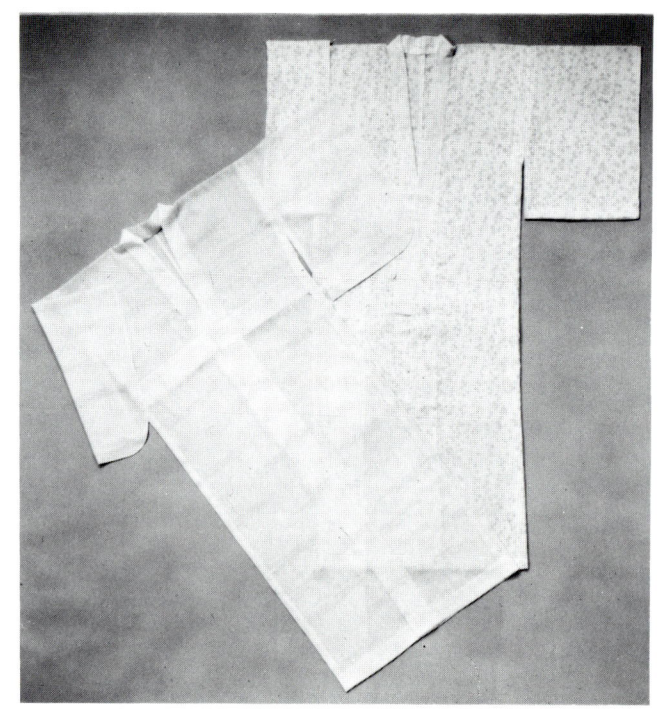

出来上り図と各部の名称

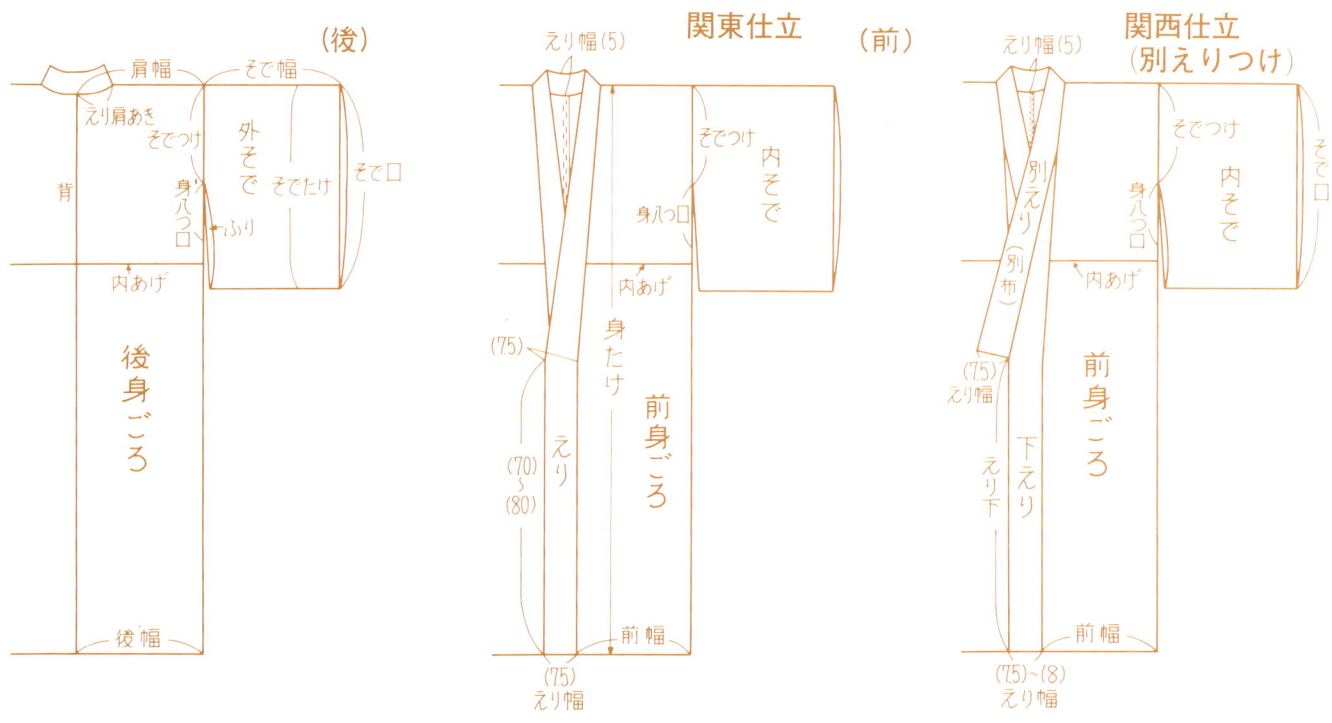

（後）

関東仕立 （前）

関西仕立（別えりつけ）

肩幅　そで幅
えり肩あき
そでつけ
背
身八つ口　ふり
外そで　そでたけ　そで口
内あげ
後身ごろ
後幅

えり幅（5）
そでつけ
内そで
身八つ口
内あげ
身たけ
(75)
(70)〜(80)
えり
前身ごろ
前幅
(75)
えり幅

えり幅（5）
別えり（別布）
(75)えり幅
えり下
下えり
そでつけ
内そで
身八つ口
そで口
内あげ
前身ごろ
前幅
(75)〜(8)
えり幅

★用意するもの★

表布　春先と秋には紋綸子、紋チェニー、紋パレス、モスリン。盛夏用には、平絽、麻、レースなどを一反。

裏打ち布　表えりと同寸の新モス。　半えり　半えり芯。
その他　絹手ぬい糸、クロバー金耳針四ノ二または四ノ三。

見積り方

裁ち切りそでたけ(52cm)＝でき上がりそでたけ(49cm)＋そで下縫いしろ(3cm)

裁ち切り身たけ(150cm)＝着たけ(130cm)＋内あげしろとくりこし分(16cm)＋すそくけしろ(4cm)

裁ち切りえりたけ(149～161cm)＝着たけ(130cm)＋上がりえり肩あきとゆるみ(9.5cm)＋くりこし分(2cm)＋えり山はぎしろ(13cm～1cm)＋えり先縫いしろ(6cm)

並幅(36cm)の場合

総用布＝¦裁ち切りそでたけ(52cm)×4¦＋¦裁ち切り身たけ(150cm)×4¦＋裁ち切りえりたけ(150cm)

広幅(72cm)の場合

総用布＝¦裁ち切り身たけ(150)×2¦＋¦裁ち切りそでたけ(52cm)×4¦

裁ち方

並幅9m58cm

広幅5m8cm

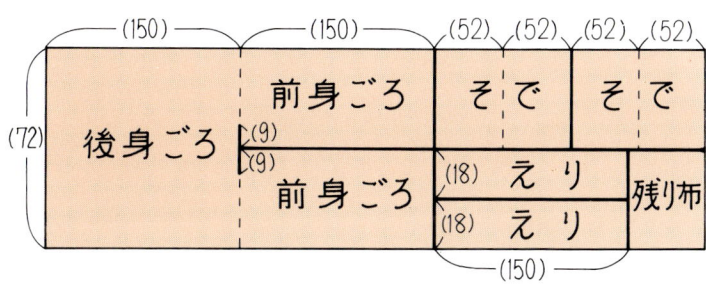

●出来上り標準寸法と割り出し方

(cm)

名　称	長じゅばん	長　着	寸法のきめ方
そでたけ	49	50	長着－1または同寸
そでつけ	22.5	23	長着－0.5
そで幅	31.5	32	長着－0.5
着丈	130		身長×$\frac{83}{100}$
えり肩あき	裁ち切り9	裁ち切り9.5	長着－0.5
くりこし	2	2	同寸
身八つ口	13～15	13～15	同寸
後幅	28～29	28	同寸又は＋1
肩幅	30	30	同寸
前幅	25～27	23	長着＋2～4
ゆき	61.5	62	長着－0.5
えり幅	5	5.5	長着－0.5

しるしつけ

〈そでのしるしつけ〉

● 順序

① 山じるし

② そでたけ＋きせ分＝49.2cm

③ そでつけ＝22.5cm

④ そで幅＋きせ分＝31.7cm

⑤ そで下中縫いしろ＝0.4cm

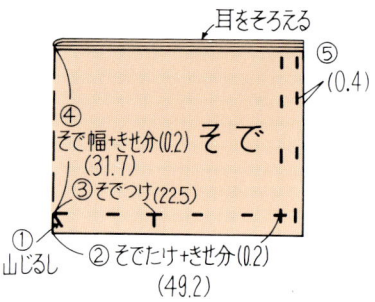

〈身ごろのしるしつけ〉

(1)後身ごろ

● 順序

(イ)背縫いの右身ごろの縫いしろでくるむため、左身ごろを0.5cmひかえて布をおきます。

① 山じるし

② 背縫いしろ＝1cm

③ すそくけしろ＝1cm

④ すそ折りしろ＝3cm

(ロ)くりこし分をずらし、肩山をきめる。

① くりこし分2cmずらせる

② 山じるし

③ そでつけ＝22.5cm

④ 身八つ口＝15cm

⑤ 内あげ下がり(内あげの位置)

⑥ 肩幅＋きせ分＝30.4cm

⑦ 後幅＋きせ分＝28.4cm

⑧ 内あげつまみしろ

⑨ わきのしるしつけ

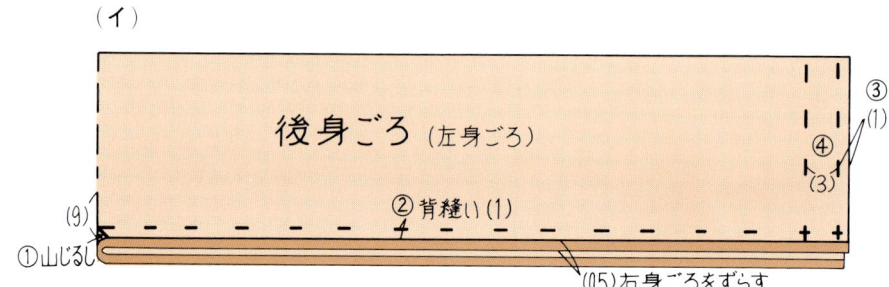

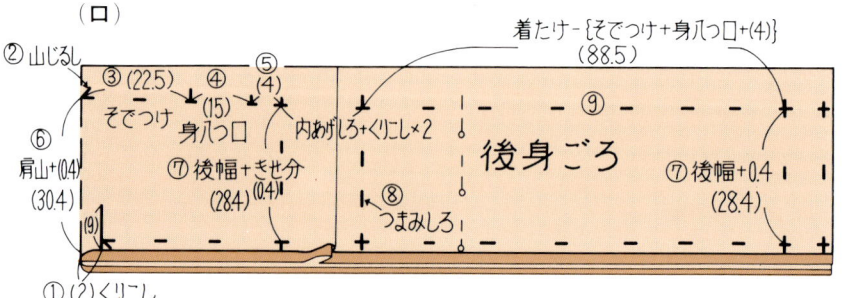

(2)前身ごろ

● 順序

わき・すそをつけ直す。

① えり肩まわりのしるしつけ

② すそ山から着たけの½を計りしるしをする＝75cm

③ 前幅＋きせ分＝25.4cm

④ 肩山から4cm下のしるしと結ぶ。

⑤ えりつけ寸法を計る。

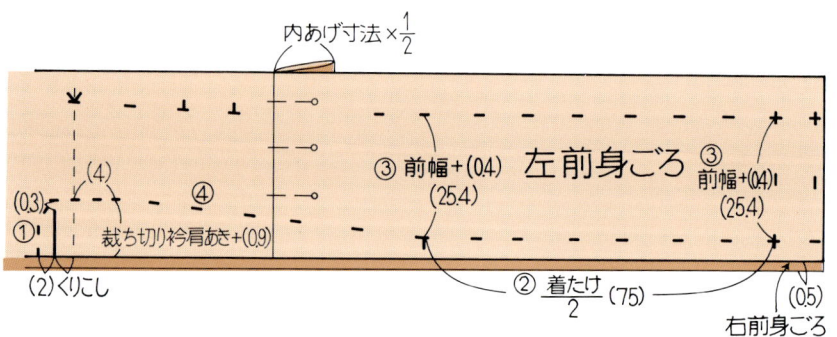

⑶関西仕立の場合の前身ごろ

● 順序

① えり肩まわりのしるしつけ

② 肩山からおくみ下がり15cmとります。

③ おくみ下がりでえり肩あき－1～1.5
  cmを布端から計ります＝8cm～7.5cm

④ すそ山から着たけの$\frac{1}{2}$＝65cm

⑤ 前幅＋きせ分(0.4cm)＝25.4cm

⑥ えりつけ寸法を計ります。

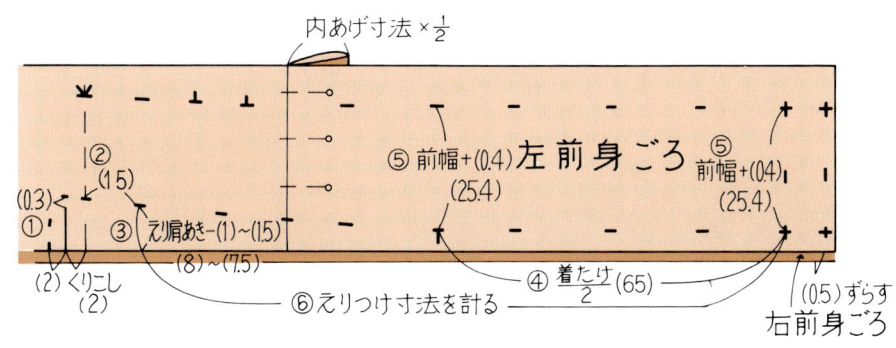

〈えりのしるしつけ〉

⑴裁ち目を手前にしてえり布をおく

● 順序

① えり先縫いしろ＝3cm

② 前身ごろで計ったえりつけ寸法をえ
  り先縫いしろから計りしるします。

③ えり下がり＝15cm

④ くりこし2cm

⑤ えり肩あき＋ゆるみ＝8.6cm

⑥ えりつけ縫いしろ＝1cm

⑦ えり幅×2＋きせ分＝10.1cmを背中
  心とえり肩まわりにしるします。

⑧ えり下がりでえり幅×2＋きせ分
  ＝13.1cm

⑨ えり下とえり先でえり幅×2＋きせ
  分＝15.1cm

⑩ えりくけしろ⑦、⑧、⑨のえり幅を
  結ぶ。

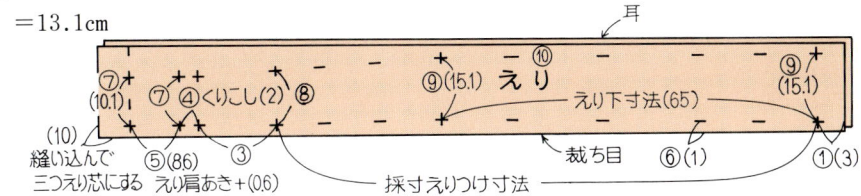

⑵関西仕立の場合のしるしつけ

㈤地えりのしるしつけ

● 順序

① えり先縫いしろ＝5cm

② えりたけ＝前身ごろで計ったえりつ
  け寸法をしるします。

③ えりつけしろ＝1cm

④ えり幅×2＋きせ分＝15.2cm

⑤ えり下＝70～80cm身長によって加減
  します。

⑥ えり幅＋きせ分＝7.6cmをえりつけ

しるしから中心に向ってしるします。

⑦ 別えりつけ(寸法を採寸します)。

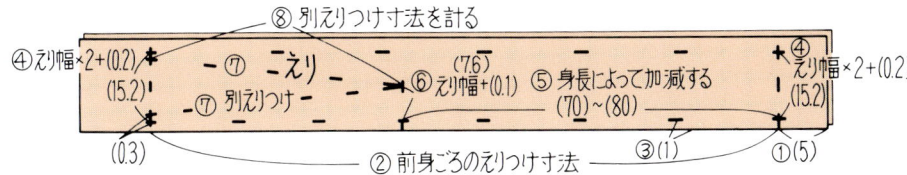

㈥別えりのしるしつけ(新モス)

● 順序

① えり肩あき＋ゆるみ＝8.6cm

② くりこし2cm

③ えり下がり＝15cm

④ 地えりで計った別えりつけ寸法をと
  ります。

⑤ えりつけ縫いしろ＝1cm

⑥ えり幅×2＋きせ分＝10.2cmを背中
  心とえり肩まわりにしるします。

⑦ えり下でえり幅×2＋きせ分＝13.2cm

⑧ えり先でえり幅×2＋きせ分＝15.2cm

⑨ ⑥⑦⑧を結びます。

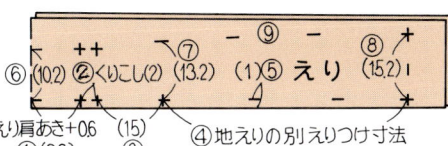

縫い方

〈そでの縫い方〉

(1)そで下の袋縫い

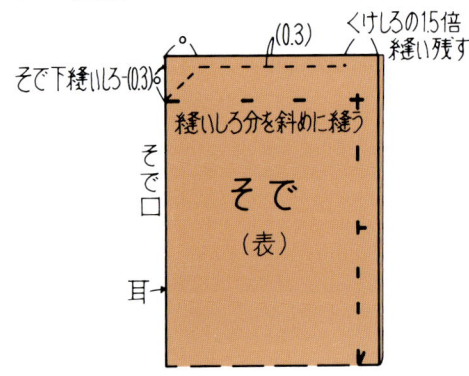

くけしろの1.5倍縫い残す
(0.3)
そで下縫いしろ(0.3)
縫いしろ分を斜めに縫う
そで口
そで
（表）
耳

(2)しるしどおりに縫う

糸を横にかけて
すくい止めして
縫い始めます。

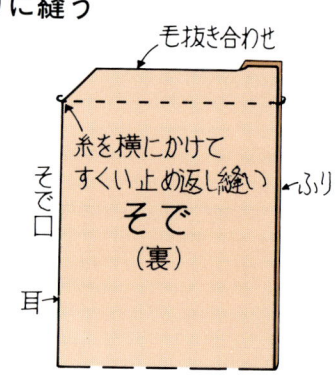

毛抜き合わせ
糸を横にかけて
すくい止め返し縫い
そで口
そで
（裏）
ふり
耳

〈身ごろの縫い方〉

(1)背縫い

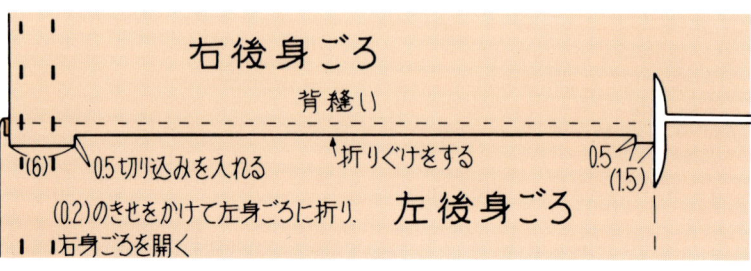

(0.5)
左後身ごろを(0.5)ひかえて、しるしどおりに縫う

(2)背縫いしろの始末

右後身ごろ
背縫い
(6)　0.5切り込みを入れる　折りぐけをする　0.5 (1.5)
(0.2)のきせをかけて左身ごろに折り、右身ごろを開く
左後身ごろ

(3)内あげの縫い方

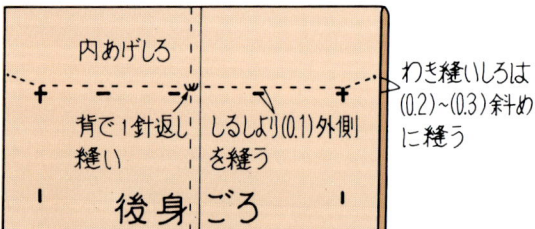

内あげしろ
背で1針返し縫い
しるしより(0.1)外側を縫う
わき縫いしろは(0.2)～(0.3)斜めに縫う
後身ごろ

(4)わきの2度縫い

脇縫いから0.4cm上を二度縫いしますが、身八つ口から4cmは縫い残します。

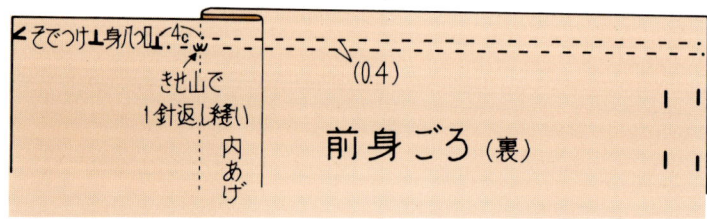

そでつけ　身八つ口　4cm
きせ山で1針返し縫い
内あげ
(0.4)
前身ごろ（裏）

(5)わき縫いしろの始末

①0.2cmのきせをかけて前身ごろに片返しします。

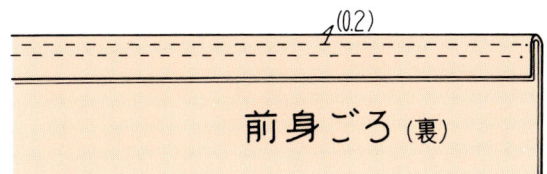

②後身ごろの縫いしろを0.1cmのきせで開きます。

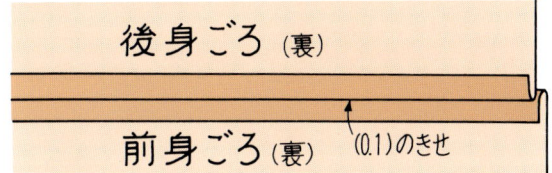

③きせ山きわを伏縫いで押えます。

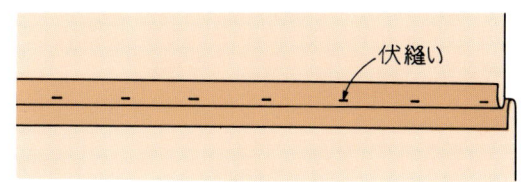

④布端を折りぐけします。

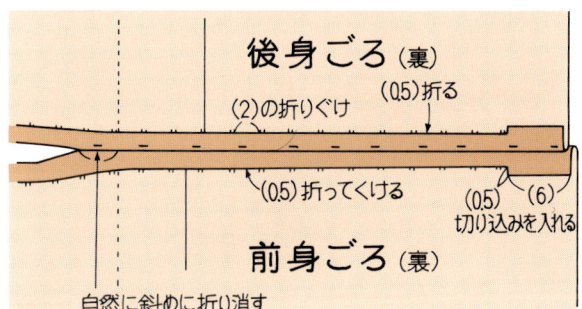

〈すその始末〉

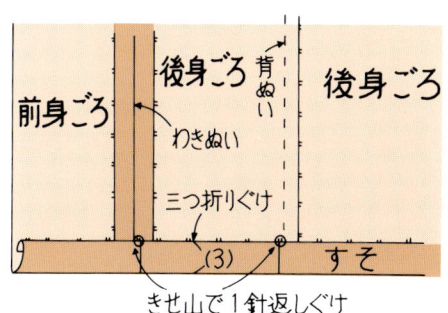

〈えりのつけ方〉

えり肩あきに三ヵ月型の力布をつけます。
※婦人ウールのアンサンブル87頁参照。

(1)裏打ち布をつける

表えりの裏側に裏打ち布をつけて(0.5)内側をしつけでおさえます。

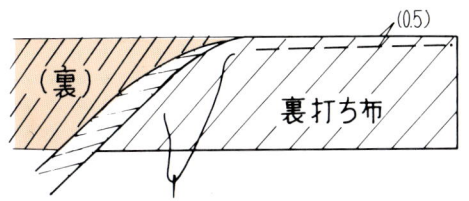

(2)えりつけの待ち針の打ち方

※婦人のゆかた70頁参照。

(3)えり先の始末

①えり先を止めます。

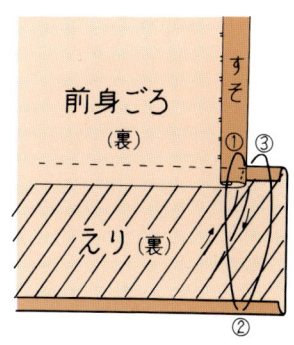

②止めから0.8cm上を縫います。

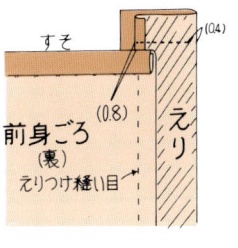

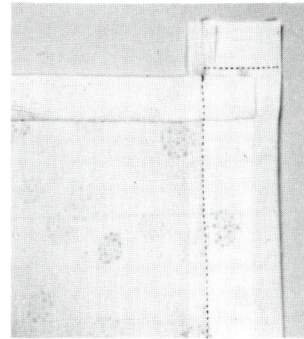

③えり先の縫い込みをとじます。

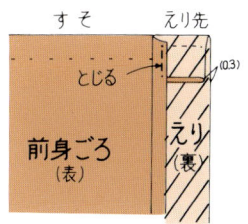

〈そでのつけ方〉

※婦人の「ゆかた」74頁参照。

簡単な仕立の場合のわき縫いの始末

わき縫いしろが少なく、布はしが耳の場合は次のように
始末する方法もあります。三角に開く場合、身八つ口止
りに向って必ず山型になるようにします。

(1)わき縫い

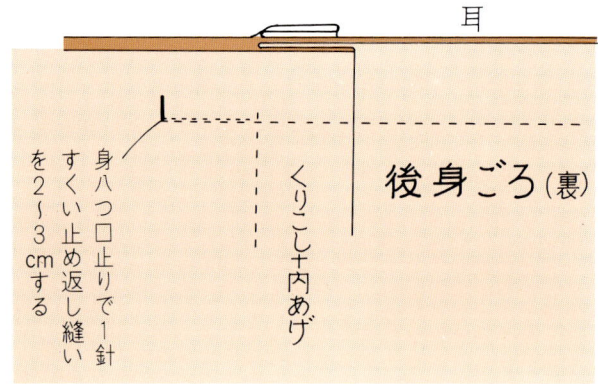

耳

後身ごろ(裏)

くりこし＋内あげ

身八つ口止りで1針
すくい止め返し縫い
を2〜3cmする

(2)縫いしろを折ります。

縫い目に0.2cmのきせをかけて、前身ごろの方へ縫いしろ
を折ります。

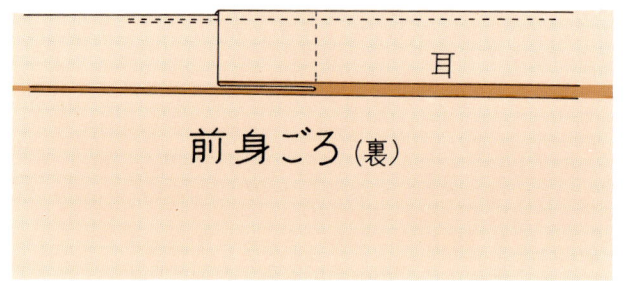

耳

前身ごろ(裏)

(3)脇縫いしろの始末

(イ)後身頃のあげ山から上の縫いしろは縫い目から0.4cm
　　折り出して開きます。

(ロ)身八つ口止りは縫い目のきわより開きます。

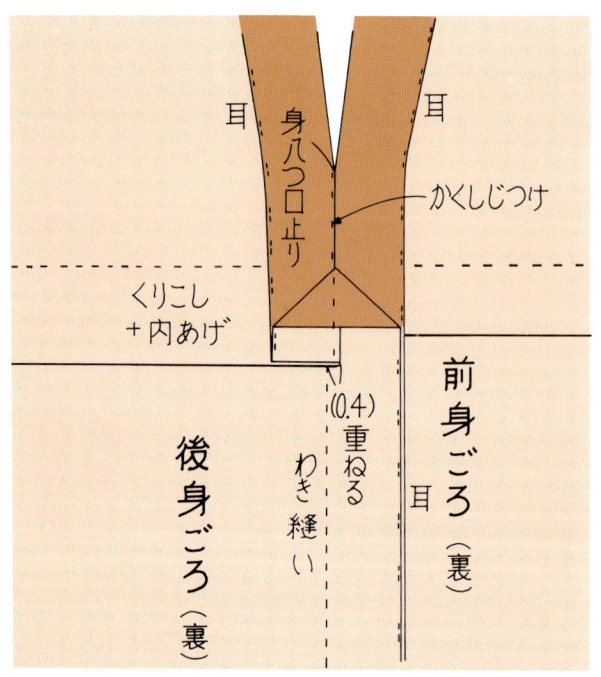

耳　　　耳

身八つ口止り

かくしじつけ

くりこし
＋内あげ

(0.4)重ねる

わき縫い

後身ごろ(裏)

前身ごろ(裏)

耳

(ハ)あげしろは自然に三角に折り、折り山をかくしじつけ
　　で押えます。

(ニ)脇縫いしろ・袖付け縫いしろは耳ぐけで始末します。

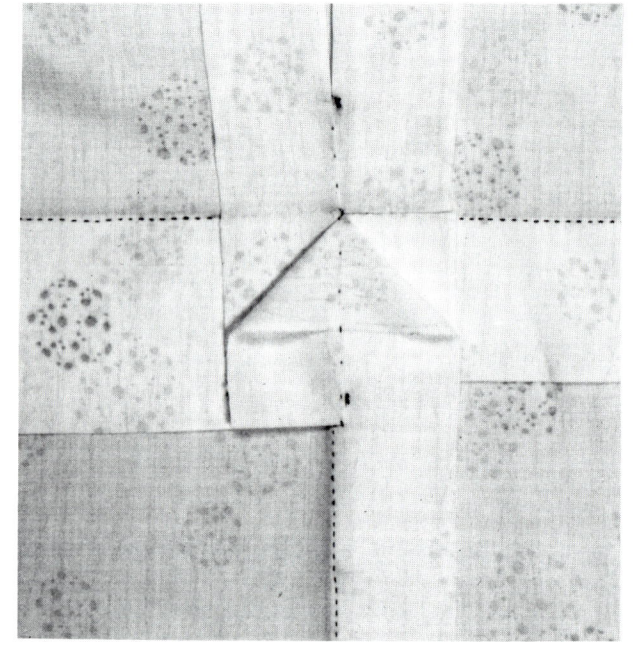

＜半えりのつけ方＞

①芯をえり幅×2の寸法の上り幅に裁ち、半えり布の裏側にのせます。

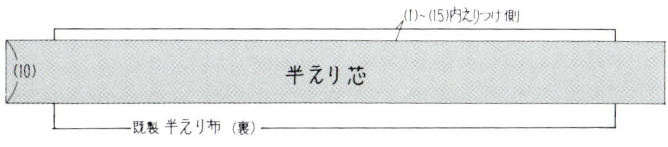

②縫いしろを芯にとじつけます。

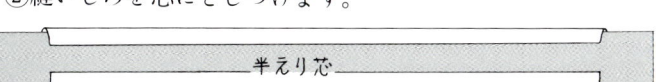

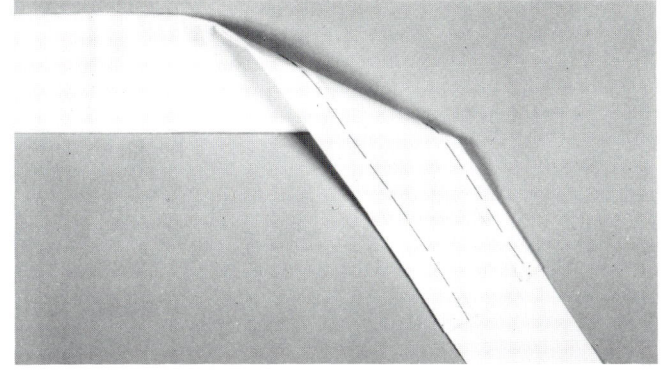

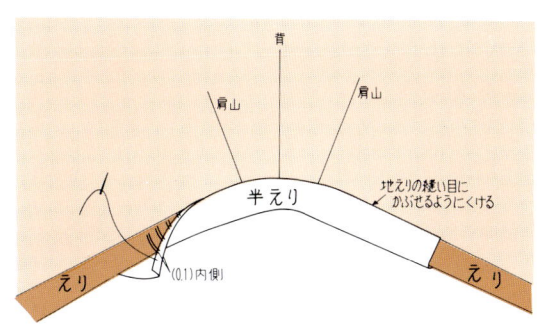

③半えりを地えりにくけつける

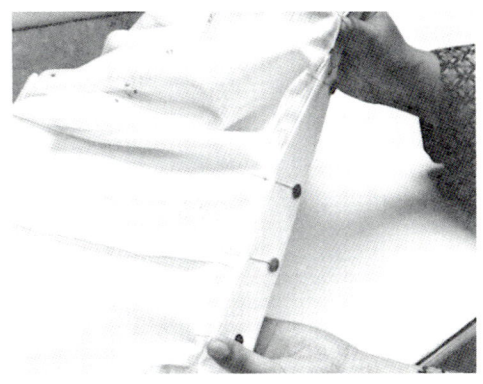

★内衿は背中心から3〜4cmは平ら、衿肩あきから5cmの間は内衿を0.7〜1cmつらせる。

関西仕立のえり

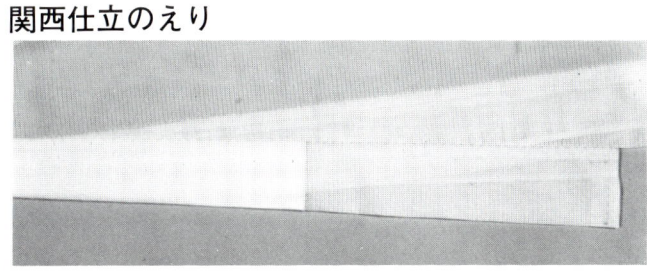

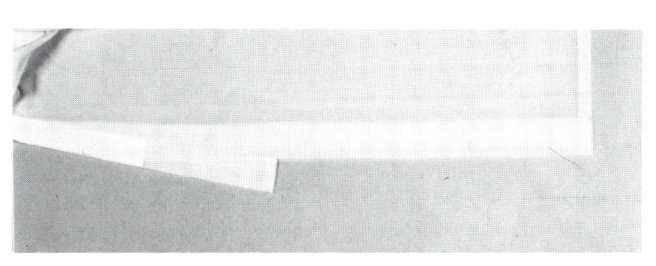

＜ひものつけ方＞

出来上り幅3cm、たけ120cm〜130cmを作ります。

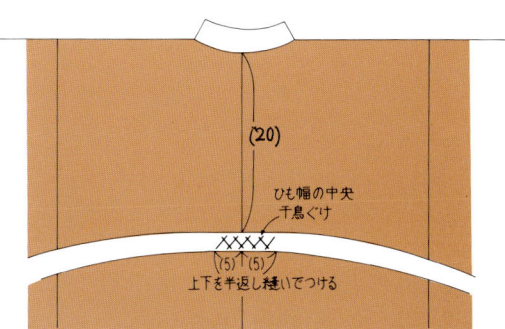

半じゅばんとすそよけ

長じゅばんにかわる二部式のじゅばんと考えてよいでしょう。着やすく平常着やちょっとした外出着に、ウールの下などに適します。その場合、半じゅばんと裾よけを共布にしたり、そでをレースに、またそでと裾よけを共布にして身ごろをさらし木綿にします。好みと材質によって使いわけます。

また、すそよけは肌じゅばんと組ませて、肌着とし、その上に長じゅばんを着る方法もあります。

出来上り図と各部の名称

半じゅばん

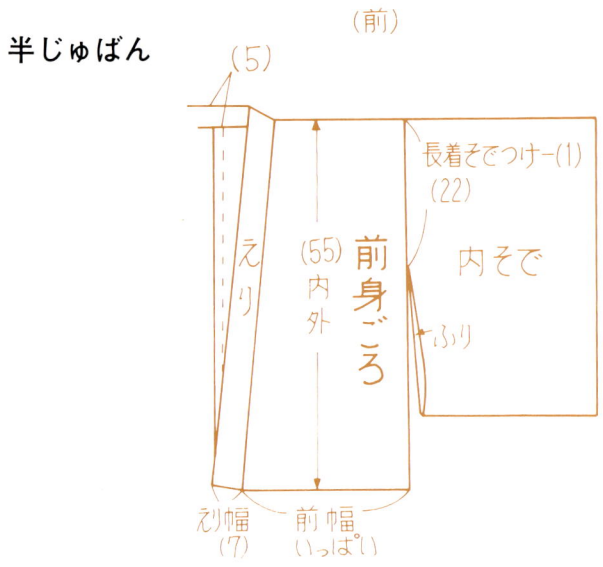

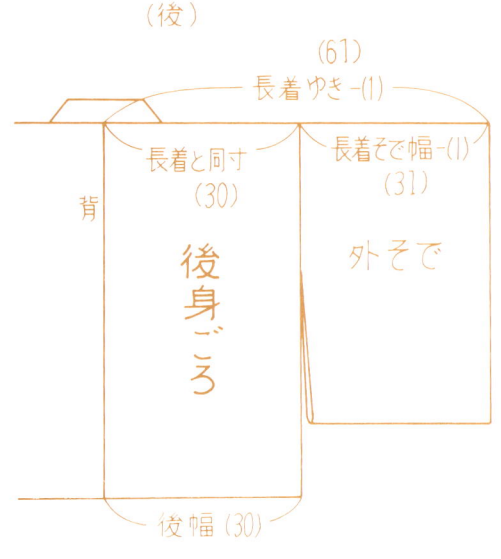

すそよけ

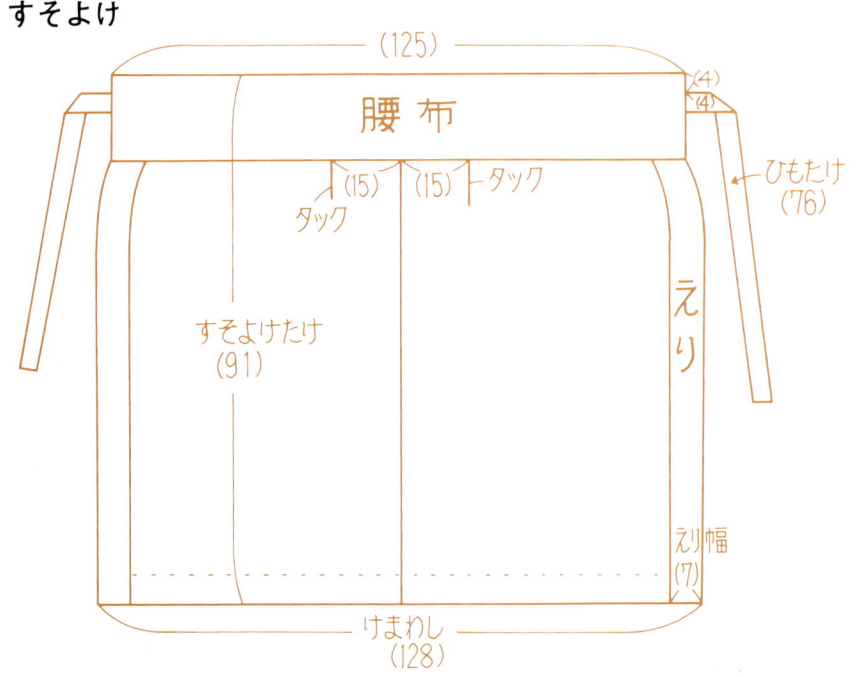

★用意するもの★

半じゅばん　表布　そでは交織羽二重、パレス、メリンス並幅212cm。身ごろはさらし木綿、ちぢみ、麻など並幅335cm。**すそよけ**　半じゅばんと共にする場合は、交織羽二重、パレス、メリンスなど並幅1反。肌着としてのすそよけの場合は、白や淡いピンクなどのベンベルグ。**ひも布**　新モス、さらし木綿などのしめやすい地質のもの並幅130cm。**その他**　絹手ぬい糸、クロバー金耳針四ノ三、四ノ二。

裁ち方

〈半じゅばんの裁ち方〉

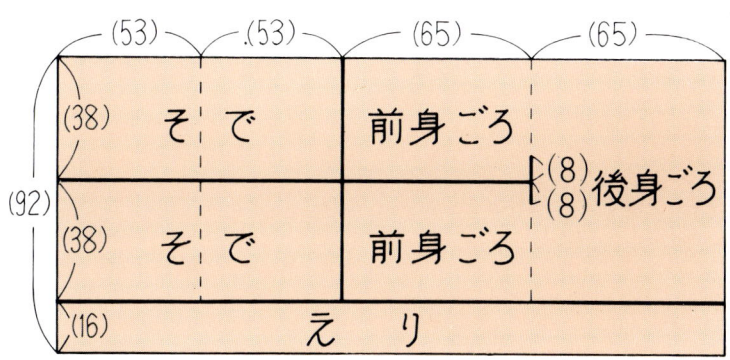

92cm幅 2 m36cm

(53)	(53)	(65)	(65)
(38) そ で		前身ごろ	
(92)			(8)(8) 後身ごろ
(38) そ で		前身ごろ	
(16)	え り		

じゅばんの場合、えり肩あきはしるしつけの時にあける。

並幅 5 m47cm

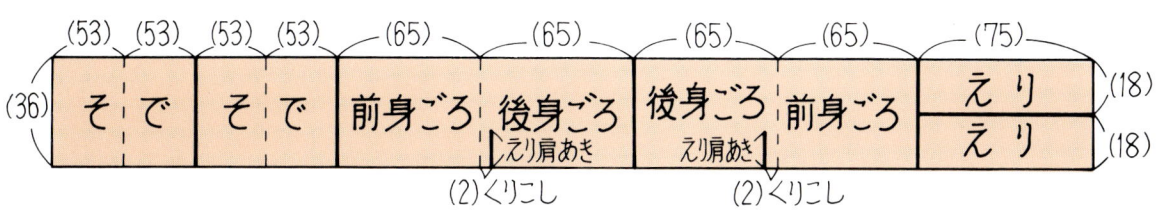

(53)	(53)	(53)	(53)	(65)	(65)	(65)	(65)	(75)
(36) そ で		そ で		前身ごろ	後身ごろ えり肩あき	後身ごろ えり肩あき	前身ごろ	えり (18)
								えり (18)

(2)くりこし　　(2)くりこし

〈すそよけの裁ち方〉

(1)すそ布

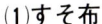

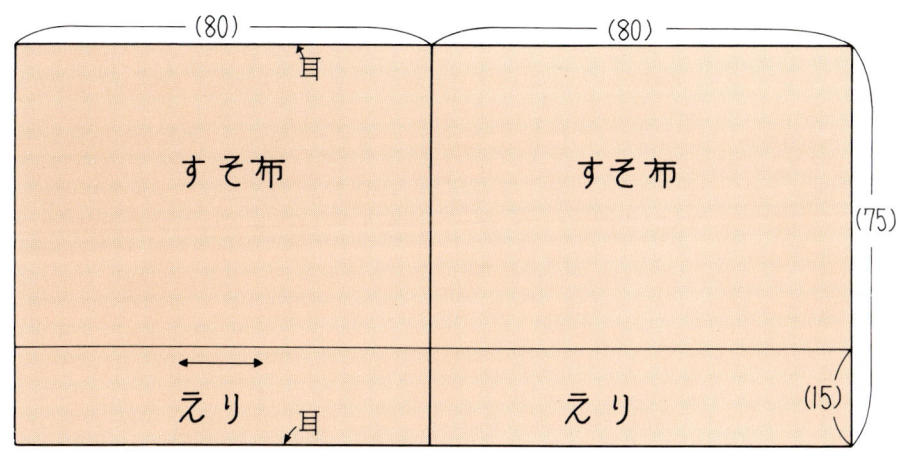

(80)	(80)
すそ布 耳	すそ布 (75)
えり 耳	えり (15)

すべりのよいレーヨンまたは、化繊75cm幅160cm。

(2)腰布

(130)	
(20) 腰 布	
(8) ひ も	残り布
(8) ひ も	
(80)	(50)

● 半じゅばんの出来上り標準寸法 (cm)

名 称	寸 法
そでたけ	長着－1
そ で 口	そでたけと同寸
そでつけ	長着－1
そ で 幅	長着－1
身 た け	55内外
えり肩あき	長着－0.5
くりこし	2
身八つ口	13
馬 の り	10
後 幅	30
肩 幅	長着と同寸
前 幅	いっぱい
え り 幅	えり肩まわり5 えり先 7

● すそよけの出来上り寸法 (cm)

名 称	寸 法
胴 ま わ り	125
え り 幅	7
すそよけたけ	91
け ま わ し	128
ひ も た け	76

しるしつけ

〈そでのしるしつけ〉

●順序

①山じるし
②そで下中縫いしろ＝0.3cm
③そでたけ
④そで口くけしろ＝1cm
⑤そでつけ＝22cm
⑥そで幅＋きせ分＝31.2cm

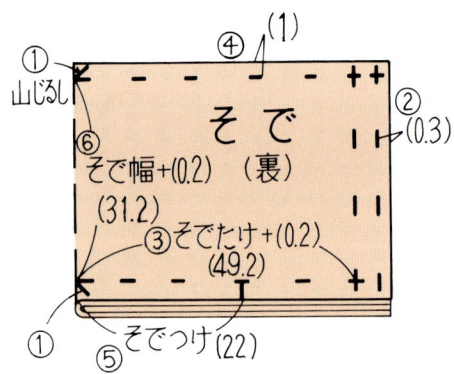

〈身ごろのしるしつけ〉

(1)後身ごろ

●順序

①山じるし
②わき縫いしろ＝1.5cm
③すそ縫いしろ＝2cm
④そでつけ＝22cm
⑤身八つ口＝13cm
⑥馬のり＝10cm
⑦後幅＋きせ分＝30.4cm
⑧くりこし＝2cm
⑨えり肩あき＝8cm＋背縫いしろ

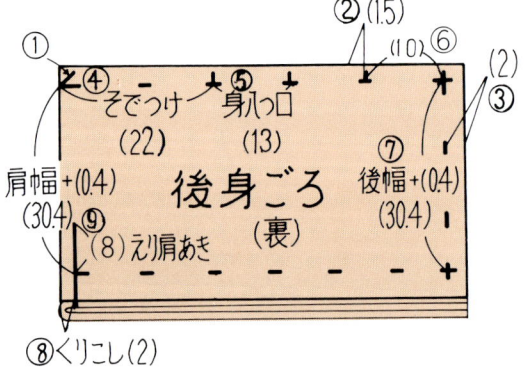

(2)前身ごろ

●順序

①前幅いっぱい
②えりつけ

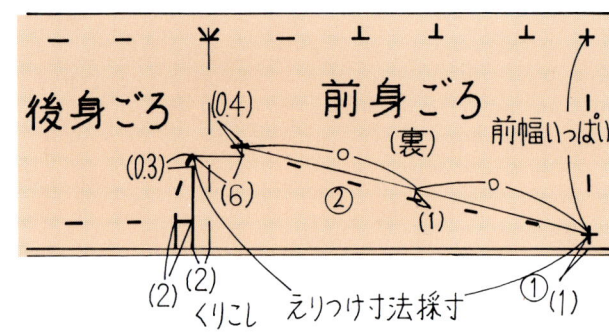

〈えりのしるしつけ〉

●順序

①山じるし
②えりつけしろ＝1cm
③えり肩あき＋ゆるみ(0.6cm)＝8.8cm
④前身ごろえりつけ寸法
⑤⑥えり幅×2＋きせ分(0.1cm)＝10.1cm
⑦えり先幅×2＋きせ分(0.1cm)＝14.1cm

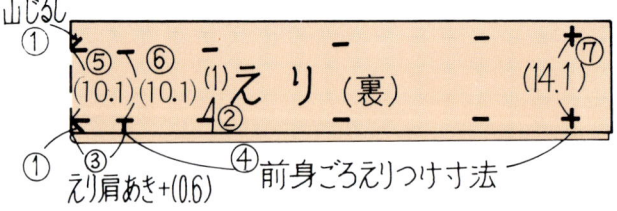

〈すそよけのしるしつけ〉

(1)すそ布

●順序

①背縫いしろ＝1cm

②タック位置＝15cm背縫いから取ります。

③タック分＝1.5cm

④えりくけしろ＝1cm

⑤えり幅×2＝14cm

⑥えりつまみしろ＝2cm

⑦腰布はぎしろ＝1.5cm

⑧すそたけ＝70cm

⑨すそくけしろ＝1cm

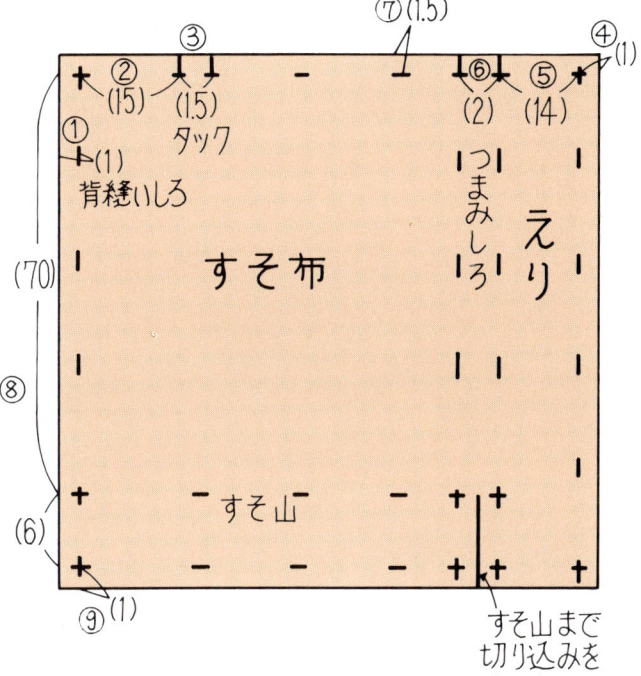

(2)腰布

●順序

①山じるし

②すそ布はぎしろ＝0.8cm

③胴まわりの$\frac{1}{2}$

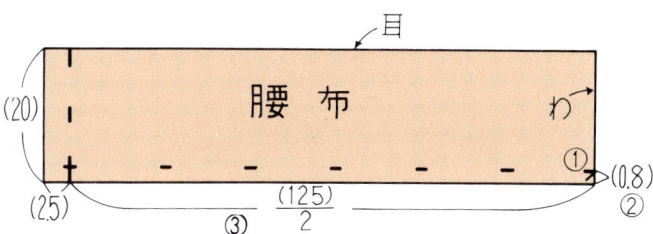

縫い方

〈そでの縫い方〉

●順序

①そで下を袋縫いします。

②そで口を三つ折りぐけします。

〈身ごろの縫い方〉

●順序

①背は二度縫い又は袋縫いにします。

②わきをしるしどおりに縫い、0.4cm上を二度縫いし、長じゅばんと同様、縫いしろを開き、縫いしろを耳ぐけします。

③すそを三つ折りぐけします。

④えりをつけます（婦人もの「長じゅばん」105頁参照）。

⑤でき上がりえり幅に折り、えりぐけをします。

⑥そでをつけます。縫いしろは耳ぐけで始末します。

（婦人もの「ゆかた」74頁参照）。

〈すそよけの縫い方〉

●順序

① えりのつまみ縫い（縫いしろは0.2cmのきせをかけ、えり側に折ります）。

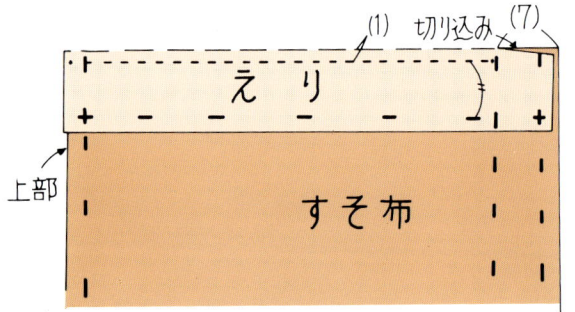

② すそを2cmの針足でくけます。

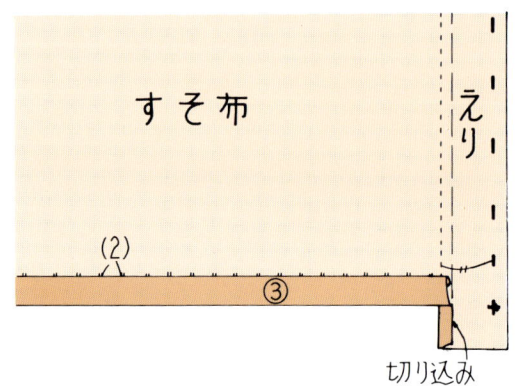

③ えり先止めをして、えりをくけます。

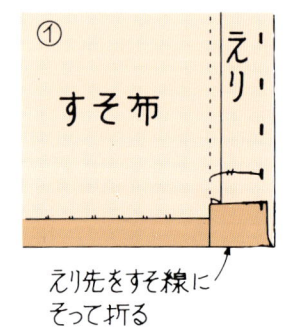

えり先をすそ線にそって折る

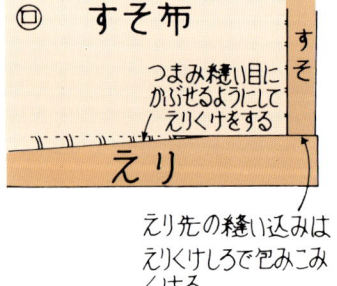

つまみ縫い目にかぶせるようにしてえりくけをする

えり先の縫い込みはえりくけしろで包みこみくける

④ 腰布をつけます。

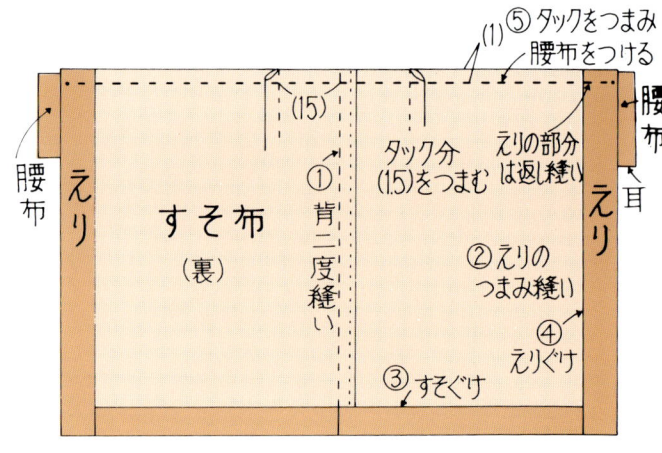

⑤ タックをつまみ腰布をつける

タック分(1.5)をつまむ

えりの部分は返し縫い

① 背二度縫い

② えりのつまみ縫い

④ えりぐけ

③ すそぐけ

⑤ 二目落しでおさえます。

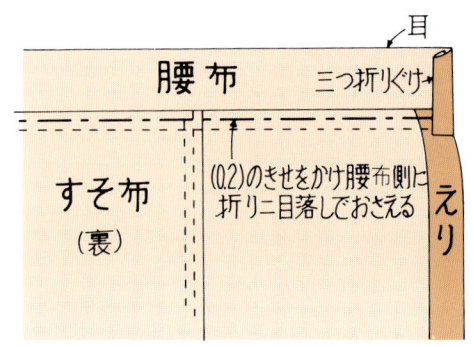

三つ折りぐけ

(0.2)のきせをかけ腰布側に折り二目落しでおさえる

〈ひものつけ方〉

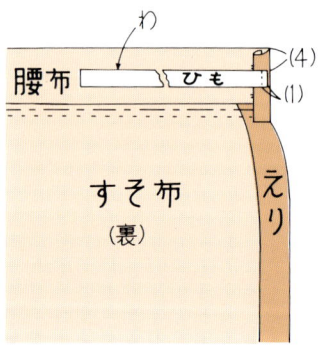

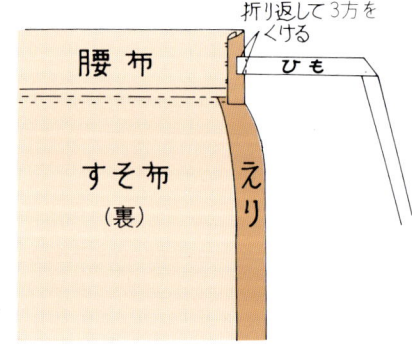

折り返して3方をくける

肌じゅばん

直接、肌に着るものなので、吸湿性に富み、肌ざわりのよいものを選びます、また、仕立てる上では洗濯に耐えられるように、縫い目をしっかりと、縫いしろの始末はくけないで、すべてぐし縫いで整えます。

出来上り図と各部の名称

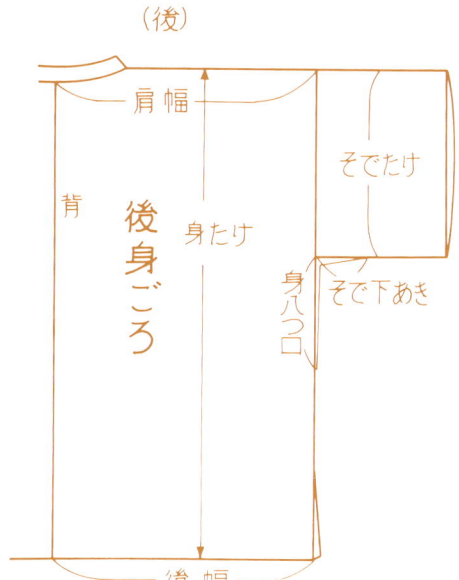

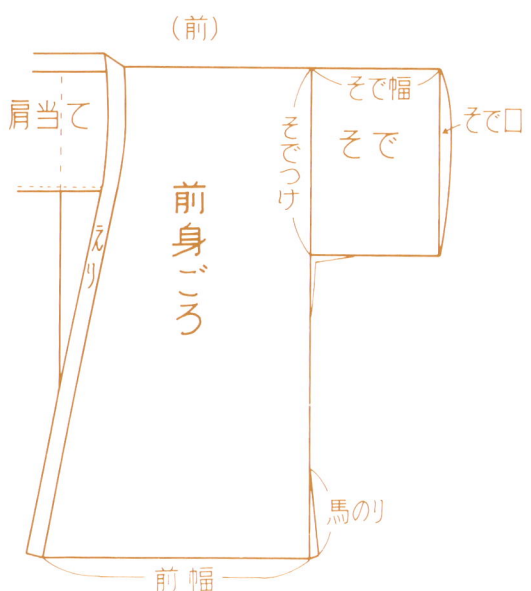

裁ち方

並幅 3 m50cm

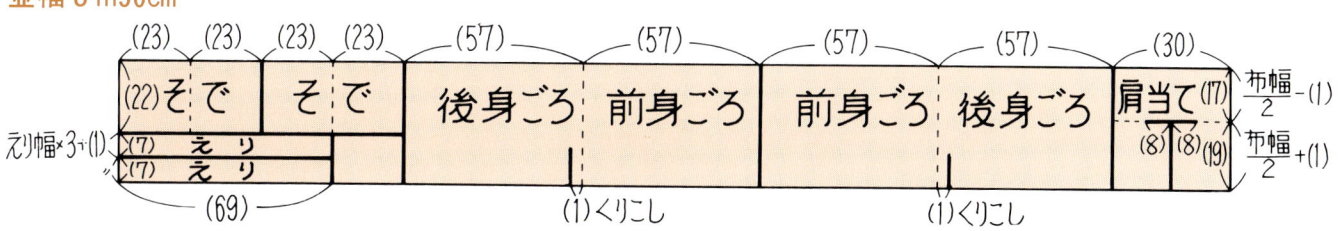

じゅばんの場合、えり肩あきはしるしつけの時にあけます。

●出来上り標準寸法

(cm)

名　称	寸　法	名　称	寸　法	名　称	寸　法
そでたけ	21	えり肩あき	8	前　　幅	いっぱい
そでつけ	21	身八つ口	13	え り 幅	2～2.5
そ で 幅	半幅いっぱい	馬 の り	10	くりこし	2
そで下あき	6	後　　幅	30		
身　　丈	55内外	肩　　幅	30		

★用意するもの★

表布　ガーゼ、さらし木綿、並幅で3 m50cm内外。その他　木綿糸またはカタン糸30番、クロバー金耳針三ノ二、または三ノ三。

しるしつけ

＜そでのしるしつけ＞

●順序

①山じるし

②そでたけ＝21cm

③そでつけ＝21cm

④そで下＝2cm

⑤そでつけ縫いしろ＝1cm

⑥そで下あき＝6cm

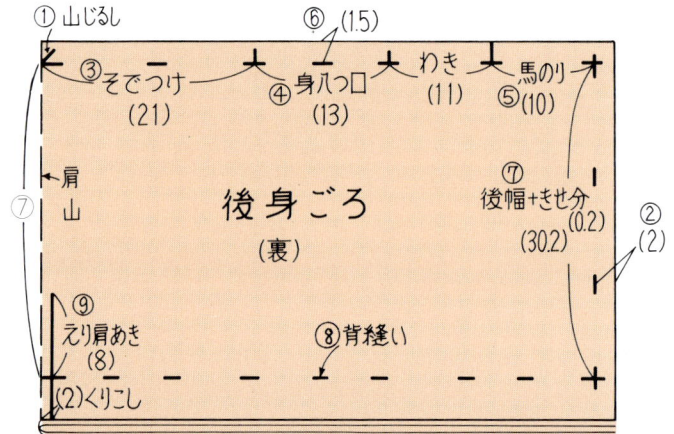

＜身ごろのしるしつけ＞

(1)後身ごろ

●順序

①山じるし

②すそくけしろ＝2cm

③そでつけ＝21cm

④身八つ口＝13cm

⑤馬のり＝10cm

⑥わき縫いしろ＝1.5cm

⑦肩幅・後幅＋きせ分＝30.2cm

⑧背縫い

⑨えり肩あきに2cmのくりこしをとって切りこみを入れます。

(2)前身ごろ

●順序

①えり肩まわり

②えりつけ　すそで1cmの縫いしろをとりえり下がり5cmを結び、中心で1cmくり入れてえりつけのしるしをして計ります。

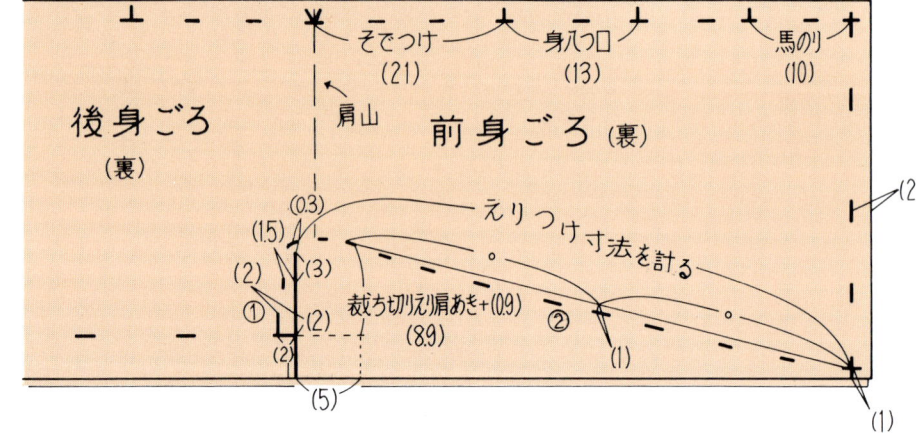

＜えりのしるしつけ＞

●順序

①はぎしろ＝1cm

②えりつけ＝1cm

③えり肩あき＋ゆるみ(0.6cm)＝8.6cm

④えりつけ寸法を計る

⑤えり幅×2＋きせ分(0.1cm)＝4.1cm

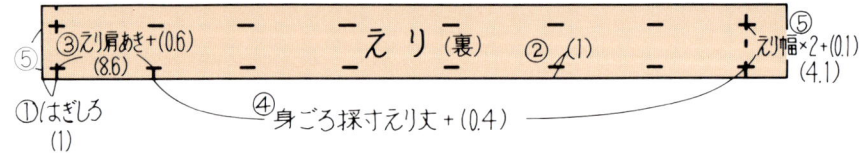

縫い方

〈そでの縫い方〉

(1)そで下の縫い方

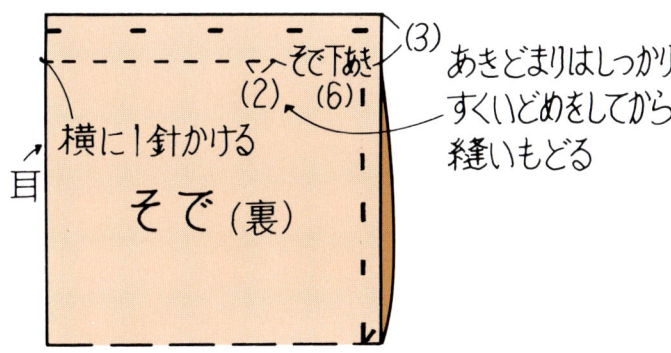

横に1針かける
そで（裏）

目

(3)
そで下あき
(2) (6)

あきどまりはしっかり
すくいどめをしてから
縫いもどる

(2)そで下縫いしろを折る

①そで下縫いしろの角を三角に折ります。

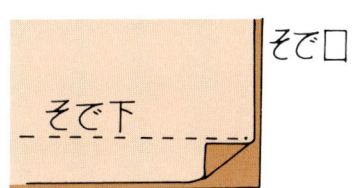

そで口
そで下

②縫いしろを0.8cm内側に折ります。

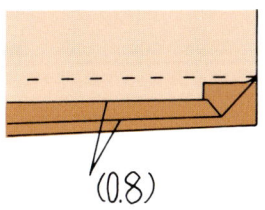

(0.8)

③縫い目を割ります。

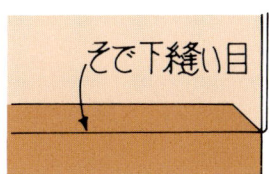

そで下縫い目

④反対側の縫いしろも①〜③同様に折ります。

(3)そで下の縫い目を割る

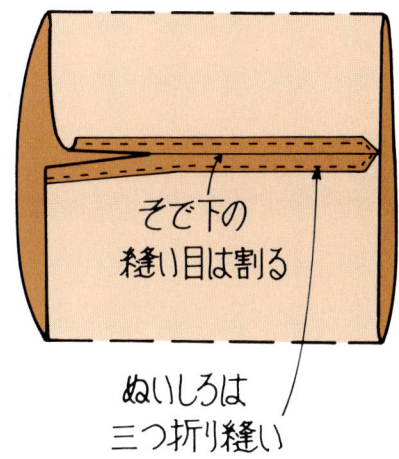

そで下の
縫い目は割る

ぬいしろは
三つ折り縫い

そでつけ縫いしろの裁目をかがる。

(4)かんぬき止めをする

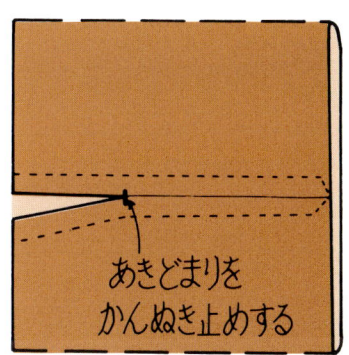

あきどまりを
かんぬき止めする

〈身ごろの縫い方〉

(1)背の二度縫い ※婦人のゆかた63頁参照

(2)肩当てのつけ方

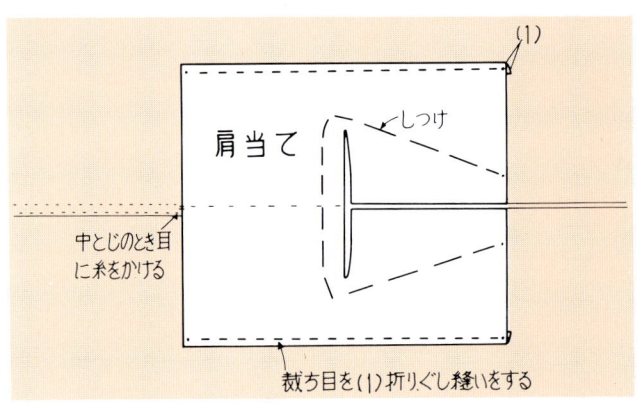

(3)わきの縫い方
あき止りではすくいどめをして返し縫いをします。

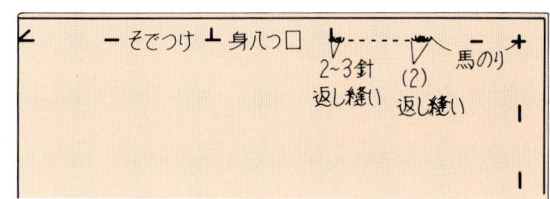

(4)わき縫いしろの始末

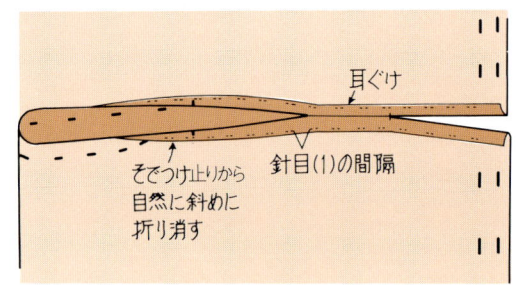

そでつけ

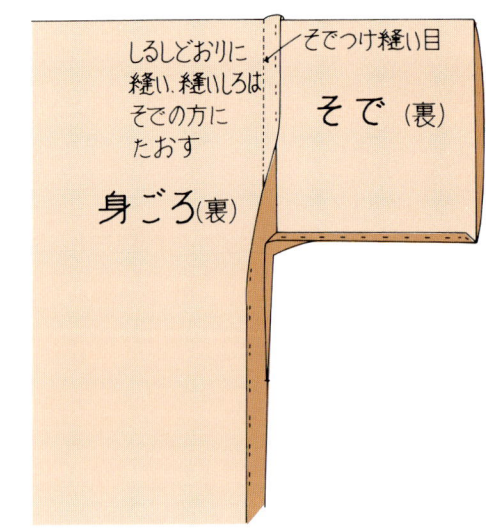

えりのつけ方 ※婦人の「ゆかた」70頁参照。

えり先の止め方 ※婦人の「長じゅばん」105頁参照。

(5)すその始末
しるしどおりに三つ折りをしてぐし縫いします。

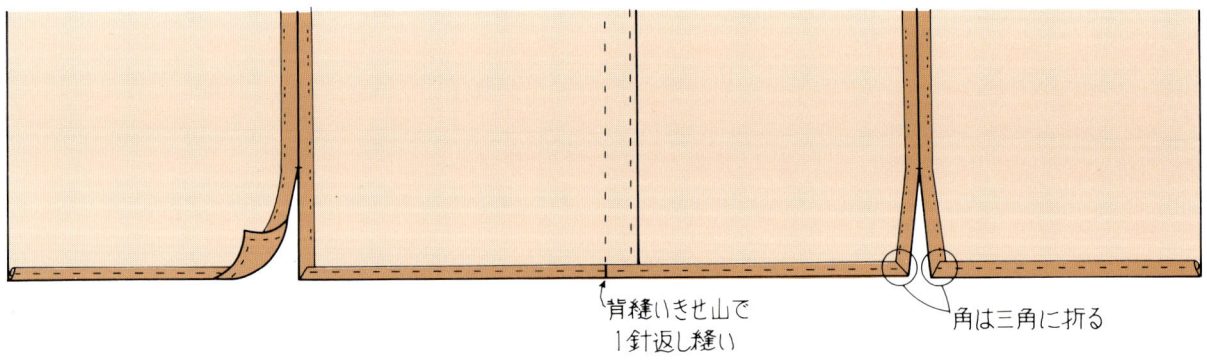

男ものの仕立て方

ゆかた

ウールのアンサンブル

半じゅばんとすそよけ

甚平（親子ペア）

ゆかた

最近では、一般に夏はゆかた、冬はウールの単衣と男性のきものはくつろぎ着として着用するだけになりましたが、のりのきいたゆかたをシャキッと着こなした姿は真夏の暑さをさわやかにしてくれます。

男物は女物と異なり、おはしょりをしないでついたけで着用しますから、おはしょりをしない分丈の残り分は腰あげとして帯の下位置に内あげをします。この内あげは仕立直しのさい、すそがいたんだ場合などにくりまわしのできるように余分のたけを縫い込んでおきます。

またそでつけを長くし、そでつけから下は人形として縫い合わせ、身八つ口は作りません。

出来上り図と各部の名称

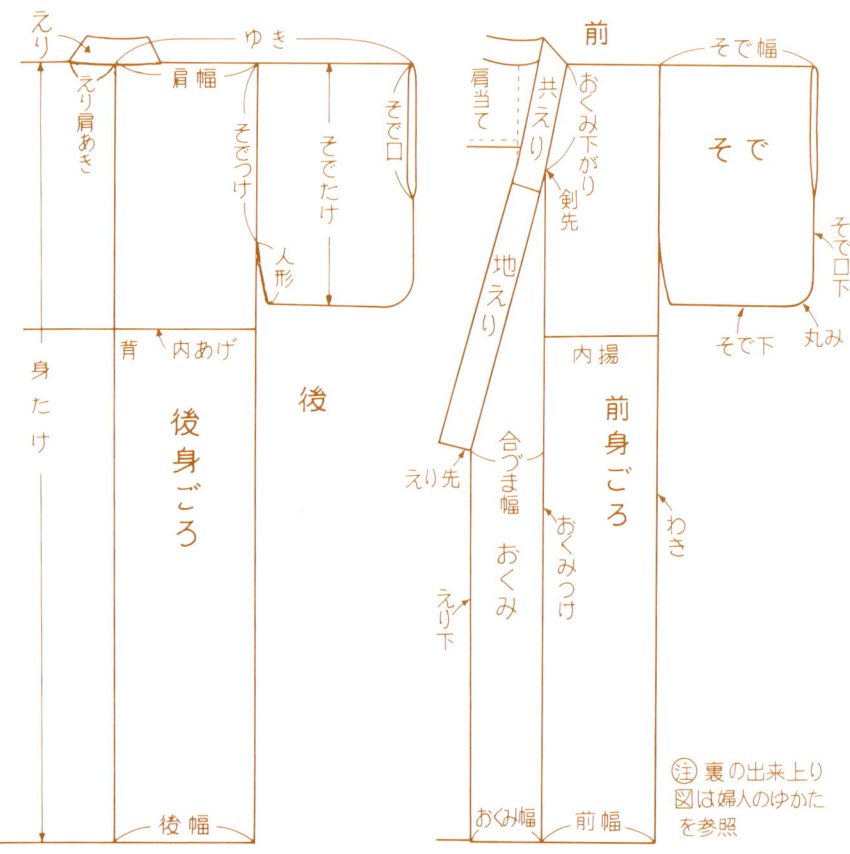

⚠注 裏の出来上り図は婦人のゆかたを参照

─★用意するもの★─

表布　綿絽、綿紅梅、コーマ、岡木綿、綿縮などゆかた地1反（並幅36cm、11m50cm内外）

肩当て・居敷当て布　さらし木綿並幅1m50cm

その他　表地と同色のクロバー木綿糸又はクロバーカタン糸20番、クロバー袖丸み形、クロバー金耳針、ガス針三ノ三、三ノ二、中くけ。

えり先布　新モス半幅18cm×たけ25cm

寸法

〈寸法の決め方〉

女ものはおはしょりでたけの調節ができますが、男ものはそれができないので、着たけ、えり下など特に注意して採寸します。

△**着たけ**　首のつけ根からくるぶしまで計り、帯をしめるつまり分として2cm加えます。

△**ゆき**　手を45度あげ、背中心から手首までを計り、ゆき寸法とします。そで幅を肩幅より2cm広くしますが、布幅が狭い場合やゆきたけの長い人は、そで幅を布幅いっぱいにとり、残りを肩幅とします。

△**えり下寸法**　帯をしめて帯から下に10cm内外えり先が出るようにえり下寸法をきめます。したがって腰骨からすそまでの寸法から10cm内外減じた寸法がえり下寸法となります。

●出来上り標準寸法

(cm)

名　称	寸　法	
そでたけ	50内外	
そで口	28	
そでつけ	40	
そで幅	34	
そで丸み	2	
着たけ	136	
ゆき	66	
裁ち切りえり肩あき	9.5	
肩　幅	32	
後　幅	30	
前　幅	25	
おくみ下がり	20〜21	
えり下	68〜75	
おくみ幅	15.5	
合づま幅	13.5	
えり幅	5.5	
あげ位置	後ろ	肩山より50
	前	〃　54
人　形	10内外	

見積り方

①裁ち切りそでたけ（53cm）＝出来上り
そでたけ（50cm）＋そで下縫いしろ（3cm）

②裁ち切り身たけ（1m50cm）＝着たけ
（1m36cm）＋すそくけしろ（2cm）＋内
あげしろ（12cm内外）

③裁ち切りおくみ下がり（19cm）＝あが
りおくみ下がり（21cm）－おくみ先縫い
しろ（2cm内外）

④裁ち切りおくみたけ（1m31cm）＝裁
ち切り身たけ（1m50cm）－裁ち切りお
くみ下がり（19cm）

⑤裁ち切りえりたけ（1m68cm）＝｜着
たけ（1m36cm）－えり下寸法（68cm～
72cm）＋えり肩あきとえり先縫いしろ（15
cm～20cm）｜×2

⑥裁ち切り共えりたけ（85cm）＝｜上が
りえり肩あきとゆるみ（10cm）＋上がり
おくみ下がり（21cm）＋（10cm内外）＋共
えり先縫いしろ（1.5cm）｜×2

⑦総用布＝｜裁ち切りそでたけ（53cm×
4）｜＋｜裁ち切り身たけ（1m50cm）×
4｜＋｜裁ち切りおくみたけ（1m31cm）
×2｜＋残り布

裁ち方

並幅
11m26cm

| (53) | 〃 (53) | (150) | 〃 (150) | 〃 | (131) | (131) | (52) |

(36) | そで | そで | 後身ごろ | 前身ごろ | 前身ごろ | 後身ごろ | おくみ / 共えり | おくみ / えり | 居敷当て

えり肩あき　　9.5　　(85)　　(177)

〈布のたたみ方と裁ち離し方〉

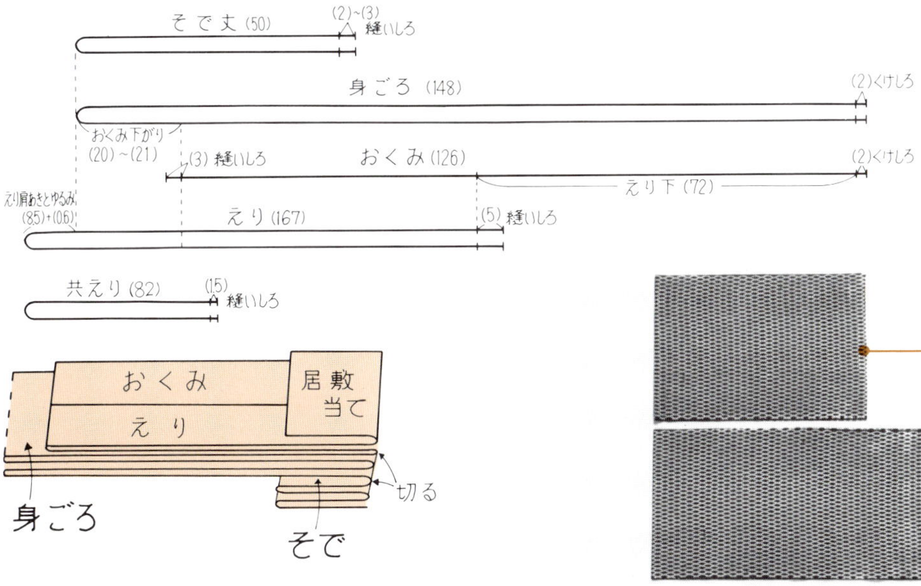

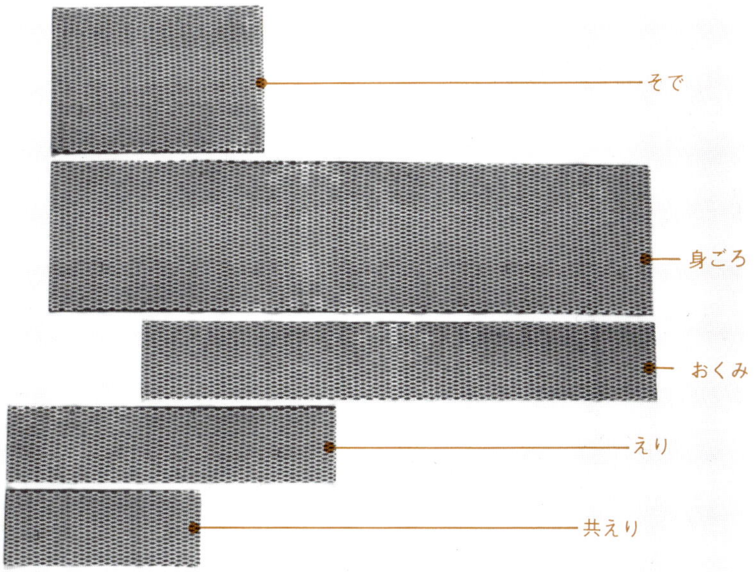

そで丈（50）　(2)~(3) 縫いしろ

身ごろ（148）　(2)くけしろ

おくみ下がり（20）~（21）　(3) 縫いしろ　おくみ（126）　(2)くけしろ

えり下（72）

えり肩あきとゆるみ（85）+(10.5）　えり（167）　(5) 縫いしろ

共えり（82）　(15) 縫いしろ

おくみ / えり　居敷当て

身ごろ　　そで　　切る

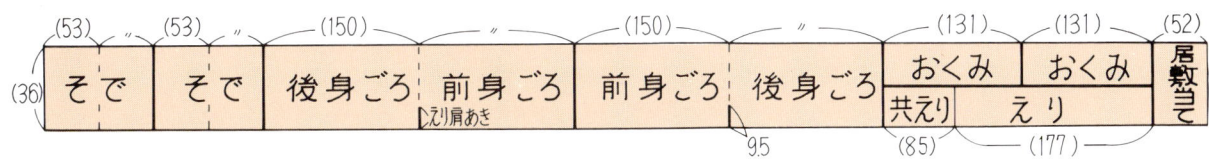

→ そで

→ 身ごろ

→ おくみ

→ えり

→ 共えり

並幅 1m50cm

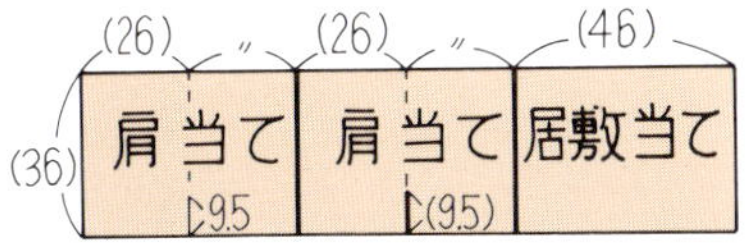

| (26) | 〃 (26) | (46) |

(36) | 肩当て | 肩当て | 居敷当て

▷9.5　　(9.5)

しるしつけ

〈そでのしるしつけ〉

●順序
① 山じるし
② そでたけ＝50.2cm
③ そで口＝28cm
④ そで口くけしろ＝0.8cm
⑤ そで口下縫いしろ＝0.7cm
⑤ そでつけ＝40cm
⑥ そで下中縫いのしるし＝0.3〜0.4cm
⑦ そで幅＝34.2cm
⑧ 丸み＝2cm

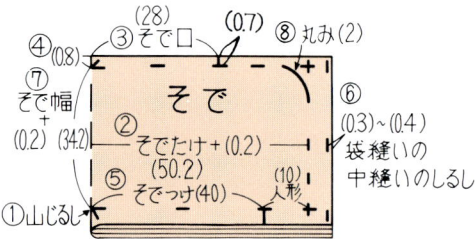

〈身ごろのしるしつけ〉

(1)後身ごろ
●順序
① 山じるし
② 背縫いしろ＝1cm
③ すそくけしろ＝2cm
④ そでつけ＝40cm
⑤ 肩幅＝32.4cm
⑥ 後幅＝30.4cm
⑦ えり肩あき＝9.5cmの切り込みを入れます。

(2)内あげ
●順序
① えり肩あきをすそ側に2cmずらせます。
② 内あげの位置を肩から50cm下にしるしします。
③ 内あげしろ12cm内外とり、しるしをつけます。

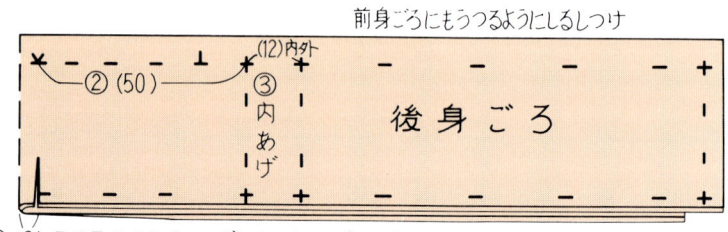

番号順にしるしをつける

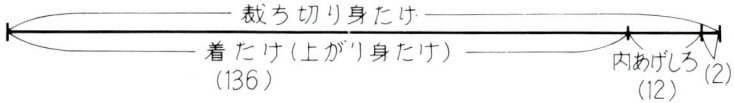

①(2) えり肩あきを2cmずらせて内あげのしるしをつける

あげしろの出し方

(3)前身ごろ

後身ごろでしるしをした、わき、すそ、内あげのしるしをつけ直し、次に内あげ分をたたみます。

●順序

①おくみ下がり＝21cm

②剣先＝えり肩あき－0.5cm～1cm

③前幅＝25.4cm

④おくみつけ＝えり下65cmまでは前幅をすその位置と同寸にし、剣先と結びます。

⑤えり肩あきより4cm下に裁ち切りえり肩あき（9.5cm）＋0.9cmをとる＝10.4cm

⑥おくみたけを計る＝剣先からすそまでのおくみつけ寸法。

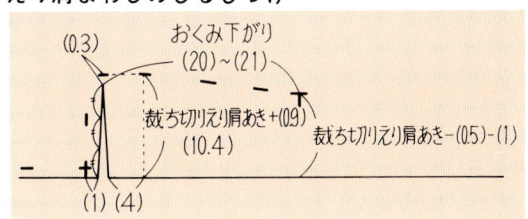

えり肩まわしのしるしつけ

〈おくみのしるしつけ〉

●順序

①すそくけしろ＝2cm

②えり下＝72cm

③えり下くけしろ＝1.5cm

④おくみたけ＝前身ごろで採寸したおくみたけをすそからとります。

⑤おくみ幅＋きせ分（0.2cm）＝15.7cm

⑥合づま幅＋きせ分（0.2cm）＝13.7cm

⑦おくみつけ＝おくみ幅と合づま幅を結び、おくみたけまで延長します。

⑧剣先きせ分＝0.3cm

⑨えりつけ＝剣先からえり下までを結び、えりつけ寸法とし計っておきます。

〈えりのしるしつけ〉

(1)地えり

えり布を中表にたけ二つ折りにし、えり先布を下にしてしるしをつけます。

●順序

①山じるし

②えり肩あき＋ゆるみ（0.6cm）＝9.1cm

③おくみ下がり＝21cm

④おくみで計ったえりつけ寸法をとります。

⑤えりつけ縫いしろ＝1cm

⑥⑦えり幅×2＋きせ分（0.1cm）＝11.1cm

(2)共えり

●順序

①山じるし

②共えりつけしろ＝1cm

③共えり先縫いしろ＝1.5cm

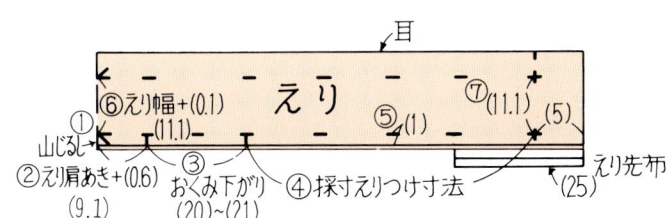

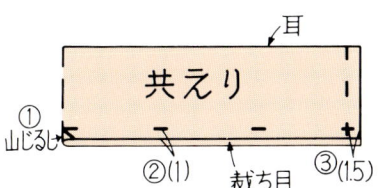

縫い方

〈そでの縫い方〉

(1)そで下の袋縫い

①外表にしてそで下を中縫いします。

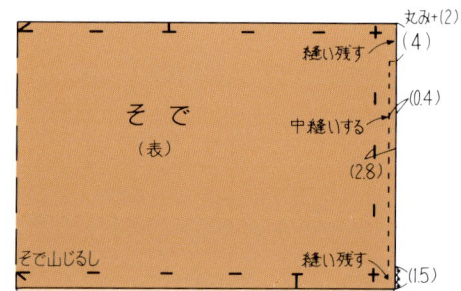

②裏にかえして、丸みは小針縫いし、そで口下から人形まで
を縫います。

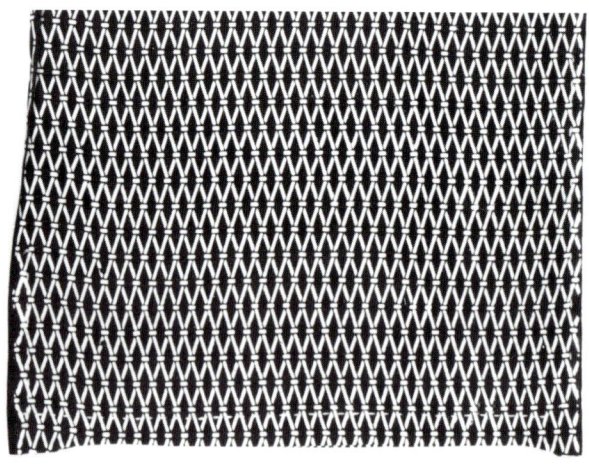

そで口側はそで丸み＋2cm、そでつけ側1.5cm縫い残し、中縫いをする

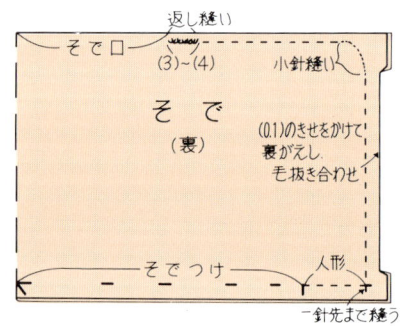

(2)人形の縫いしろの始末

①人形の角ではしるしの1針先まで縫います。

②0.2cmのきせをかけて内そでの方に折ります。

③外そでの縫いしろをそで下で0.4cm重ねて開き、そでつけ
どまりではきせを0.1cmかけて縫い目を割り、折り山をか
くしじつけします。

④そで下縫いしろを内そで側に折ります。次に人形の縫いし
ろを重ねてとじつけます。

①

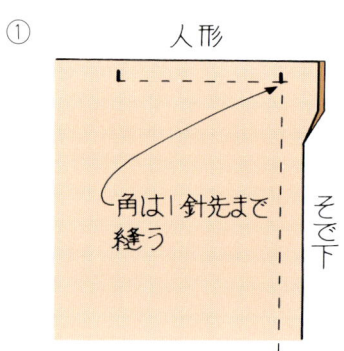

②

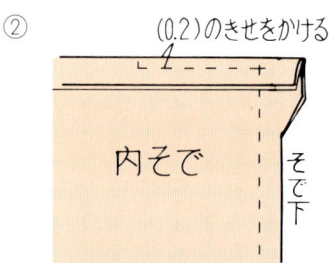

③

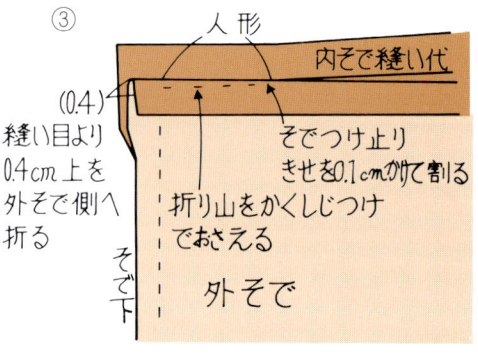

④

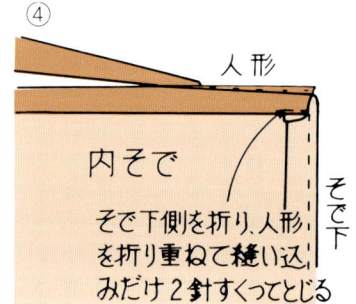

〈身ごろの縫い方〉

(1)後内あげの縫い方

わき縫いしろの1針外まで、後内あげを縫います。

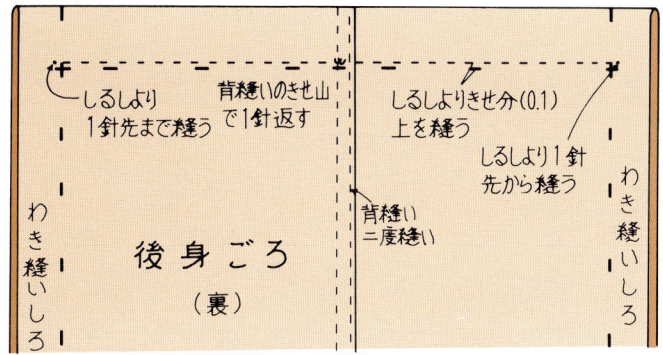

(2)前内あげの縫い方

前内あげを縫います。あげしろより0.1cm浅く、布の端から端まで縫います。

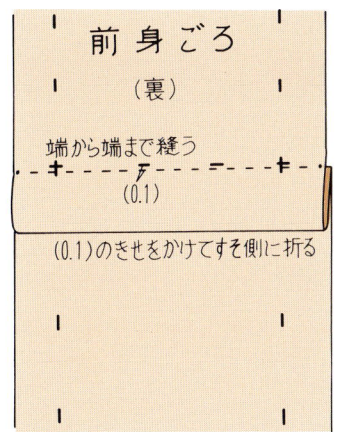

※肩当て（婦人用ゆかた64頁参照）。

〈居敷当てのつけ方〉

居敷当てのすそ側は、1cmの折り伏せ縫いをします。位置は、内あげ折り山の2cm中からつけます。

(1)

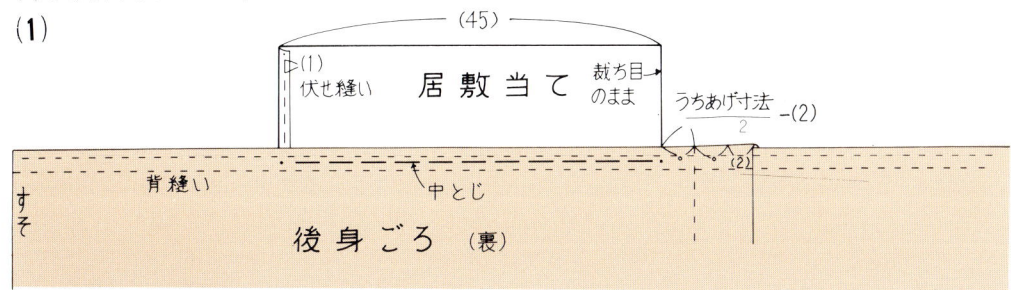

(2)居敷当ての始末

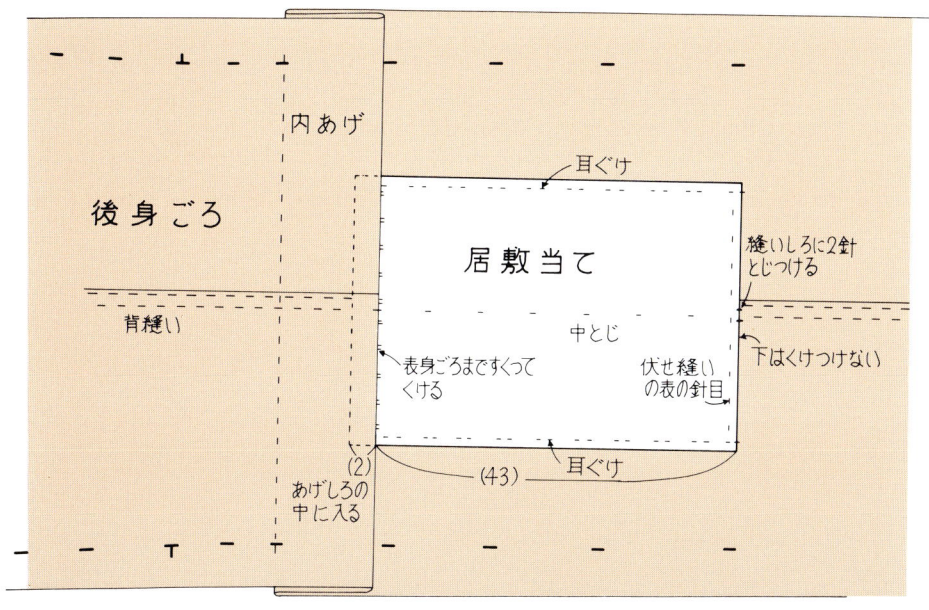

〈わきの縫い方〉

(1)

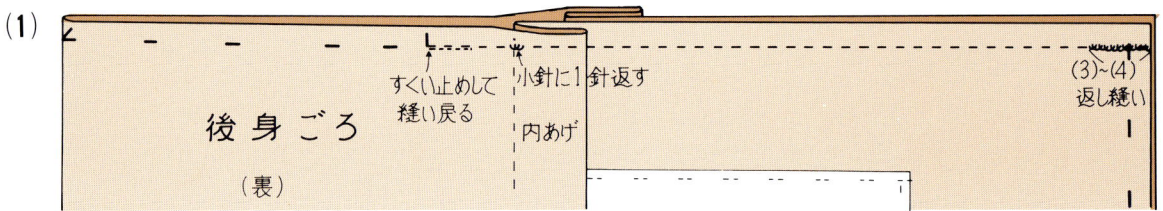

(2)内あげの始末

わきの縫いしろを0.2cmのきせで前身ごろに折り、そでつけ縫いしろを図のように折り出して縫いしろがつれないように自然に開き、内あげが多い場合は内あげの下部0.4cmのきせで後身ごろに折りかえし、内あげしろの上部をおさえて三角になるように内あげしろを開きます。

内あげの少ない場合は、後身ごろ側のそでつけ縫いしろがつれないように自然に開き、図のような三角形に縫いしろを整え、折り山を内側から伏せ縫いでおさえます。

㋑あげしろの多い場合

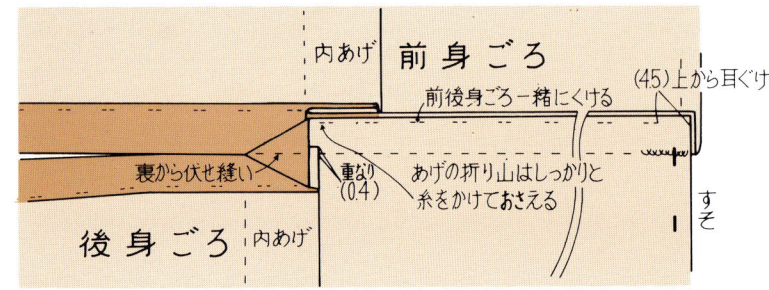

㋺あげしろの少ない場合

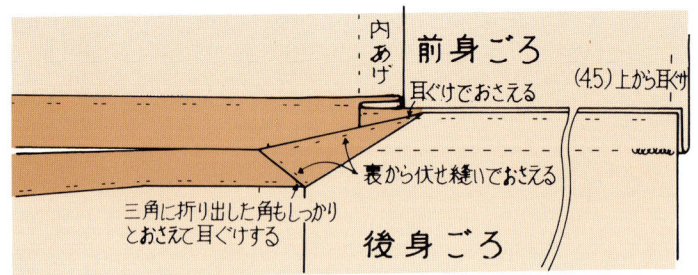

〈そでつけの縫い方〉

(1) そでつけ縫いしろを折り出す

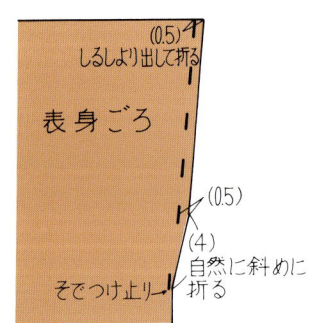

(2) 縫いしろを耳ぐけする

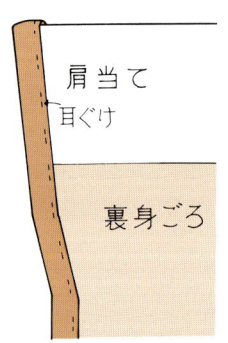

※そでのつけ方(婦人用ゆかた74頁参照)

〈おくみのつけ方〉

※婦人用ゆかた67頁参照

〈えりのつけ方〉

(1)待ち針の打ち方

えり先布は半幅で25cmを用意し、裏えり側におき、表えりと
いっしょに縫います。

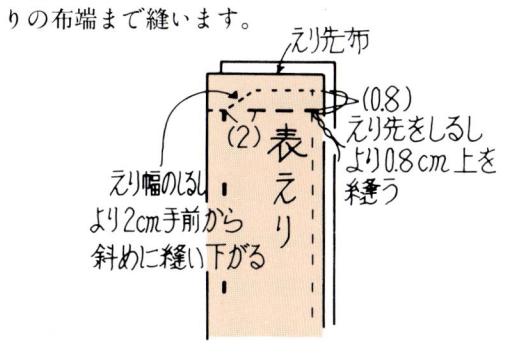

(2)えり先の始末

①えり先をとめます。図のように表えり裏から表へ針を出し、
おくみ、えり先布を通って表えりに戻りしっかり結びます。

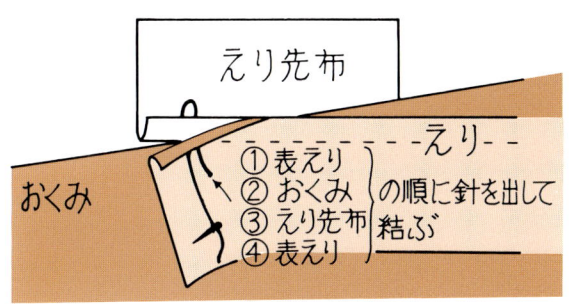

②えり先を縫います、えり先布を幅、たけとも0.4cmずらし
て待ち針を打ちます。

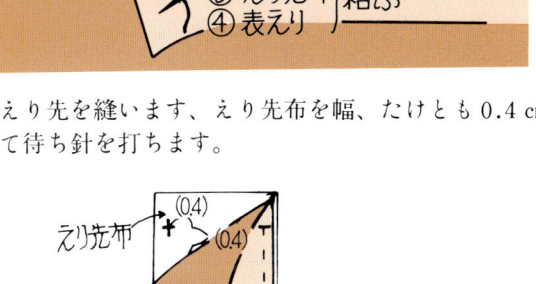

えり先布はしるしより
ずらして待ち針を打つ

えり先布は、幅・たけ共0.4cmずらして待ち針を打つ

③えり先止めより0.8cm上を縫います。えり幅で2cm手前か
ら斜めにしるしに向って縫い下がり、続いてまっすぐにえ
りの布端まで縫います。

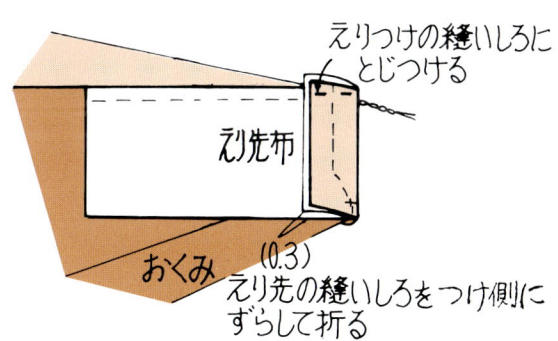

④えり先縫いしろをえり先布の方へ折ります。

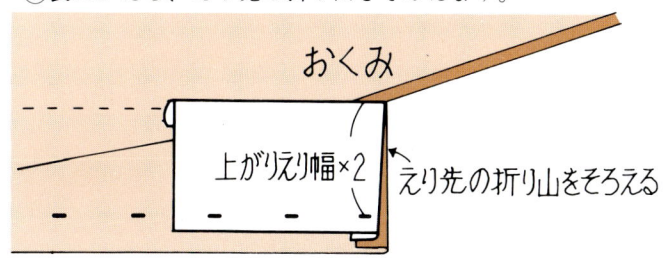

えり先の縫いしろをつけ側に
ずらして折る

⑤表にかえし、えり先の折り山をそろえます。

⑥えりをえり幅の2倍に折り、えり先の角は三角に折ってえ
り先布の部分の縫いしろはしつけでとじます。

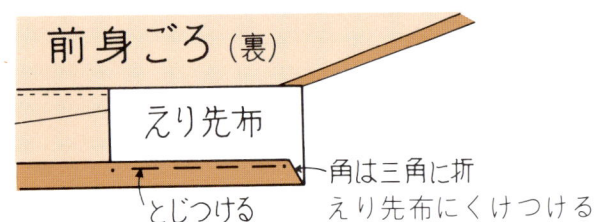

前身ごろ（裏）
えり先布
とじつける
角は三角に折
えり先布にくけつける

（3）えり先の十字止め

えり先の十字止めをします。出来上りえり幅に折り、図の
ようにえり先を表、裏直角に針を出してしっかりとめます。

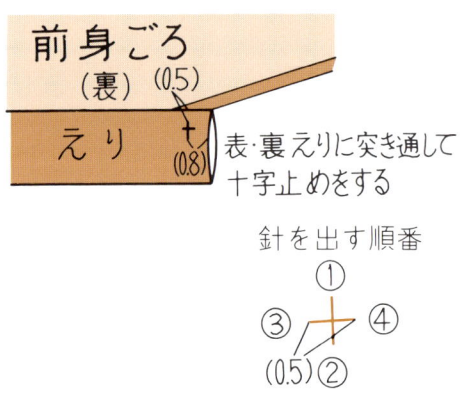

前身ごろ
（裏）（0.5）
えり
（0.8）
表・裏えりに突き通して
十字止めをする

針を出す順番
①
③　④
（0.5）②

（4）えりぐけ

十字止めの糸で続けてえりをくけます。

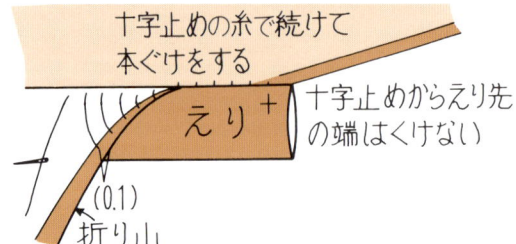

十字止めの糸で続けて
本ぐけをする
えり
十字止めからえり先
の端はくけない
（0.1）
折り山

〈そでのつけ方〉

（1）そでつけ寸法

そでつけ寸法を身ごろとそでにたしかめます。

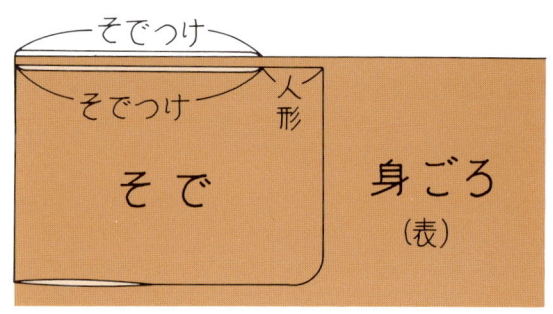

そでつけ
そでつけ
人形
そで
身ごろ
（表）

（2）そでつけの止め

裏を出してそでつけの止めをします。

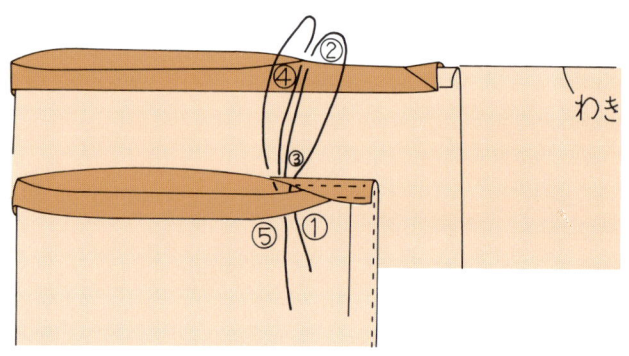

②
④
③
⑤　①
わき

● 止め方順序

①前そでのそでつけ止りのきせ山の裏から表へ針を出します。
②前身ごろ、後身ごろのきせ山を一緒にすくいます。
③後そでのきせ山をそで山に向ってたてに0.2cmすくいます。
④②の針の0.2cm肩山側に後身ごろ、前身ごろ一緒にすくい
　ます。
⑤①の針のきわにもどり、結びます。

そでつけの始末
※婦人用ゆかた74頁参照

仕上げ
※婦人用ゆかた75頁参照

ウールのアンサンブル

男性の場合、きものと羽織をお揃いで作ることが多く、生地もアンサンブル用の長さの用尺が一巻きにされて市販されています。

素材はウール100％のものを始め、テトロン糸・ナイロン糸・絹糸などそれぞれ何％かずつ混ぜて織り上げたものもあり、その素材の混ぜ方によって風合いや価格が変ってきます。

ウールのアンサンブルは暖かく、しわになりにくいこと、ミシン縫いでよいこと、手入れが簡単なことなどが好まれて、家庭着として広く愛用されています。

羽織の出来上り図と各部の名称

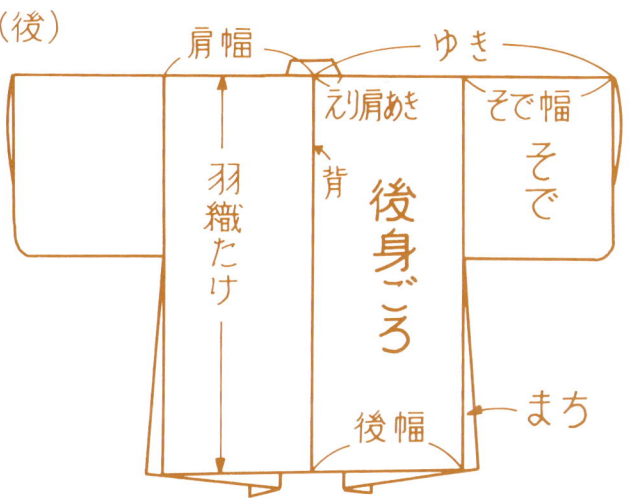

(後)

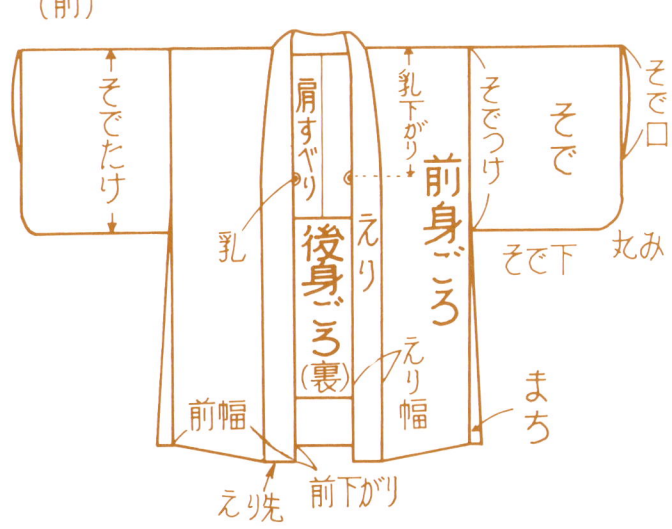

(前)

※長着の出来上り図は男子のゆかた参照。

●羽織の出来上り標準寸法と割り出し方 (cm)

名　　称	寸　法	寸法のきめ方
そ で た け	51	長着＋1
そ で 口	28	同寸又は－0.5
そ で 幅	34.5	長着＋0.5
羽 織 た け	90〜100	(長着×¾)－5
肩 幅	32	長着と同寸
後 幅	30	長着と同寸
前 幅	19	
ま ち 幅	7	
前 下 が り	4	
え り 幅	7	
ゆ き	66.5	長着＋0.5
裁ち切りえり肩あき	10	長着＋0.5
乳 下 が り	35	肩山から
く り こ し	1	

長着は男子のゆかたに準じます

★用意するもの★

表布　ウール地並幅20m前後(アンサンブル用)。

背伏せ布　クロバーベンベルグせぶせ。

えり先布　新モス半幅で50cm内外。

三つえり芯　さらし木綿半幅で27cm内外。

肩すべり　交織並幅で1m80cm内外又は洋服裏地のベンベルグデシンなどすべりのよい裏地で72cm幅90cm内外。

その他　クロバー袖丸み形、絹ぬい糸、クロバー金耳針四ノ三、四ノ四、きぬくけ。

見積り方

※長着の見積り方は男子のゆかたに準じます（119頁参照）。

羽織

裁ち切りそでたけ(54cm)＝上がりそでたけ(51cm)＋そで下縫いしろ(3cm)

裁ち切りえりたけ(220cm)＝｛上がり羽織たけ(90cm)＋えり肩あき(9cm)＋くりこし(1cm)＋えり先縫いしろ(10cm)｝×2

そで口布たけ(68cm)＝｛そで口(28cm)＋6｝×2

補足布(17cm)＝そで口布たけ(68cm)－｛そでつけ(51cm)＋くりこし(1cm)｝＋まち上くけしろ(1.5cm)

裁ち切り身たけ(100cm)＝上がり羽織たけ(90cm)＋すそくけしろ(10cm)

127

裁ち方

並幅19m50cm〜20m

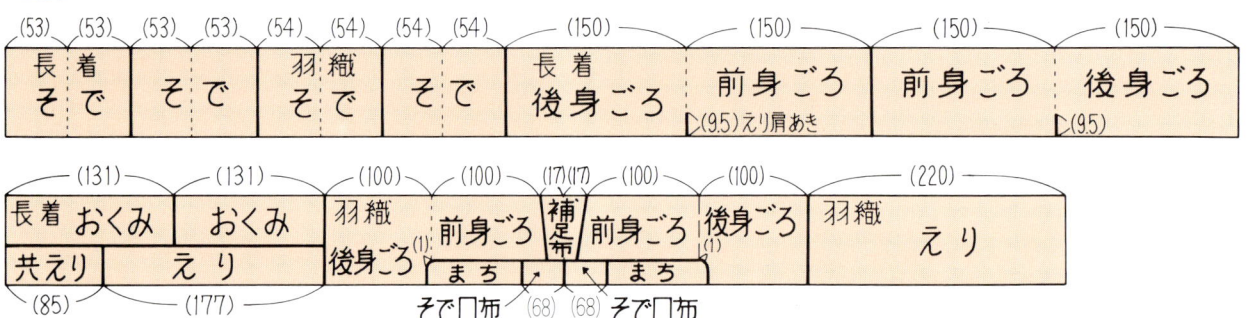

(53)	(53)	(53)	(53)	(54)	(54)	(54)	(54)	(150)	(150)	(150)	(150)
長着 そ	で	そ	で	羽織 そ	で	そ	で	長着 後身ごろ	前身ごろ	前身ごろ	後身ごろ

> (9.5)えり肩あき ▷(9.5)

(131)	(131)	(100)	(100)	(17)(17)	(100)	(100)	(220)
長着 おくみ	おくみ	羽織 後身ごろ(1)	前身ごろ	補足布	前身ごろ(1)	後身ごろ	羽織 えり
共えり	えり		まち		まち		

(85)　(177)　そで□布 (68)　(68) そで□布

〈羽織の切り離し方〉

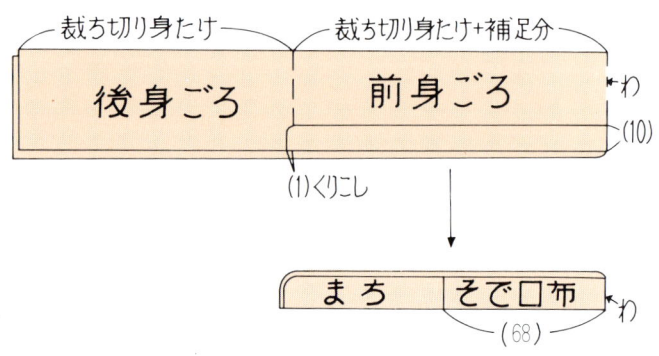

裁ち切り身たけ　裁ち切り身たけ＋補足分

後身ごろ　前身ごろ →わ
(10)
(1)くりこし

↓

まち　そで□布 →わ
(68)

えり肩まわりの丸み

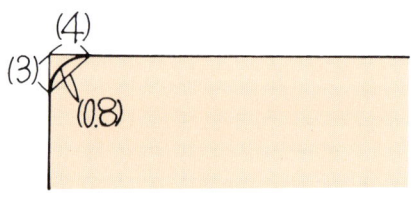

(4)
(3)
(0.8)

長着の裁ち離し方

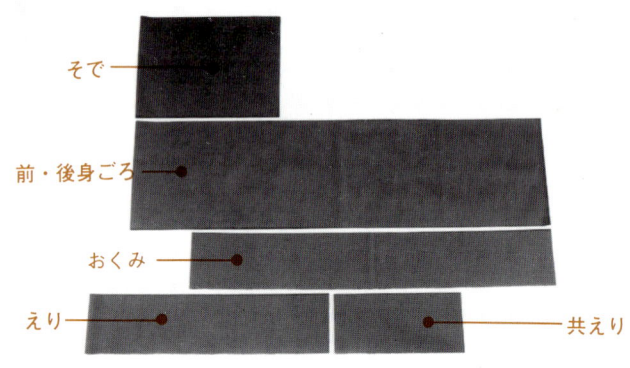

そで
前・後身ごろ
おくみ
えり ── 共えり

羽織の裁ち離し方

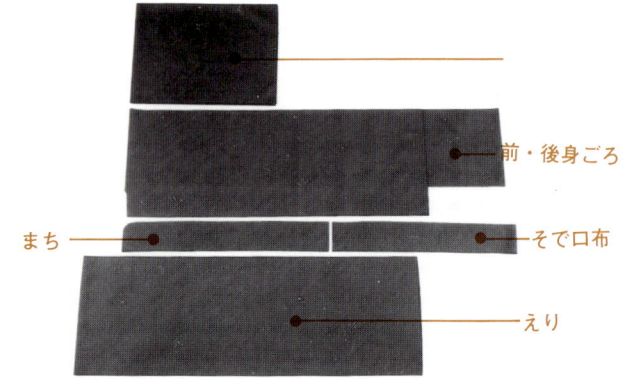

前・後身ごろ
まち　そで口布
えり

〈肩すべりの裁ち方〉

並幅１m80cmの場合

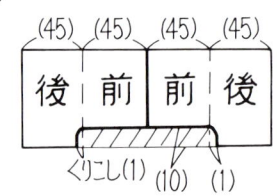

(45)	(45)	(45)	(45)
後	前	前	後

くりこし(1)　(10)　(1)

72cm幅90cmの場合

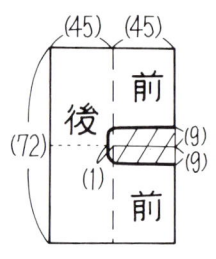

(45)	(45)
後	前
(72)	(9)
(1)	(9)
	前

羽織のしるしつけ

〈そでのしるしつけ〉

(1)そで
●順序
①山じるし
②そでたけ＋きせ分(0.2cm)＝51.2cm
③そで口＝28cm
④そで口縫いしろ＝0.8cm
⑤そで幅＋きせ分(0.2cm)＝34.7cm
⑥丸み＝2cm

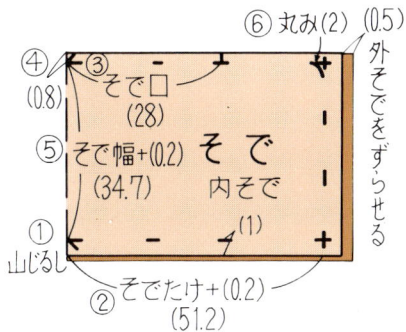

(2)そで口布
●順序
①山じるし
②そで口－きせ分(0.2cm)＝27.8cm
③そで口縫いしろ＝0.8cm
④そで口奥くけしろ＝0.8cm

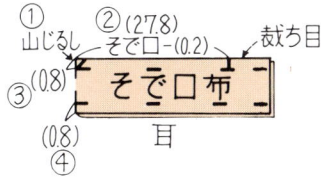

〈身ごろのしるしつけ〉

(1)後身ごろ
●順序
①山じるし
②背縫いしろ＝1cm
③羽織たけ＝90cm
④すそくけしろ＝2cm
⑤そでつけ＝51cm
⑥肩幅＋きせ分(0.2cm)＝32.2cm
⑦⑧後幅＋きせ分(0.4cm)＝30.4cm

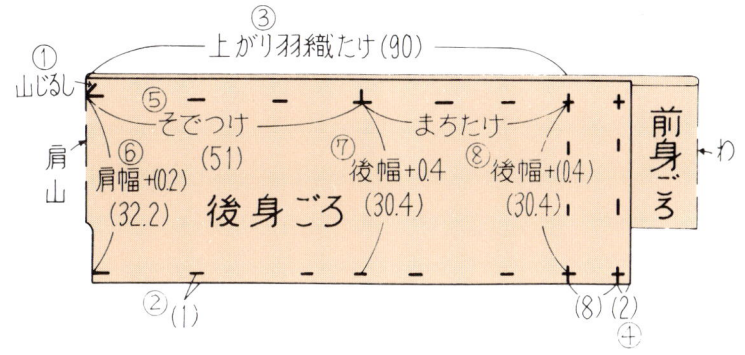

(2)前身ごろ
●順序
①後身ごろでしるしをしたわき縫い、そでつけをつけ直します。
②前下がり＝4cm
③乳下がり＝35cm
④乳下がり位置　えりつけ縫いしろ＝0.8cm
⑤すそ山から20cm上をえりつけ縫いしろ＝2cm、すそ山で2.5cm。
⑥えりつけ縫いしろ結ぶ。

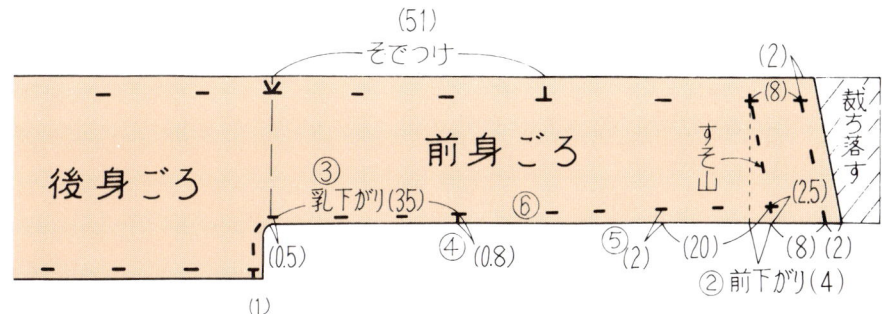

※長着のしるしつけは男子のゆかたに準じます（120頁参照）。

＜まちのしるしつけ＞

(1)前後まちのしるしつけ

①後まちたけ−0.2cm

②すそくけしろ＝8cm

③まち布幅⅓を後まちつけとし、きせ分0.4cmしるします。

④まちすそでまち幅＋きせ分＝7.4cmをとり、③の0.4cmと結びます。

⑤すそ山からすそ折り返し分8cmと同寸をとり、Ⓐ Ⓑの採寸をします。

⑥すそくけしろで⑤で採寸したⒶ Ⓑをしるします。

⑦Ⓒ寸法を採寸します。

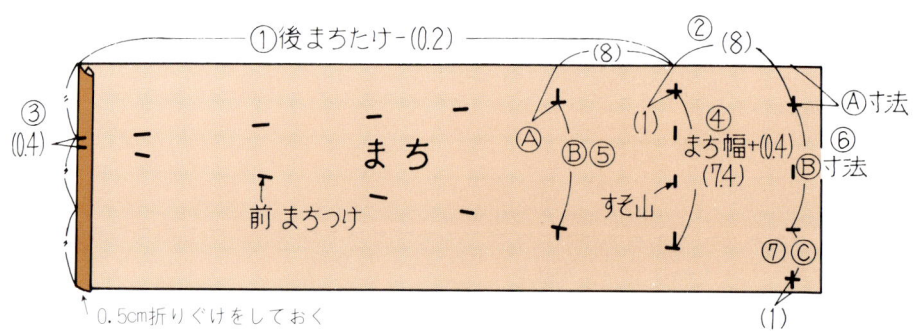

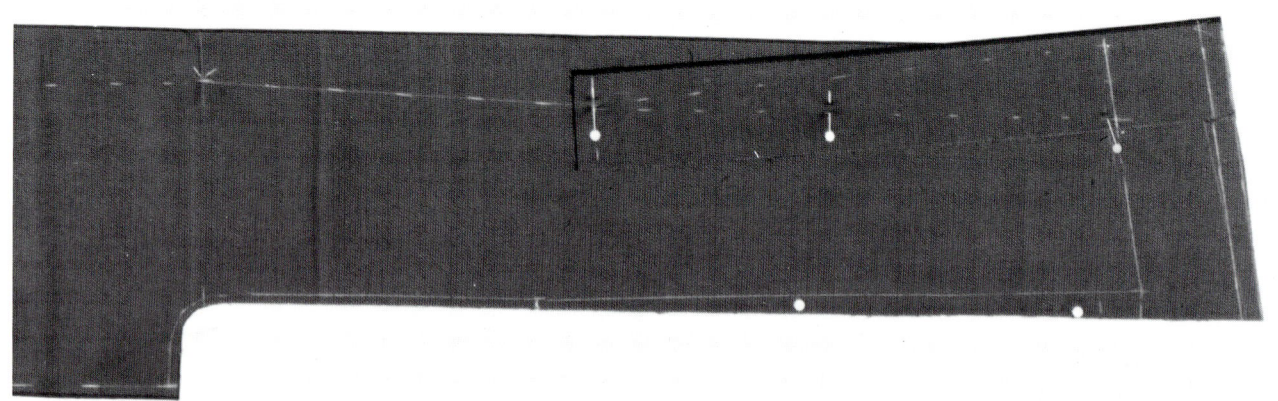

(2)前まち、前身ごろのすそしるしつけ

前まち、前身ごろのまちつけを待ち針でおさえてから、後まちすそと前下がり位置を結びます。

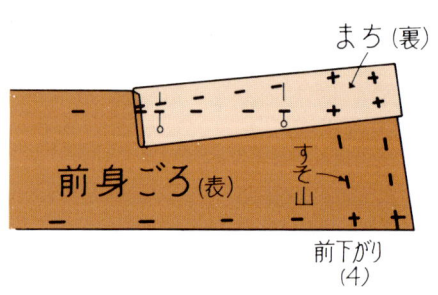

(3)前身ごろすそのまちつけしるしつけ

すそくけしろをたたんで図のようにしるしをつけ直します。

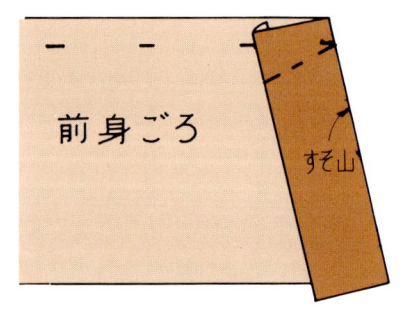

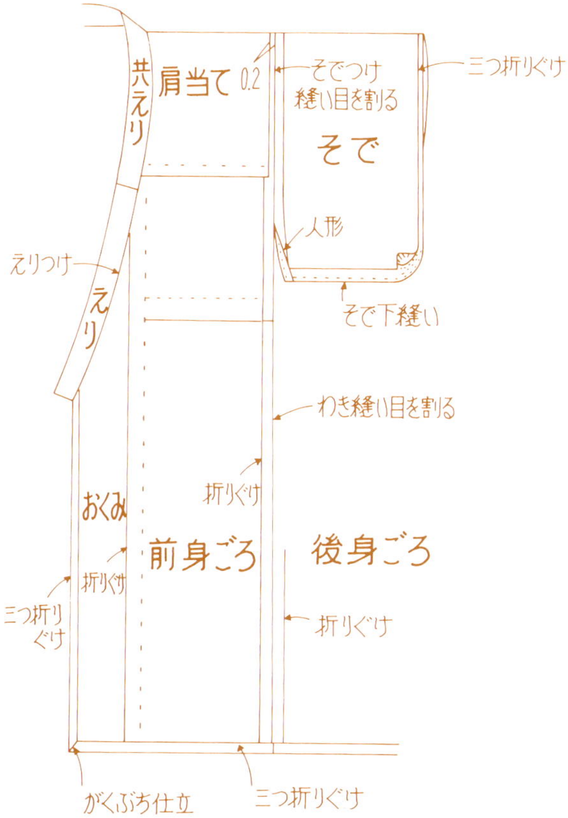

〈長着の縫い方〉（ミシン仕立て）

①そでを作ります。そで下袋縫い、人形の始末、そで口の三つ折りぐけをします。

②前・後の内あげを縫います。わきを割りますから内あげは、前、後とも布端から布端まで縫います。

③背縫い、背伏せ布をつけます。

④肩当てを位置につけます。又は力布をつけます。

⑤わきを縫います。縫いしろは割り、布端を1cm折り、折りぐけで始末します。

⑥おくみをつけます。縫いしろの始末は1cmの折りぐけにします。

⑦そでつけ、そでつけをとめ、しるしどおりに縫います。縫いしろは割ります。

⑧肩当ての始末、わきの縫い目より0.2cmひかえて、そでつけの縫いしろにとじつけます。

⑨つま先を額ぶち仕立にし、えり下からすその三つ折りぐけをします。

⑩えりつけ及び始末（**男もののゆかた125頁参照**）。

⑪共えり及び始末（**婦人ウールのアンサンブル90頁参照**）。

⑫仕上げ（**婦人用のゆかた75頁参照**）。

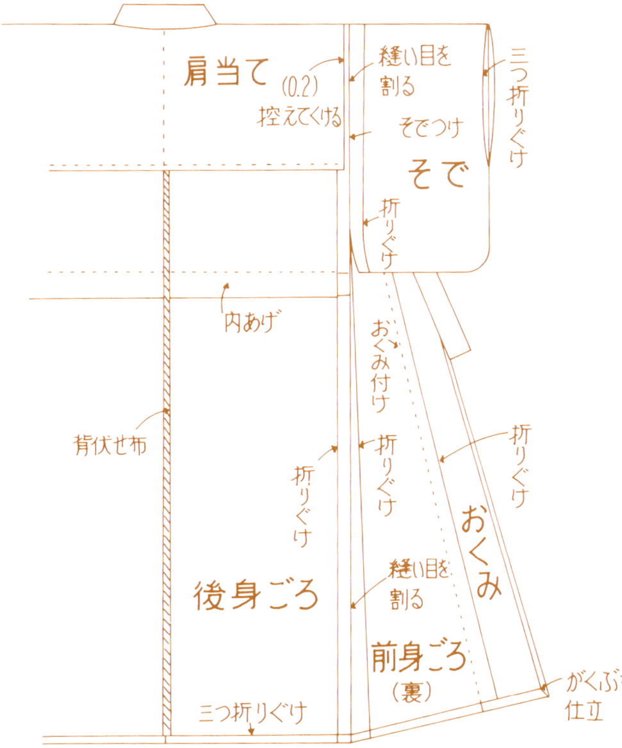

〈内あげの縫い方〉

(1)内あげの縫い方

前後の身ごろ共、内あげしるしを中表に合わせ、しるしより0.1cm上を布端から布端まで縫います。

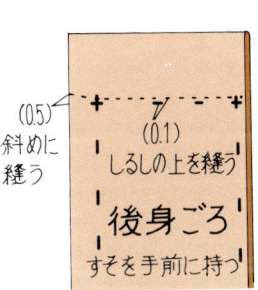

（0.5）斜めに縫う

（0.1）しるしの上を縫う

後身ごろ

すそを手前に持つ

(2)内あげの始末

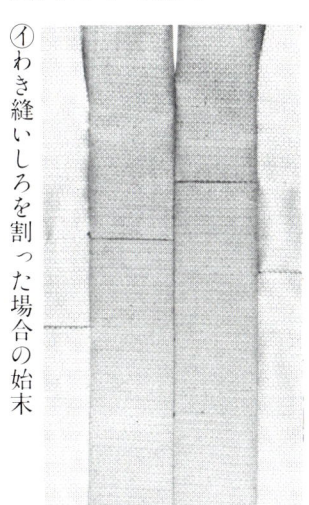

⦅イ⦆わき縫いしろを割った場合の始末

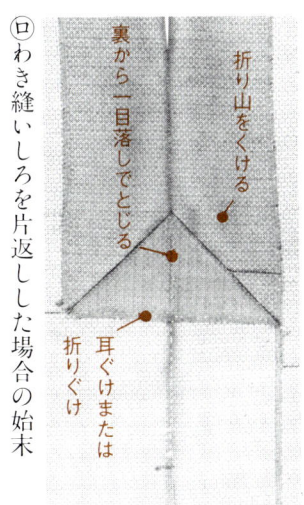

⦅ロ⦆わき縫いしろを片返しした場合の始末

裏から一目落しでとじる

折り山をくける

耳ぐけまたは折りぐけ

※縫い方は婦人ウールのアンサンブルに準じます（83頁参照）。

共えり

肩当て 0.2

そでつけ 縫い目を割る

三つ折りぐけ

そで

えりつけ

えり

人形

そで下縫い

わき縫い目を割る

おくみ

折りぐけ

前身ごろ

後身ごろ

三つ折りぐけ

折りぐけ

折りぐけ

がくぶち仕立

三つ折りぐけ

肩当て（0.2）

控えてくける

縫い目を割る

三つ折りぐけ

そでつけ

そで

折りぐけ

内あげ

おくみ付け

折りぐけ

折りぐけ

背伏せ布

折りぐけ

縫い目を割る

おくみ

後身ごろ

前身ごろ（裏）

三つ折りぐけ

がくぶち仕立

〈そでの縫い方〉

①外表に合わせてそで下を中縫いします。

②縫いしろを割ります。

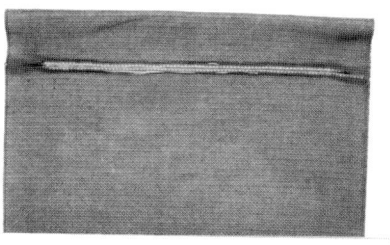

③裏にかえして毛抜き合わせにし、しるしをつけます。

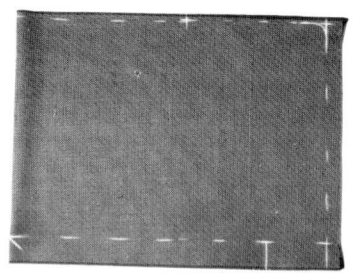

④丸みを縫い、丸みに直角に1cm上をしるしをつけて縫います。

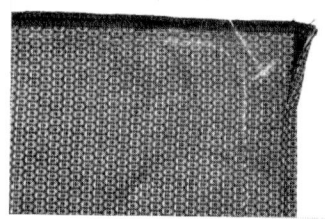

⑤しるしどおりに縫い、縫い縮めます。

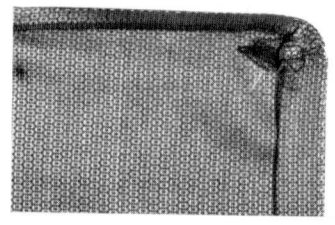

〈人形の縫い方〉

①人形の角は1針先まで縫います。

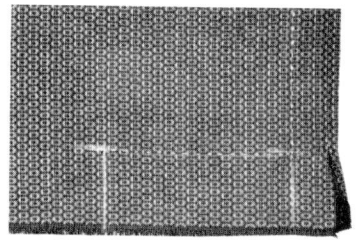

②0.2cmのきせをかけ、内そでに折ります。

③外そでの縫いしろを0.2cmのきせをかけて折りかえします。

④内そでの人形の裏から一目落しでとじます。

⑤表から見た一目落しのとじ

⑥人形の縫いしろは開いたままそで下の縫いしろを内そでに折ります。

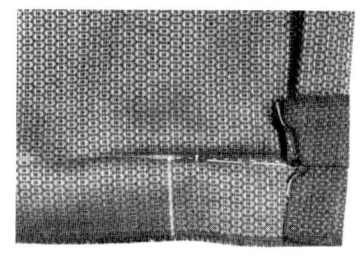

⑦内そでの人形を折ります。

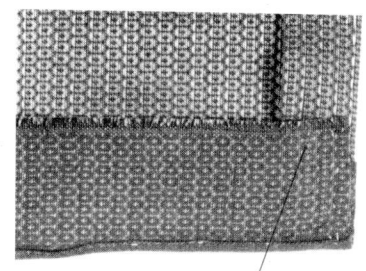

そで下縫いしろにとじる

〈そでのつけ方〉

そでつけの縫いしろを割ります。
※婦人のゆかた74頁参照。

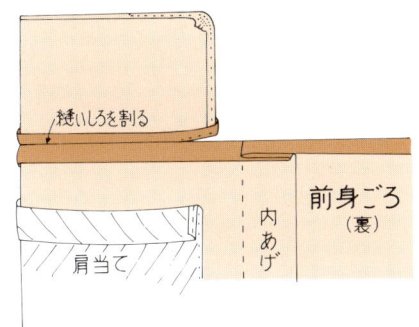

〈肩当ての始末〉

肩当てはそで付けの縫いしろより0.2cmひかえて折り、折りぐけをします。

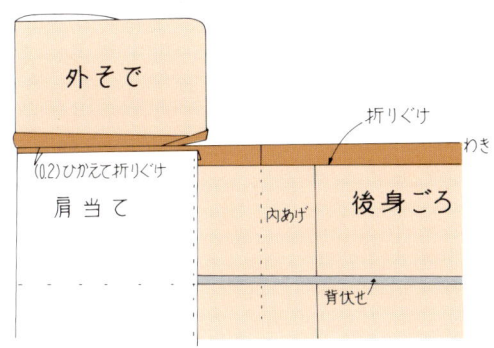

〈えり先の始末〉

①表えりはしるしどおり、待ち針を打ちます。

②えり先布は0.4cmひかえて待ち針を打ちます。

③しるしより0.8cm上を縫い、えりくけしろはしるしどおりえり幅の境で斜めに縫います。

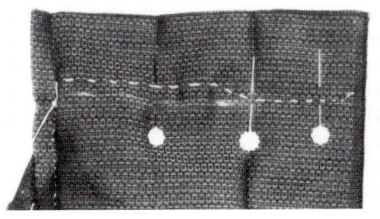

④縫いしろをえり先布の方へ折り、次にえりつけ縫いしろを折りかえしてえりつけ縫いしろにとじます。

⑤表にかえしてえり幅の2倍にえり幅を折ります。次に先を三角に折り、折りぐけをします。

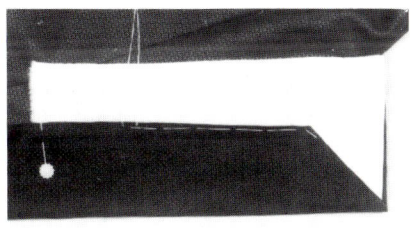

〈えりぐけ〉

※男もののゆかた126頁参照

裏から見た十字止め　　　表から見た十字止め

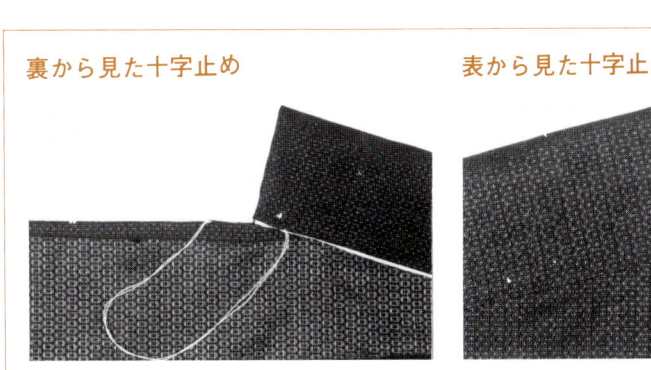

羽織の仕立て方

〈縫い方〉

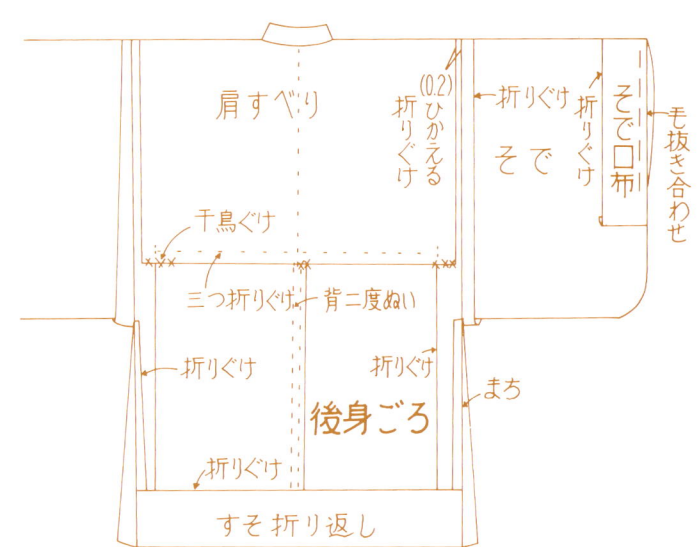

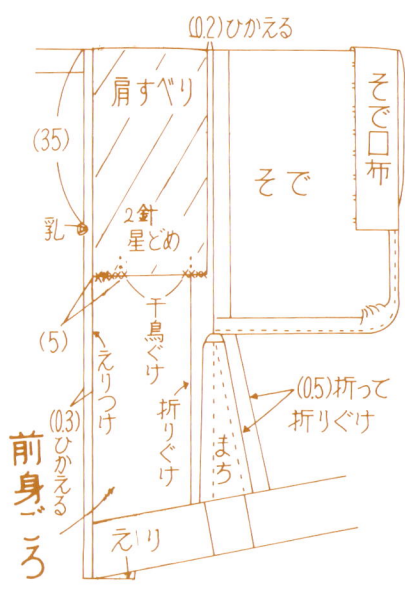

〈そで口布のつけ方〉

①そで口布の両端を1cm折り、千鳥ぐけをします。

②そで口を縫い合わせます。そでを全体で0.4cmゆるみをもたせ、待ち針を打ち、しるしどおりに縫います。

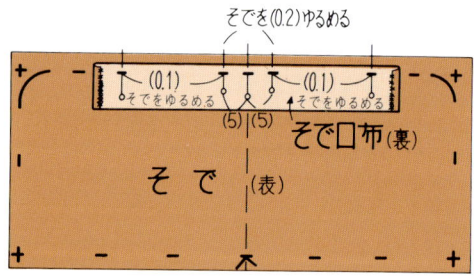

③0.2cmのきせをかけ、表にかえして毛抜き合わせにして0.5cm内側にしつけをかけます。

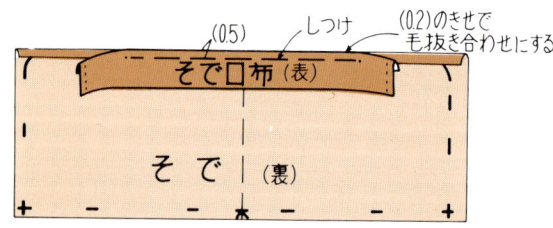

〈身頃の縫い方〉

①背縫いは（婦人用ウールアンサンブル94頁参照）。
②肩すべりを位置につけます。
③まちをつけます（婦人用ウールアンサンブル94頁参照）。
　0.2cmのきせで身ごろ側にたおします。
・まち上部は、三つ折りぐけします。
・すそ山より2cm内側に、0.5cmの切りこみを入れ、折りぐけします。

〈肩すべりのつけ方〉

(1)肩すべりのつけ方

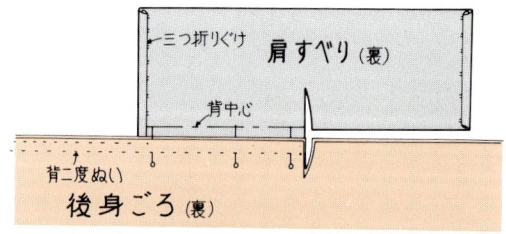

(2)肩すべりの中とじ

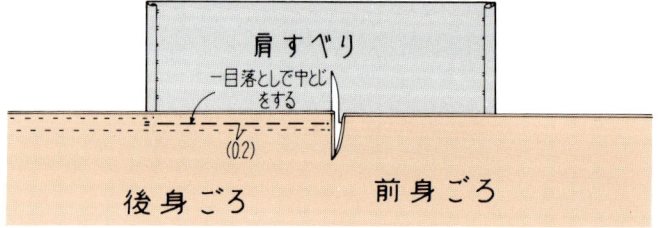

＜まちのつけ方＞

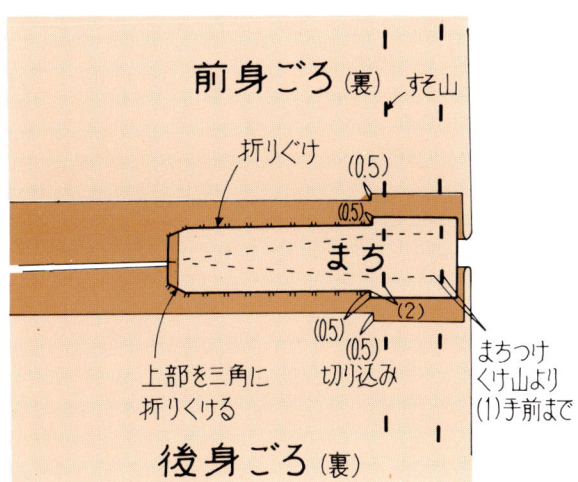

前身ごろ（裏）　すそ山

折りぐけ　(0.5)
(0.5)
まち
上部を三角に　　(0.5)　(2)
折りくける　　　(0.5)　切り込み
　　　　　　　まちつけ
　　　　　　　くけ山より
　　　　　　　(1)手前まで

後身ごろ（裏）

＜えりの折り方＞

① えりの表を出し、えり幅の2倍に2.2cm加えた寸法を折ります（外えり）。

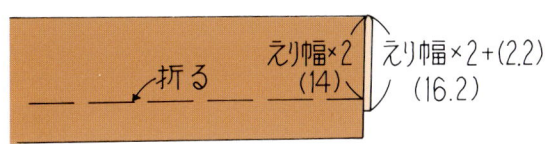

折る　　えり幅×2　えり幅×2+(2.2)
　　　　(14)　　　(16.2)

② 折り山よりえり幅の2倍を内側に折ります。

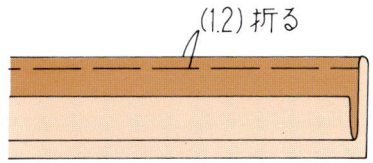

(1.2) 折る

③ えりつけ縫いしろ1.2cm折ります。

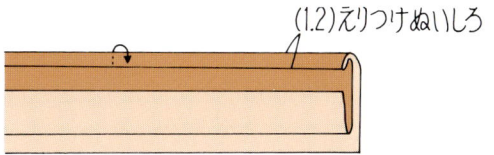

(1.2)えりつけぬいしろ

④ 内えりをえりつけ縫いしろにつき合わせに折ります。

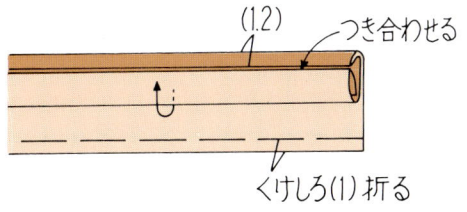

(1.2)　つき合わせる

くけしろ(1) 折る

⑤ くけしろ1cm折ります。内えりを仮しつけします。

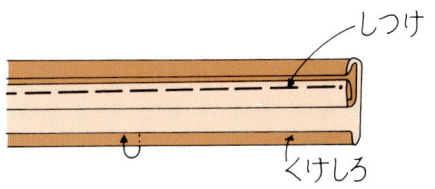

しつけ

くけしろ

⑥ 裏えりを0.4cmひかえて折ります。

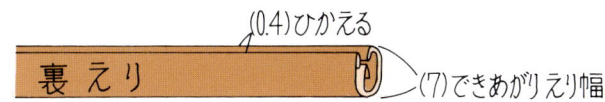

(0.4)ひかえる

裏えり　　(7)できあがりえり幅

＜乳のつけ方＞

乳を作り、位置につけます。（**婦人用ウールアンサンブル96頁参照**）

・わを頭にし、頭から1.2cmのところをとじます。
・乳の向きは、女物と反対に下向きにします。

● 乳の作り方

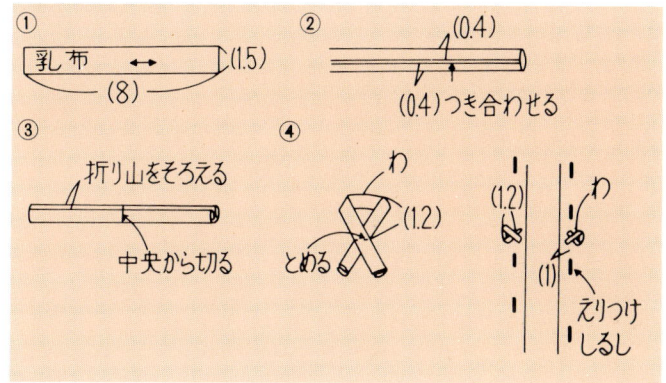

① 乳布　(1.5)　(8)
② (0.4) (0.4)つき合わせる
③ 折り山をそろえる　中央から切る
④ わ (1.2) とめる　(1.2) (1) わ　えりつけしるし

＜えりのつけ方＞

① すそ10cmは平らに半返し縫いします。
② 乳下がりを中心に6cmの間はえりをつらせぎみで半返し縫いします。
③ えり肩まわり10cmは、十分にえりをゆるめます。
④ 背中心から6.5cmは平らに縫います。

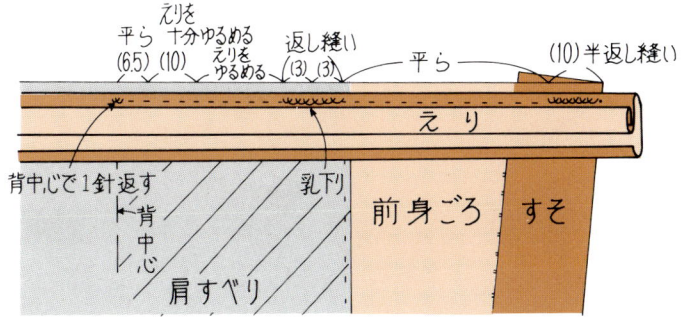

えりを平ら　十分ゆるめる　えりをゆるめる　返し縫い　平ら　(10)半返し縫い
(6.5)(10)　　　　　(3)(3)
えり
背中心で1針返す　乳下り　前身ごろ　すそ
背中心
肩すべり

＜そでのつけ方＞

※婦人のゆかた74頁参照

＜そでつけの止め方＞

①内そでのきせ山に裏から針を出します。
②身ごろのそでつけ止りのきせ山をたてにすくいます。
③外そでのきせ山を横に 0.2 cm すくいます。
④②の針のそばに出します。
⑤内そで①の針のそばに戻り結びます。

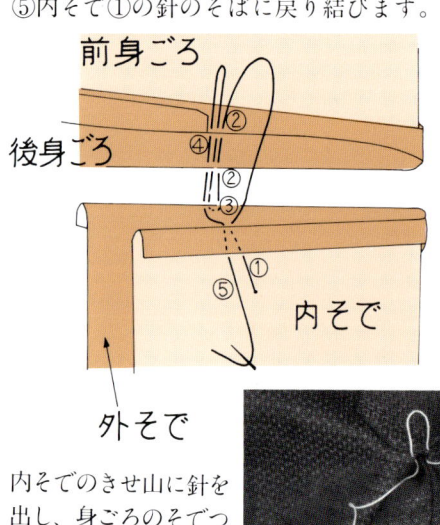

内そでのきせ山に針を
出し、身ごろのそでつ
け止り、外そでを通っ
てもどる

＜そでの縫い方＞

①そで口下からそで下を縫います。
②丸みの始末・そで下の始末をします。

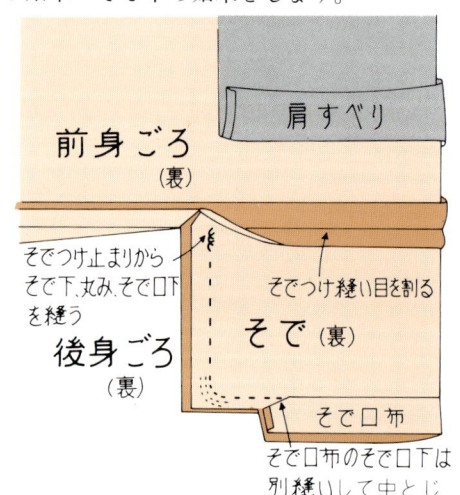

＜縫いしろの始末＞

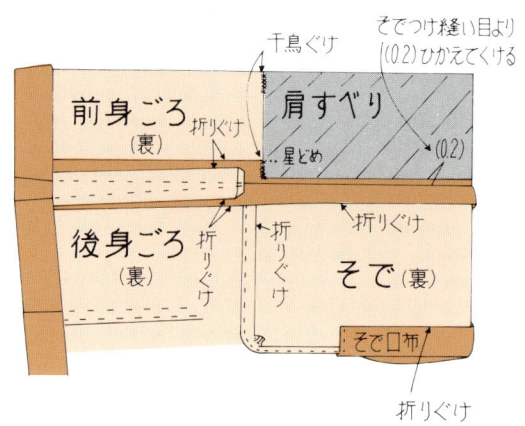

＜肩すべりの両わきの始末＞

わき縫いしろにそでつけ縫い目より 0.2 cm ひかえ、くけつけます。

肩すべりの下部、両わきを、わき縫いしろに千鳥ぐけをする。えりつけ
側の肩すべり下部も同様に千鳥ぐけ、わき、まち共折りぐけをする。

すその折りぐけ

＜えりのかざりしつけ＞

※婦人ウールのアンサンブル99頁参照。

半じゅばんとすそよけ

男性がきものをお召しになる場合、正装以外ですと長じゅばんよりも半じゅばんを用いられることが多いようです。そしてすそよけは省略なさる方もあるようですが、すそよけを用いますと腰まわりが暖かですし、きものが汚れるのを防ぐことが出来ます。半じゅばんの胴はさらし又はネルを用い、そでとすそよけの布をお揃いにして作りますと、きものを着た時は一見長じゅばんを着たように見えますし、手入れは簡単でしかも価格も割合おやすく出来ますので便利です。そで・すそよけの生地はモスリン・羽二重・交織などを用います。

男の方はそで口から煙草やちり紙などを出し入れしますのでそで布が人目につきやすいものですから、地質・色合い・柄ゆきに充分注意して選びましょう。

出来上り図と各部の名称

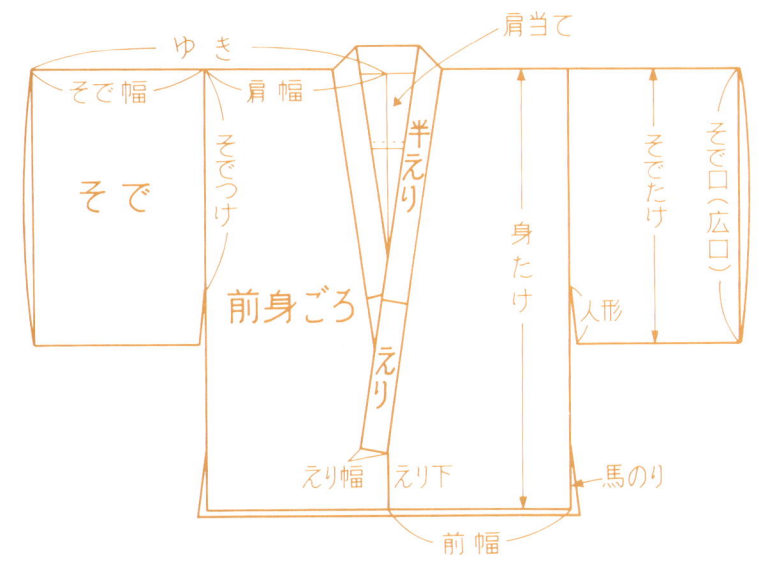

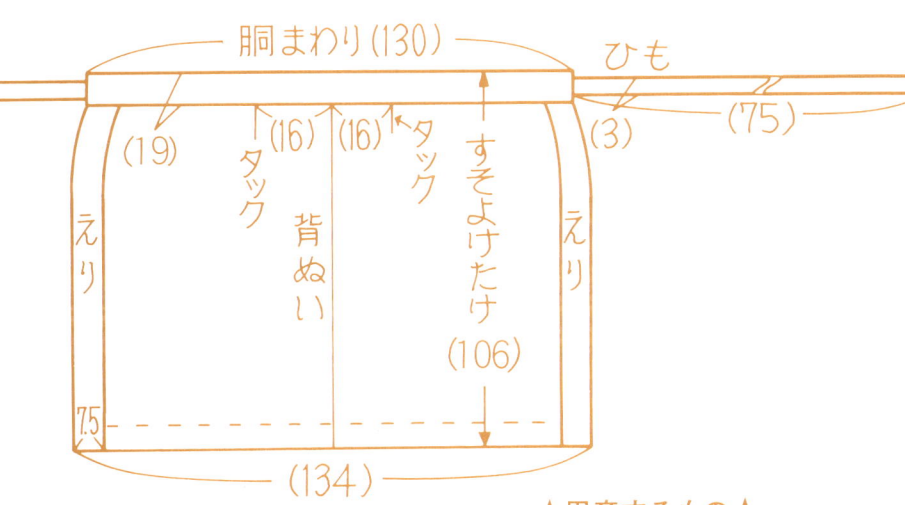

●男子半じゅばん 出来上り標準寸法
(cm)

名　称	寸　法	寸法の決め方
そ で た け	49	長着－1
そ で 口	49	広そで
そ で つ け	39	長着－1～1.5
そ で 幅	33	長着－0.5～1
人 　 形	10	
身 た け	80	
え り 肩 あ き	8.5	長着－0.5
馬 の り	15	
ゆ 　 き	65	長着－1～2
肩 　 幅	32	長着－1
後 　 幅	30～32	長着同寸または＋2
前 　 幅	いっぱい	
え り 幅	5	長着－0.5
え り 下	10	

●すそよけ出来上り 標準寸法
(cm)

名　称	寸　法
す そ よ け た け	106
胴 ま わ り	130
え り 幅	7.5
け ま わ し	134
ひ も た け	75

★用意するもの★

表布　身ごろ＝夏は麻、絽、冬はモスリン、ネル、交織、四季を通じてさらし木綿など、並幅4m20cm内外。
そで＝長じゅばんに準じ、麻、絽、モスリン、羽二重、化繊など、並幅2m8cm。
半えり　1本。
その他　絹手ぬい糸、カタン糸20番、クロバー金耳針三ノ三、三ノ四。

見積り方

裁ち切り身たけ（82cm）＝あがり身たけ（80cm）＋すそくけしろ（2cm）

裁ち切りえりたけ（85cm）＝｜上がり身たけ（80cm）－えり下（10cm）｜＋えり肩あきとゆるみ（9cm）＋えり先縫いしろとえりは

ぎしろ（6cm）

裁ち切りそでたけ（52cm）＝上がりそでたけ（49cm）＋そで下縫いしろ（3cm）

裁ち方

〈身ごろ〉　並幅4m13cm

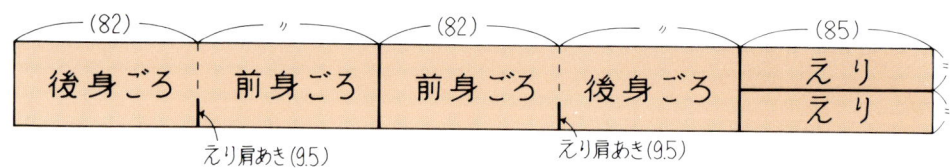

〈そで〉（ひとえの場合）　並幅2m8cm

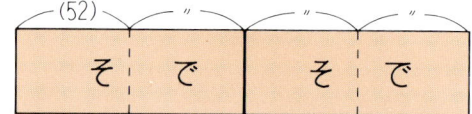

〈肩当て〉　並幅1m4cm

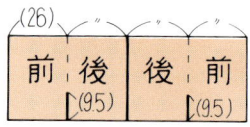

しるしつけ

〈そでのしるしつけ〉

●順序
①山じるし
②そでたけ＋0.2cm＝49.2cm
③そでつけ＝39cm
④人形＝10cm
⑤そで幅＋0.2cm＝33.2cm

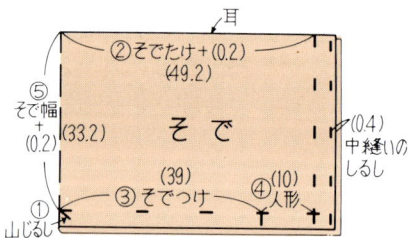

〈身ごろのしるしつけ〉

(1)後身ごろ

●順序
①山じるし
②すそくけしろ＝2cm
③わき縫いしろ＝1.5cm
④そでつけ＝39cm
⑤馬のり＝15cm
⑥肩幅＋0.4cm＝32.4cm
⑦後幅＋0.4cm＝30.4cm～32.4cm
⑧背縫いしろ
⑨えり肩あき背縫いしろより8.5cmを計り、待ち針をして、ここまで手前から切り込みを入れます。

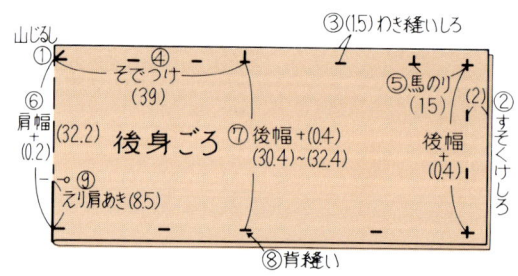

(3)前身ごろ

●順序

① 前幅いっぱい

② えり下＝10cm

③ えり下くけしろ＝1.5cm

④ 裁ち切りえり肩あき＋0.9cmのえりつけしるし＝10.4cm

⑤ えりつけ寸法を計ります。

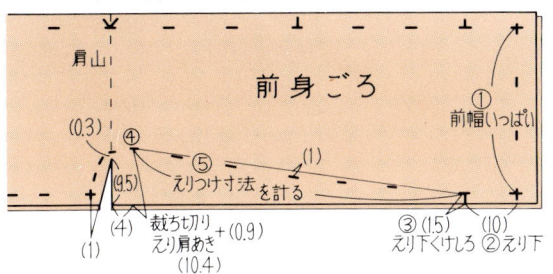

〈えりのしるしつけ〉

●順序

① えりはぎしろ＝1cm

② えりつけしろ＝1cm

③ えり肩あき＋0.6cm＝9.1cm

④ 身ごろ採寸えり丈＋4cm

⑤⑥⑦ えり幅しるしをつけます。

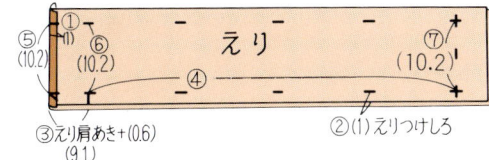

縫い方

〈そでの縫い方〉

(1)そで下の中縫い

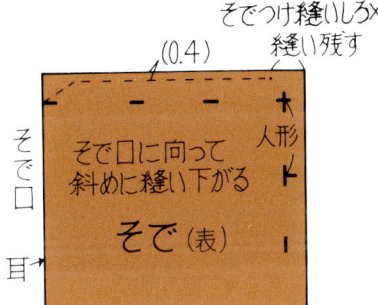

(2)そで下、人形の縫い方

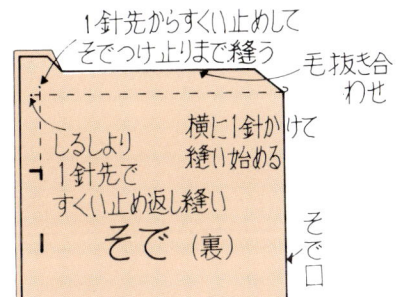

外そでの人形の縫いしろは0.2cmのきせで開き、縫いしろをとじる

左そで（裏）

(3)そで下、人形の始末

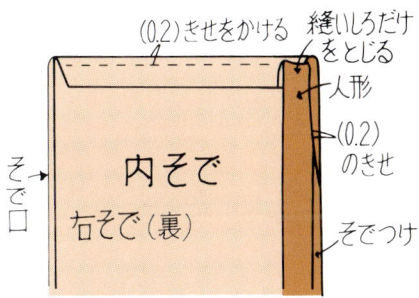

そで下の縫いしろは0.2cmのきせをかけて内そでに折り、人形の縫いしろは開いてそで下にとじる

＜身ごろの縫い方＞

①背縫いは二度縫いします。
②肩当てをつけます。
③わきを縫います。
④そでをつけます。（婦人のゆかた74頁参照）。
⑤わき縫いしろとそでつけ縫いしろの始末をします。
⑥えり下からすそを三つ折りぐけします。（婦人のゆかた68頁参照）。
⑦えりをつけ、始末をします。（婦人のゆかた70頁参照）。
⑧半えりをつけます。（婦人の長じゅばん107頁参照）。

(1) 背縫い、肩当て、わき縫い

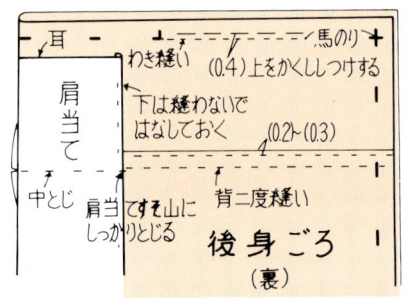

(2) わき、そでつけの始末

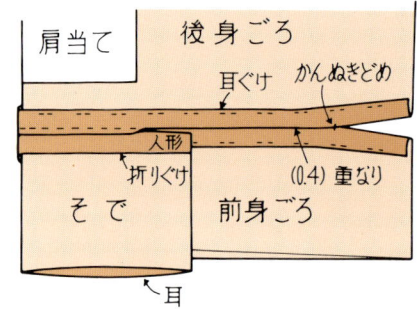

(3) わき縫いしろ重なりの始末

①0.2cmのきせをかけて折ります。

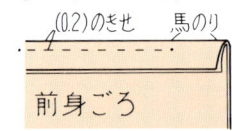

②縫いしろを0.4cm重ねて後身ごろ側へ開きます。

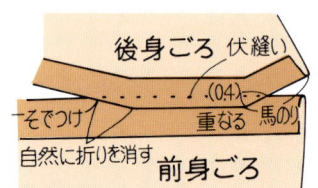

(4) えり下からすその三つ折りぐ

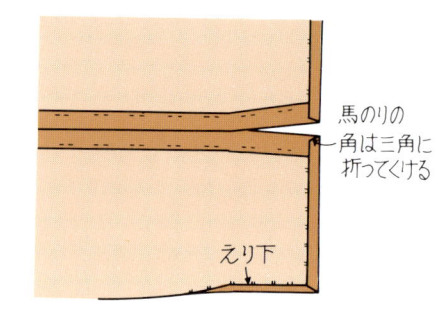

③折り山きわに伏縫いします。

＜すそよけの裁ち方＞

(1) すそ布 （72cm幅 190cm）

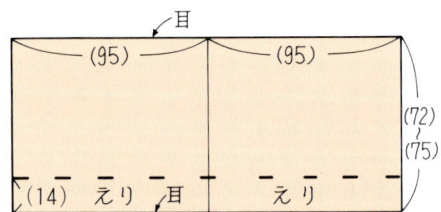

(2) 腰布 （並幅 140cm）

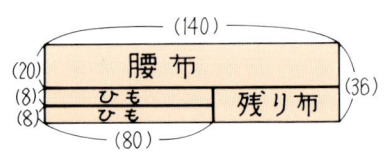

＜しるしつけ＞

(1) すそ布

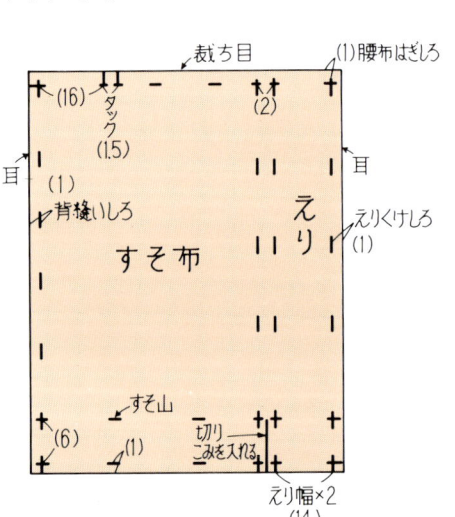

(2) 腰布

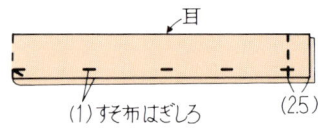

※縫い方は婦人のすそよけに準じます（112頁参照）。

甚平（親子ペア）

盛夏の宵、親子での夕涼みなどに気楽に着られ、見た目も恰好よく、涼し気な甚平が1枚あると重宝します。肌ざわりもよく、洗濯にもたえるゆかた地1反でミシン仕立で手軽に作ってみましょう。そでつけ、わきぬいも千鳥がけで、涼しさを出しますが、千鳥がけが苦手な人はミシン縫いでも結構です。

●出来上り寸法

名　称	寸　法（cm）	
	大　人　物	子供物（8才位）
着　た　け	98	55
え り 肩 あ き	8.5〜9	6
そ で 口	27	18
そ で た け	32	20
そ で 幅	20	18
ゆ　き	50	43
肩　幅	30	25
後　幅	30	25
前　幅	24	30
お く み 幅	12	
お く み 下 が り	17	10
え り 幅	5	3
え り 下	25	10
ス リ ッ ト	25	10

★用意するもの★

表地 ゆかた地1反　並幅　10m25cm。
その他 絹穴かがり糸またはたこ糸少々（千鳥がけ用）、カタン糸20番、綿ミシン糸50番、クロバー金耳針三ノ三、三ノ四。

出来上り図と各部の名称
〈大人用〉

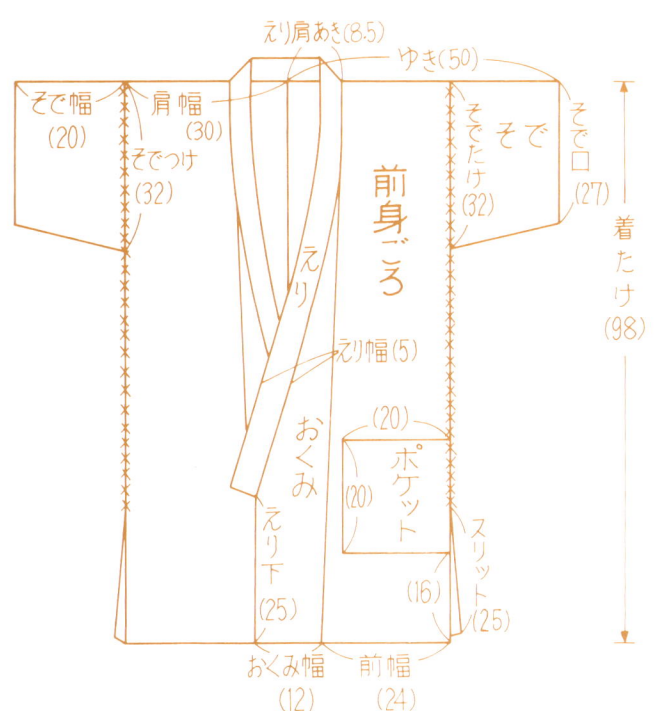

〈子供用〉

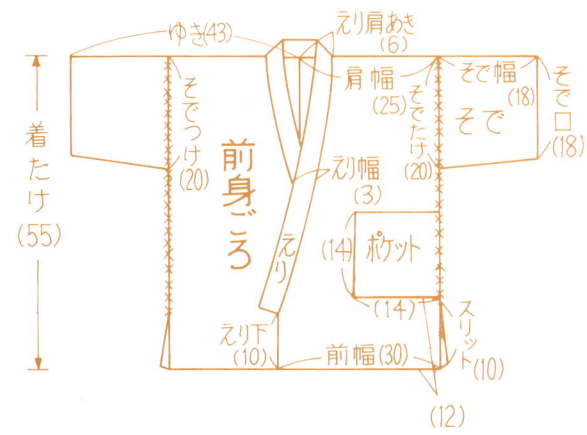

裁ち方

〈裁ち方〉 並幅10m25cm

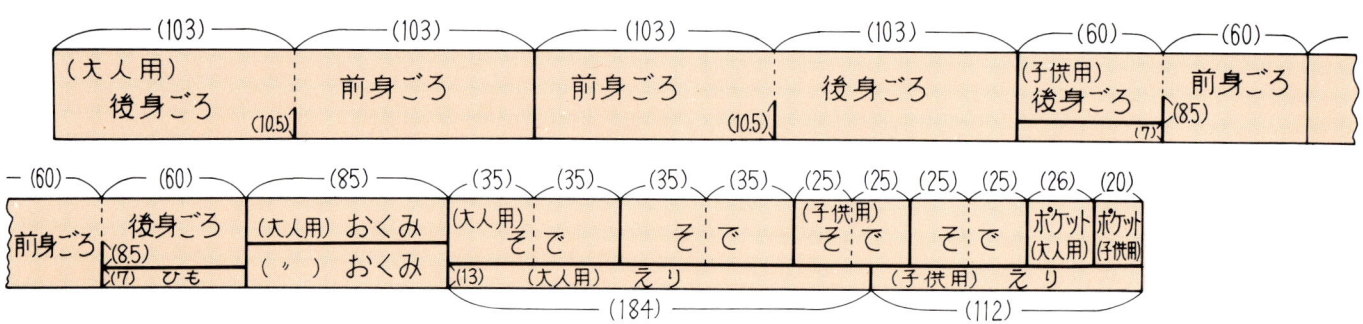

〈型紙のとり方〉

(1)大人用

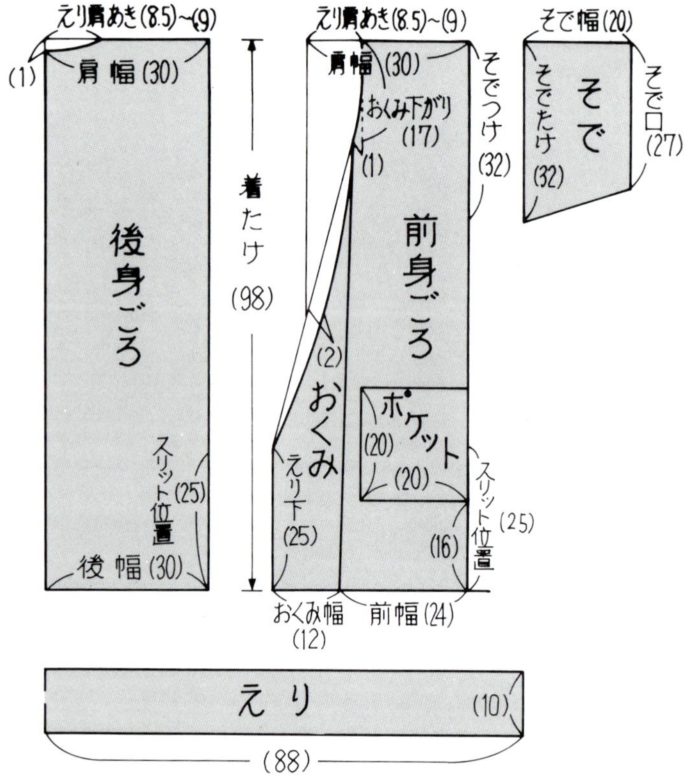

後身ごろ
着たけ(98)
えり肩あき(8.5)〜(9)
肩幅(30)
(1)
スリット位置(25)
後幅(30)

前身ごろ
えり肩あき(8.5)〜(9)
肩幅(30)
おくみ下がり(17)
(1)
(2)
おくみ
えり下(25)
ポケット(20)(20)
スリット位置(25)
(16)
おくみ幅(12)　前幅(24)
そでつけ(32)

そで
そで幅(20)
そでたけ(32)
そで口(27)

えり(10)
(88)

(2)子供用

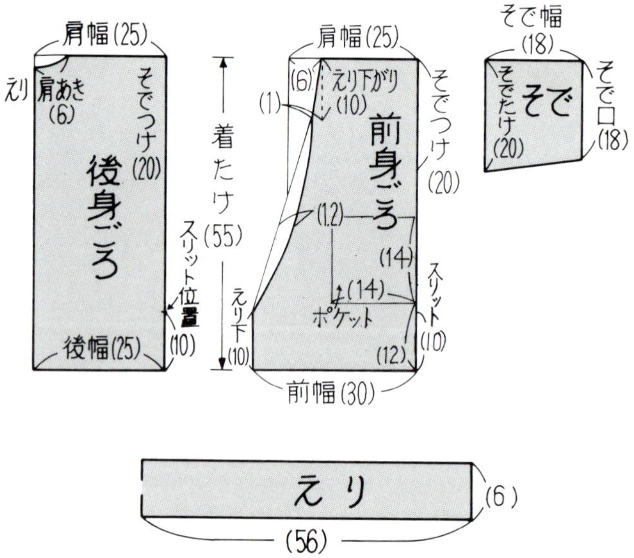

後身ごろ
肩幅(25)
えり肩あき(6)
そでつけ(20)
後幅(25)

前身ごろ
肩幅(25)
(6)　えり下がり(10)
(1)
(1.2)
(14)
(14)
ポケット
えり下(10)
スリット(10)
(12)
スリット位置(10)
前幅(30)
着たけ(55)

そで
そで幅(18)
そでたけ(20)
そで口(18)

えり(6)
(56)

型紙を布の上に置いて、しるしをつけます。

縫い方

〈身ごろの縫い方〉

①背中心をしるしどおりに縫い、縫いしろは割ります。子供用は、布端が裁ち目なので端ミシンをかけておきます。

②前身ごろとおくみを縫い合わせ、縫いしろを割り、端ミシンをかけます。

③えり下を三つ折りぐけします。

④わきをしるしどおりに裏側に折り、布端は耳ぐけします。この時、大人用はポケットを一緒につけてくけます。

⑤すそ、角の始末は前後のすそを折り上げ、布端1cm折り込んでくけます。えり下、わきの角は三角に折り整えます。

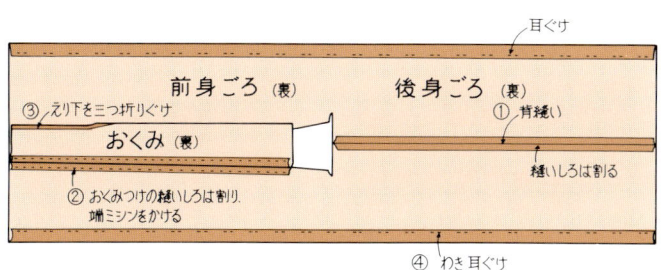

〈ポケットのつけ方〉

①ポケットのしるしつけをします。

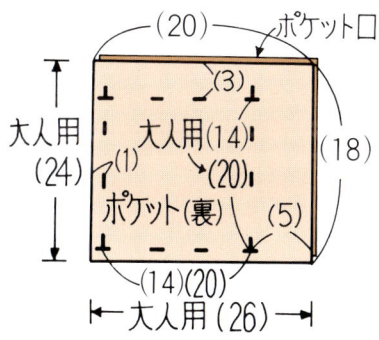

②上・下の縫いしろをしるしどおりに折ります。

③布端1cmを折ります。

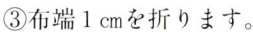
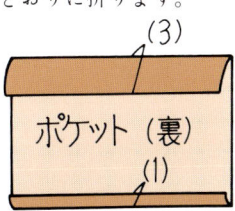

④ポケット布を位置におき、ポケットの下部とえり側のわきをミシンで縫います。わき側の布端は1.5cmを仮しつけします。

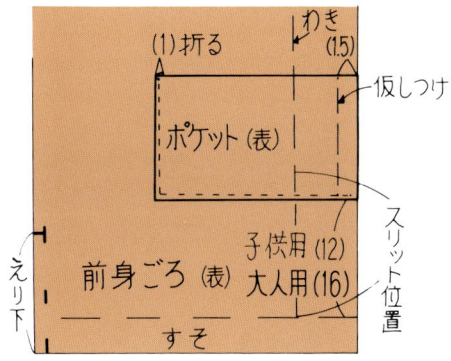

⑤わきをしるしどおりに折り、耳ぐけをします。ポケット布の仮しつけを取ります。

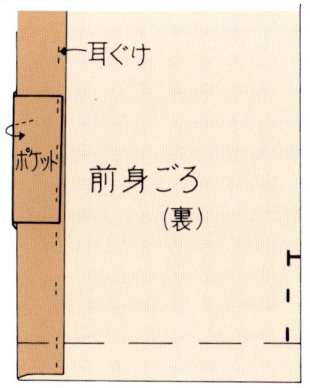

⑥すそ角を三角に折ります。

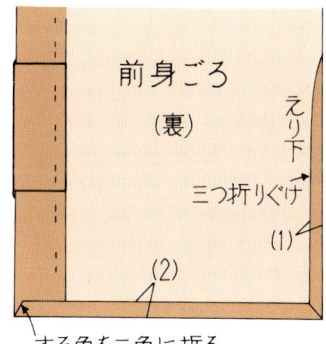

すそ角を三角に折る

すそ、角の始末

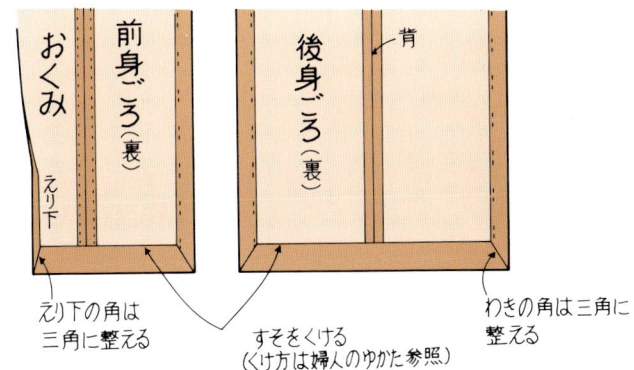

えり下の角は三角に整える

すそをくける
（くけ方は婦人のゆかた参照）

わきの角は三角に整える

〈えりのつけ方〉

①えりをつけます。身ごろの縫いしろは0.5cm残して裁ち落します。

②えり幅に折り、くけます。

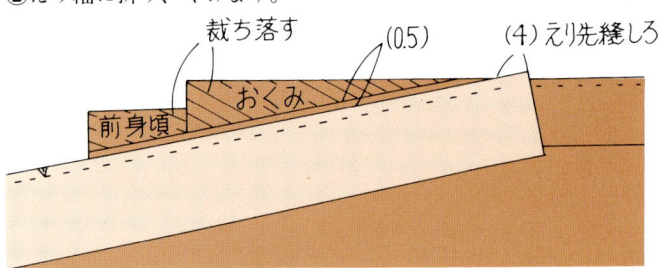

〈そでの縫い方〉

①そで下を袋縫いします。

②そで口の三つ折りぐけをします。

③そでつけ側はしるしどおりに裏側に折り、耳ぐけします。

④そでつけは、千鳥がけでとじ合わせます。

⑤そでつけの糸でそのまま前後のわきも同じように千鳥がけでスリット止りまでとじ合わせます。

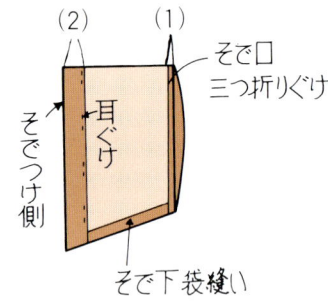

千鳥がけ

そでつけわきを続けて千鳥がけまたは変り千鳥がけをする

そでつけ.わきを続けて千鳥がけをする

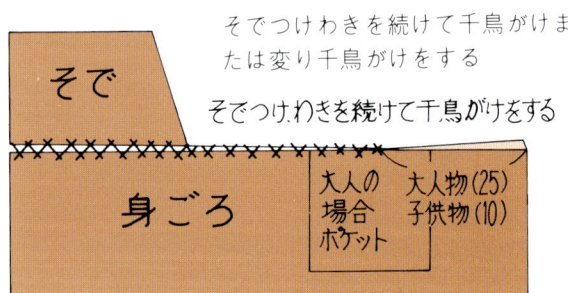

千鳥がけの順序

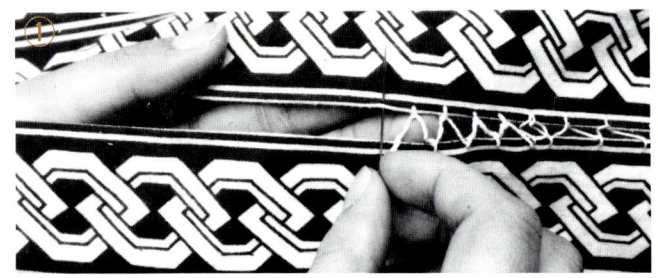

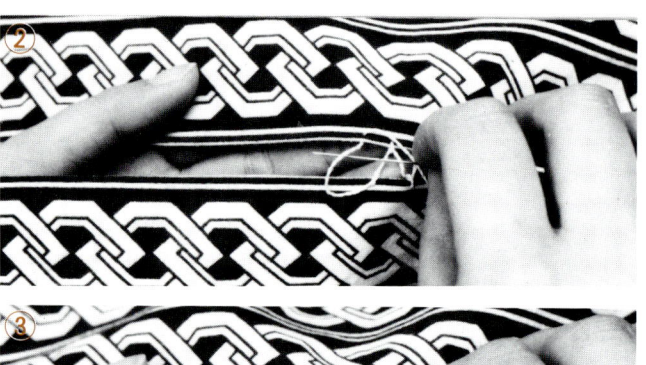

〈ひもの作り方〉

①丈27cm(18cm)、幅1.5cmのひもを4本作ります。

②つけ位置につけます。

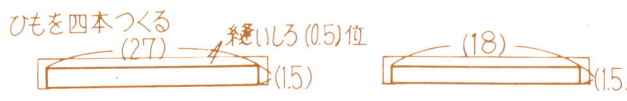

ひもを四本つくる
縫いしろ(0.5)位

〈ひものつけ方〉

ひもをそれぞれの位置につけます。

大人物

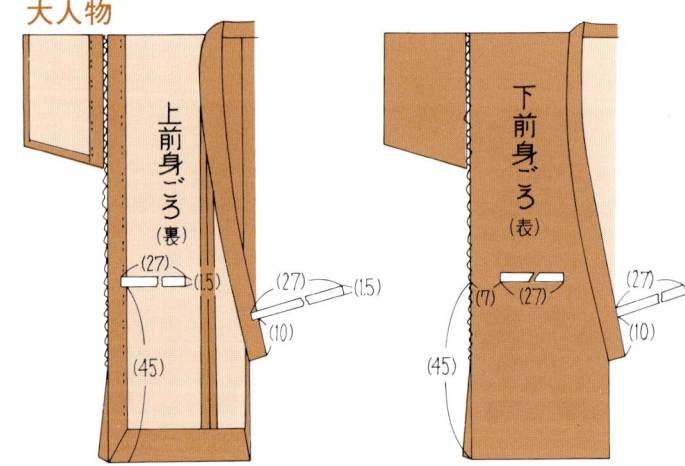

子供物

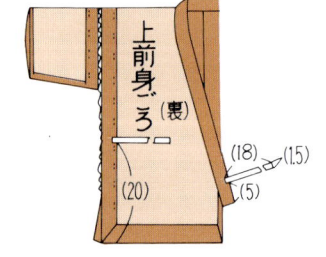

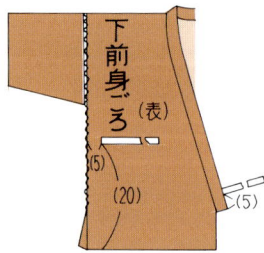

子供ものの仕立て方

四つ身ゆかた
…7～8才用女児・6～6才用男児

ウールのアンサンブル
…9～10才用女児

半じゅばんとすそよけ
…9～10才用女児

一つ身ゆかた
…0～3才

赤ちゃんの産着

四つ身ゆかた 7〜8才用女児

別おくみ裁ち長そで

一般に四つ身裁ちと言えば、前身ご
ろとおくみを一幅で裁ちますが、この
場合は大人物の裁ち方に近いものでお
くみを別にとり、前身ごろからえりを
裁ちます。子供が大きくなり、つまみ
おくみ裁ちでは身幅がせまいという場
合は、この裁ち方をします。

材料としては、丈夫で子どもらしく
明るい感じのものを選びます。染・地
質とも堅牢で洗濯に耐えられるもの、
また、吸湿性、通風性に富むものを選
びましょう。

出来上り図と各部の名称

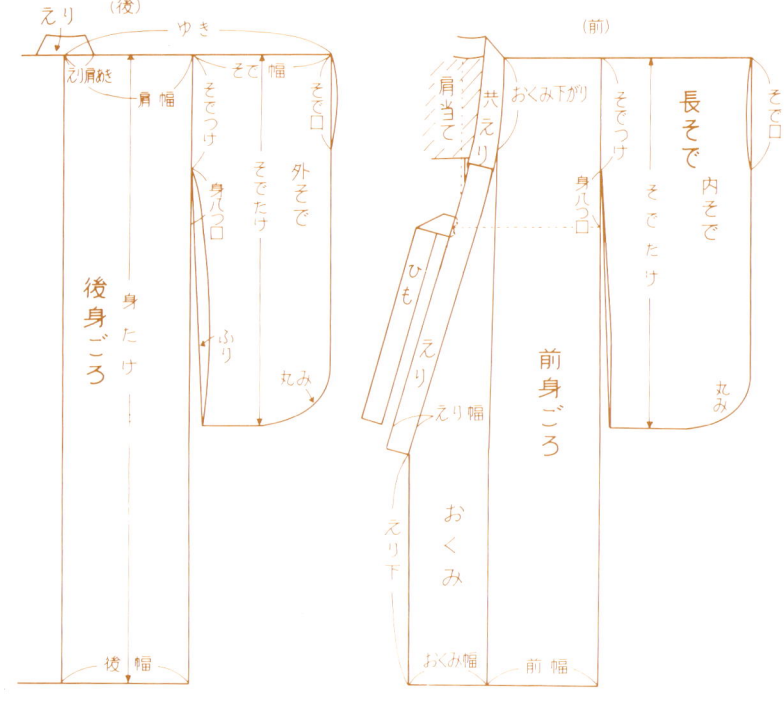

〈そでのいろいろ〉

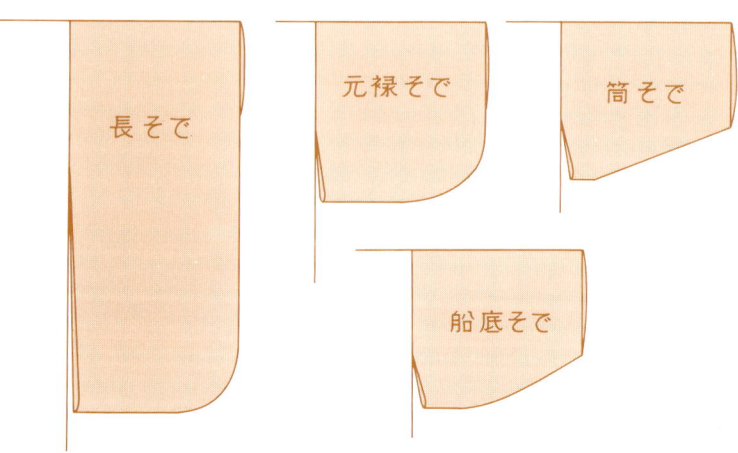

●出来上り標準寸法　(cm)

名　　称		7〜8才	9〜10才
そでたけ	長そで	65	75
	元禄そで	35	38
	筒そで	30	30
そで口	長そで	17	18
	元禄そで	17	18
	筒そで	20	20
丸み元禄		12	13
そでつけ		20	20
そで幅		30	30〜32
身たけ		122〜126	135
えり肩あき		6.5	7
身八つ口		11	12
後幅		25	26
前幅		20	20
おくみ下がり		15	16
おくみ幅		14	15
合づま幅		13.5	14.5
えり下		35〜40	45〜55
えり幅		4	5
ひも	たけ	76内外	76内外
	幅	4	4
	位置	肩より31	肩より31〜32
着たけ		95	105
ゆき		48	55
肩あげ山位置		肩幅の$\frac{1}{2}$	肩幅の$\frac{1}{2}$
腰あげ山位置		着たけの$\frac{3}{5}$	着たけの$\frac{3}{5}$

★用意するもの★

表布　プリント花柄などのリップルゆかた地。綿縮、綿絣など、並幅9m内外。
肩当て・居敷当て布　さらし木綿で並幅90cm。
えり足し布　新モスまたはさらし木綿で6cm幅、たけはえりたけと同寸。
その他　クロバー袖・裾丸み形、カタン糸20番、クロバー金耳針三ノ三、三ノ四。

見積り方

裁ち切りそでたけ(68cm)＝上がりそでたけ(65cm)＋そで下縫いしろ(2～3cm)

裁ち切り身たけ(128cm)＝上がり身たけ(126cm)＋すそくけしろ(2cm)

裁ち切りえりたけ(206cm)＝｜上がり身たけ(126cm)－えり下(35cm)＋えり肩あきとゆるみ(7cm)＋えり先縫いしろ(4～5cm)｜×2

裁ち切り共えりたけ(62cm)＝｜えり肩あきとゆるみ(7cm)＋おくみ下がり(15cm)＋5～6cm＋共えり先縫いしろ(1.5cm)｜×2

裁ち切りおくみたけ(115cm)＝裁ち切り身たけ(128cm)－裁ち切りおくみ下がり(13cm)

裁ち方

〈長そでの裁ち方〉 並幅 8 m99cm

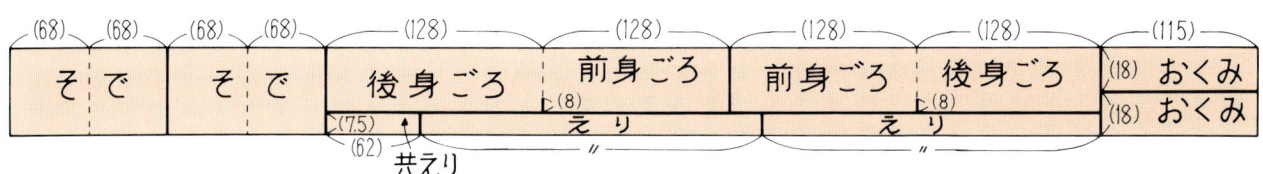

〈元禄そでの裁ち方〉 並幅 7 m75cm

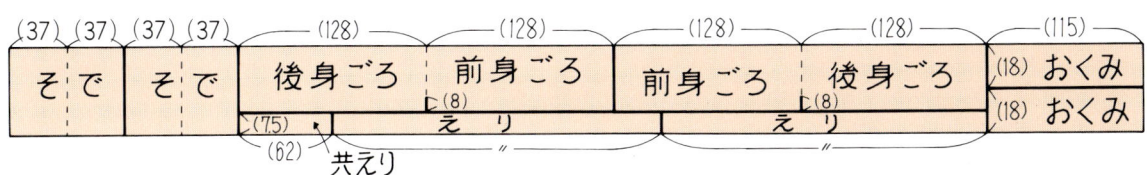

〈布のたたみ方〉

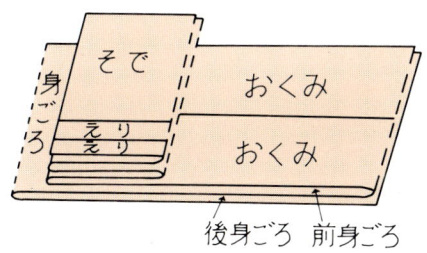

〈肩当て、居敷当ての裁ち方〉
並幅90cm

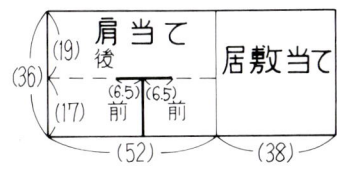

しるしつけ

〈そでのしるしつけ〉

● 順序

① 山じるし

② そでたけ＋きせ分(0.2cm)＝
　　65.2cm

③ そで口＝17cm

④ そでつけ＝20cm

⑤ そで口くけしろ＝0.8cm

⑥ そで口下奥縫いしろ＝0.8cm

⑦ そで幅＋きせ分(0.2cm)＝30.2cm

⑧ 丸み＝8cm

⑨ そで下袋縫いの中縫い＝0.3cm

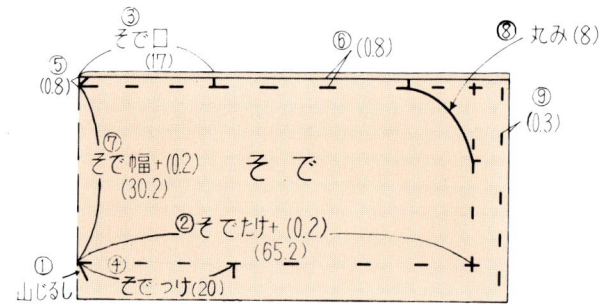

〈身ごろのしるしつけ〉

(1)後身ごろ

裁ち目が背縫い側になるように手前に布をおきます。

● 順序

① 山じるし

② 背縫いしろ＝1.5cm

③ すそくけしろ＝2cm

④ そでつけ＝20cm

⑤ 身八つ口＝11cm

⑥ 裁ち切りえり肩あき8cmを切
　　り離します。

⑦⑧⑨ 肩幅＋きせ分(0.4cm)＝25.4cm

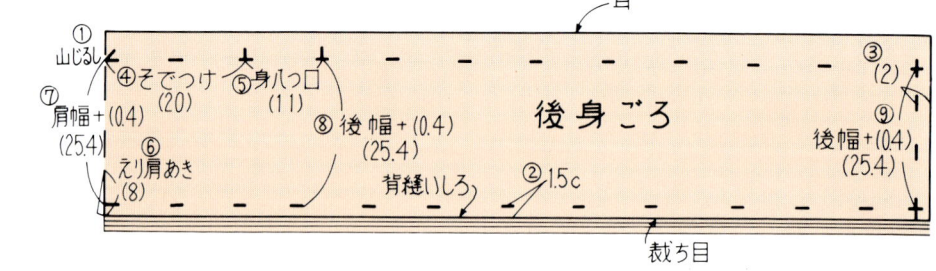

(2)前身ごろ

後身ごろを開いてしるしをつけ直します。

● 順序

① 前幅＋きせ分(0.4cm)＝20.4cm

② えりつけしろ＝1cm

③ えり肩あきより0.3cm上へしるします。

④ えり肩あき－0.5cm(7.5cm)と③を結
　　び、おくみ下がりとします。

⑤ おくみたけを計ります。

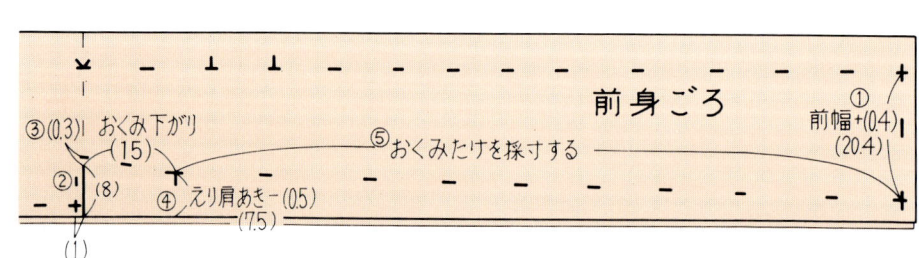

〈おくみのしるしつけ〉

●順序

①すそくけしろ＝2cm

②えり下＝35cm

③えり下くけしろ＝1.5cm

④おくみたけ＝前身ごろで採寸したおくみたけをすそからとります。

⑤おくみ幅＋きせ分（0.2cm）＝14.2cm

⑥合づま幅＋きせ分（0.2cm）＝13.7cm

⑦おくみつけ＝おくみ幅と合づま幅を結び、おくみたけまで延長します。

⑧剣先きせ分＝0.3cm

⑨えりつけ＝剣先からえり下までを結び、えりつけ寸法とし、計っておきます。

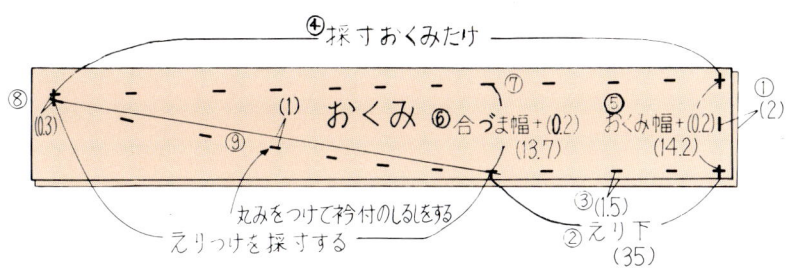

〈えりのしるしつけ〉

えりつけのしるしに入る前にえり幅をはぎ合わせます。0.8cmの縫いしろで耳の方をはぎしろにします。0.2cmのきせをかけ裏えり側に折り、かくししつけをし、えりのしるしつけをします。

●順序

①山じるし

②えり肩あき＋ゆるみ（0.6cm）＝7.1cm

③おくみ下がり＝16cm

④おくみで計ったえりつけ寸法をとります。

⑤えりつけ縫いしろ＝1cm

⑥⑦えり幅×2＋きせ分（0.1cm）＝8.1cm

①えりを接ぎ合わせます。

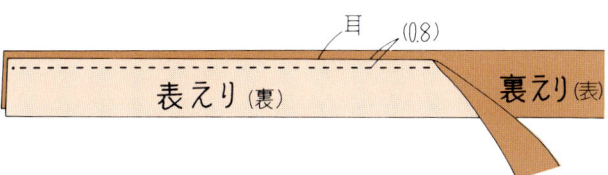

②縫いしろをかくしじつけでおさえます。

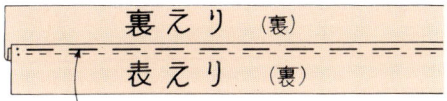

縫いしろを（0.2）のきせで裏えり側に折り
かくしじつけでおさえる

③しるしつけ

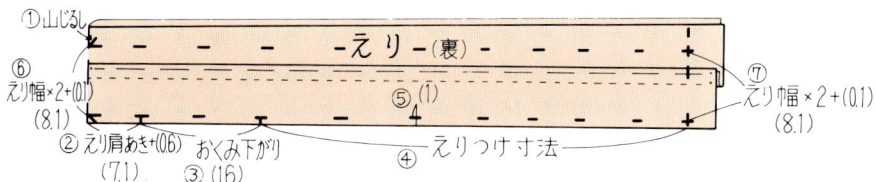

縫い方

〈そでの縫い方〉

①そで下の袋縫いをします。最初の中縫いは裁ち目から0.3cm内側を縫います。そで布の表を出してそで口側は、丸み寸法に2cm加えた寸法、そでつけ側はくけしろの1.5倍の寸法を縫い残します。

②そで口下から丸みを通り、そで下を縫います。そで下の中縫いは毛抜き合わせにして裏にかえし、しるしどおりに縫います。（婦人のゆかた60頁参照）

③丸みの始末、丸みにそって、0.6cm、0.4cmの間かくで4本針目をそろえて、左右から縫い5～6cm糸を引き糸として残して切ります。

・引き糸を左右でしめながら、丸み形をはさんで、形を整え、縫いしめます。ひだ山を返し針でとめます。

④そで口をくけます。（婦人のゆかた62頁参照）

①そで下の袋縫い

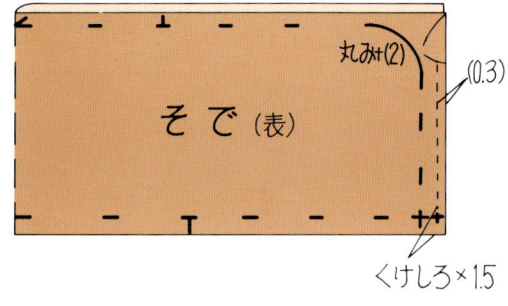

くけしろ×1.5

②そで下からそで口まで縫います。

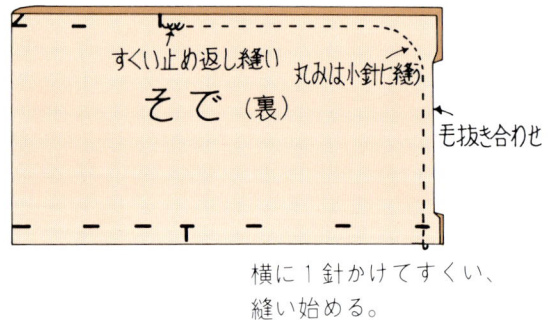

横に1針かけてすくい、縫い始める。

③丸みの縫い方

丸みにそって左右、交互に引き糸をつけて針目をそろえて縫う

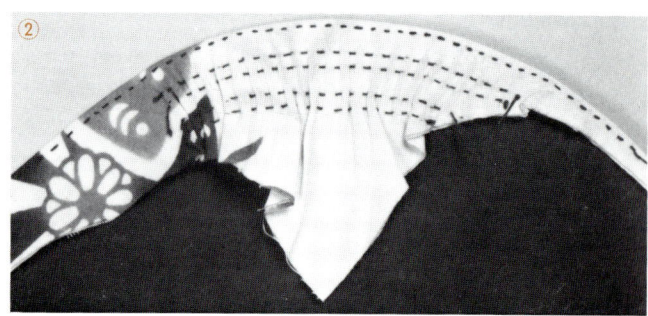

丸み形を丸みにそえ、左右の引き糸をしめて丸みの形を整える

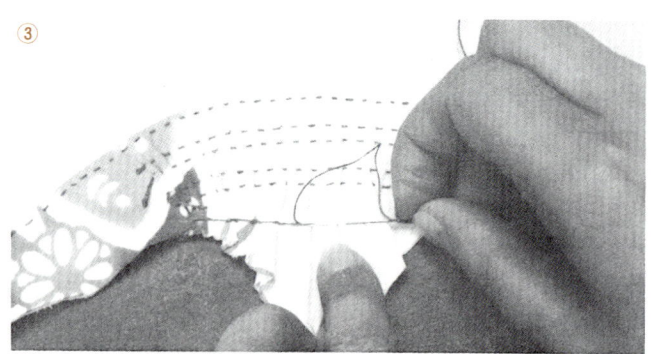

ひだ山を返し針で止める

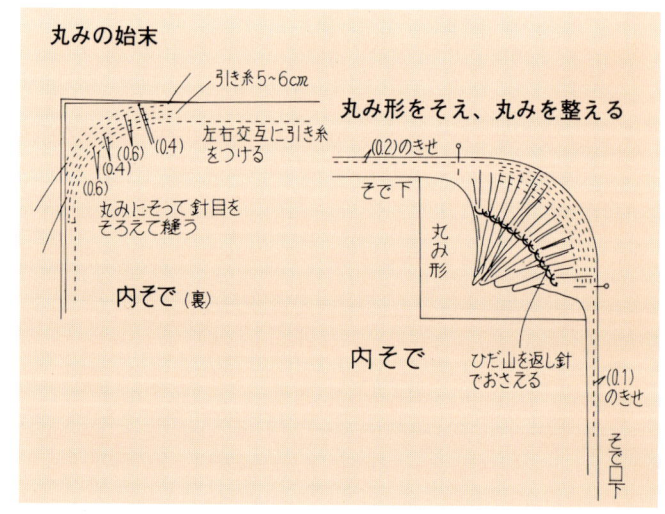

〈身ごろの縫い方〉

①背縫いを袋縫いします。中縫いはそで下と同様に表をみな
　がら、布端から0.3cm内側を、肩当て、居敷当て、すそから
　2.5cmの位置を除いて縫います。

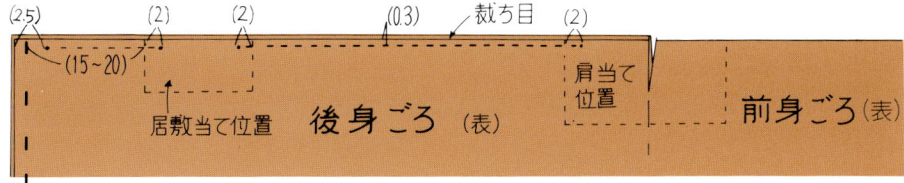

②裏にかえしてしるしどおりに縫います。縫いしろは、0.2cm
　のきせをかけ、左身ごろに折ります。

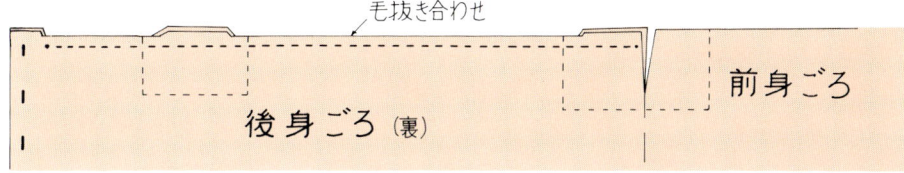

〈肩当て、居敷当てのつけ方〉

肩当て、居敷当てをつけます。肩当て布の後中心を背縫いにとじ
つけます。居敷当てのすそ側は1cmの伏せ縫いをし、位置につけ、
上部両角は三角に折って身ごろにくけつけます。両端は耳ぐけを
します。

(1)肩当て、居敷当てのつけ方

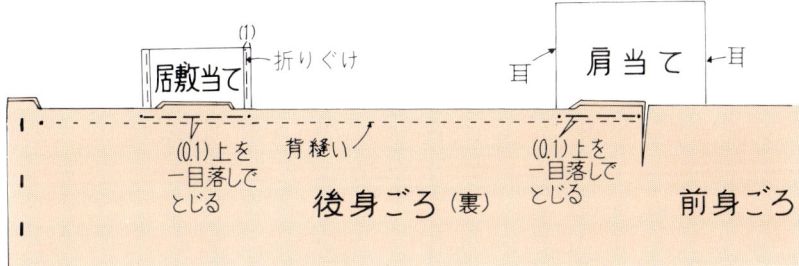

(2)肩当て、居敷当ての始末

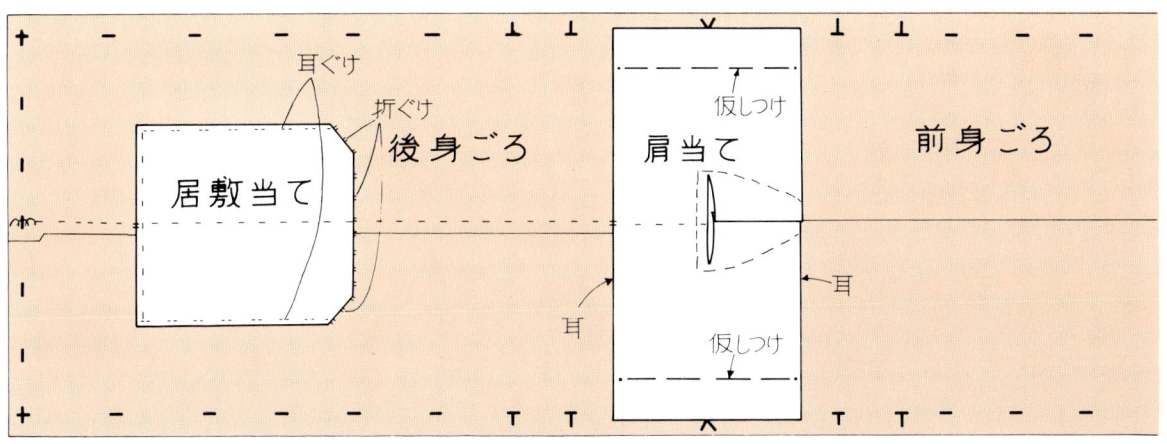

〈わきの縫い方〉

(1)縫い方

※婦人のゆかた66頁参照。

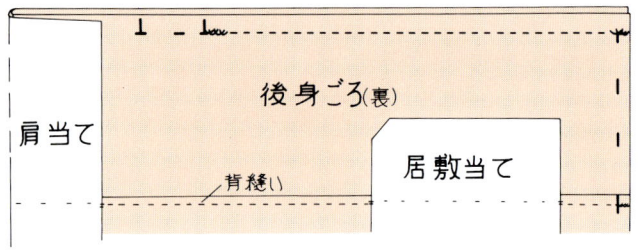

(2)わきの始末

0.2cmのきせをかけて前身ごろに折ります。そでつけの縫いしろを折り出し、斜めに整えて布端を耳ぐけします。

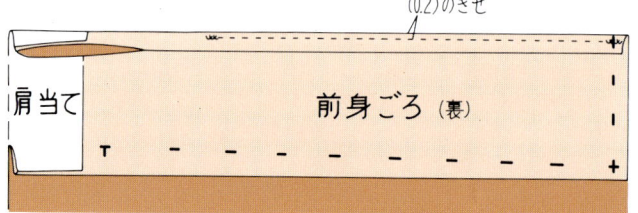

〈おくみのつけ方〉

※婦人のゆかた67頁参照。

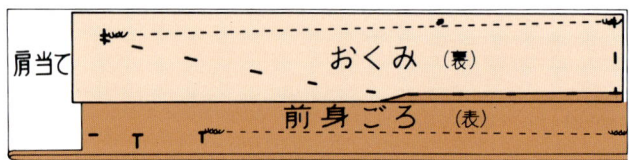

※すそのくけ方　（68頁参照）。
※えりのつけ方　（70頁参照）。
※共えりのつけ方（70頁参照）。
※そでのつけ方　（74頁参照）。

〈ひもの縫い方〉

①ひもを作ります。0.8cmの縫いしろで、片方の端を残して縫います。

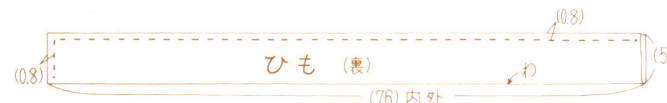

②縫いしろは0.2cmのきせをかけて表にかえします。

③毛抜き合わせにし、縫い糸1本取りで両面かざりしつけをします。

〈ひものつけ方〉

図のように身八つ口止りまっすぐの高さで、左右のえりつけの裏側にひもをつけます。女児は縫い目を上向き、男児は下向きにしてつけます。

①えりつけより0.1cm内側を半返し縫いします。
②折りかえしてひもの上、下をくけます。

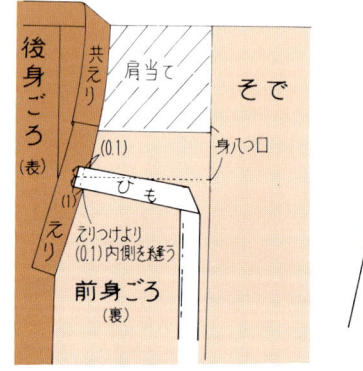
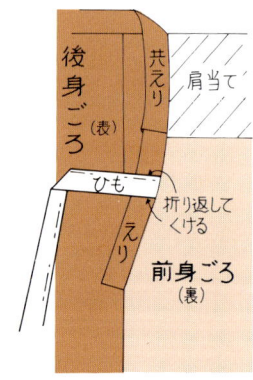

〈肩あげ寸法の出し方と縫い方〉

①出来上ったきもののゆきたけを計ります。子どもの着ゆき(背中心から手首までの寸法)を計ります。

②出来上りゆきたけから、子どもの着ゆきを引いた残りがあげしろになります。あげしろの$\frac{1}{2}$をあげの深さとします。

③肩あげの縫い方、縫い糸2本どりで、図のように縫います。縫い始めと縫い終りは返し針をし、二目落して縫い、肩山では三目落しにします。前身ごろは、そでつけ止り1cm上の位置であげしろを1cm浅く、1cm脇に寄せて縫います。

後身ごろでは、そでつけ止りより1cm上の位置で縫い止りますが、最後の1針を0.5cm浅くします。

〈腰あげ寸法、あげ山位置の決め方〉

①出来上り身たけから着たけ(首のつけ根から足のくるぶしまで)を引いた残りをあげしろとします。
肩山から計って着たけの$\frac{1}{3}$を腰あげ山位置とします。

②腰あげの縫い方

・肩あげと同様に縫い糸は2本どりで二目落して縫います。

・上前では、あげしろがえり線から出ないようまっすぐそろえます。下前ではえり幅の$\frac{1}{2}$ずらします。

・あげしろの幅のゆるみ分は、おくみでひだをとって整えます。

・背縫い、脇縫い、おくみつけのきせ山では、針目を小さく出し、返し針で縫います。

・縫い始め、縫い終りのえり端では糸を横に1針かけてすくい止めでしっかりと止めます。

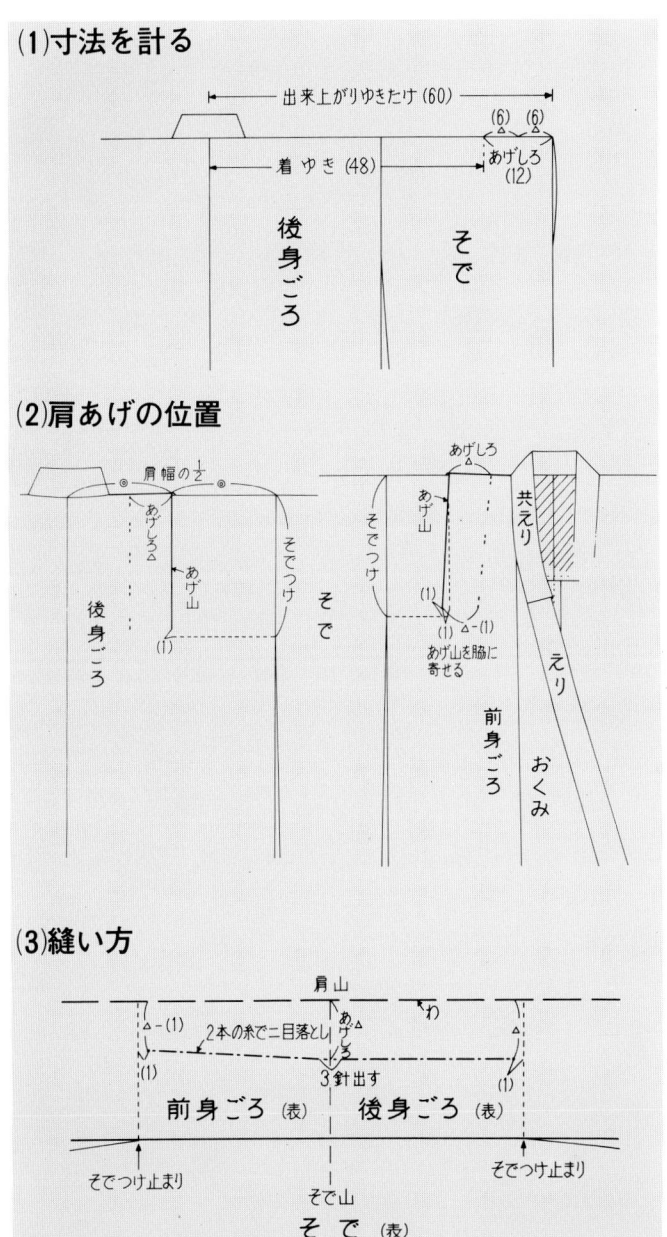

(1)寸法を計る

(2)肩あげの位置

(3)縫い方

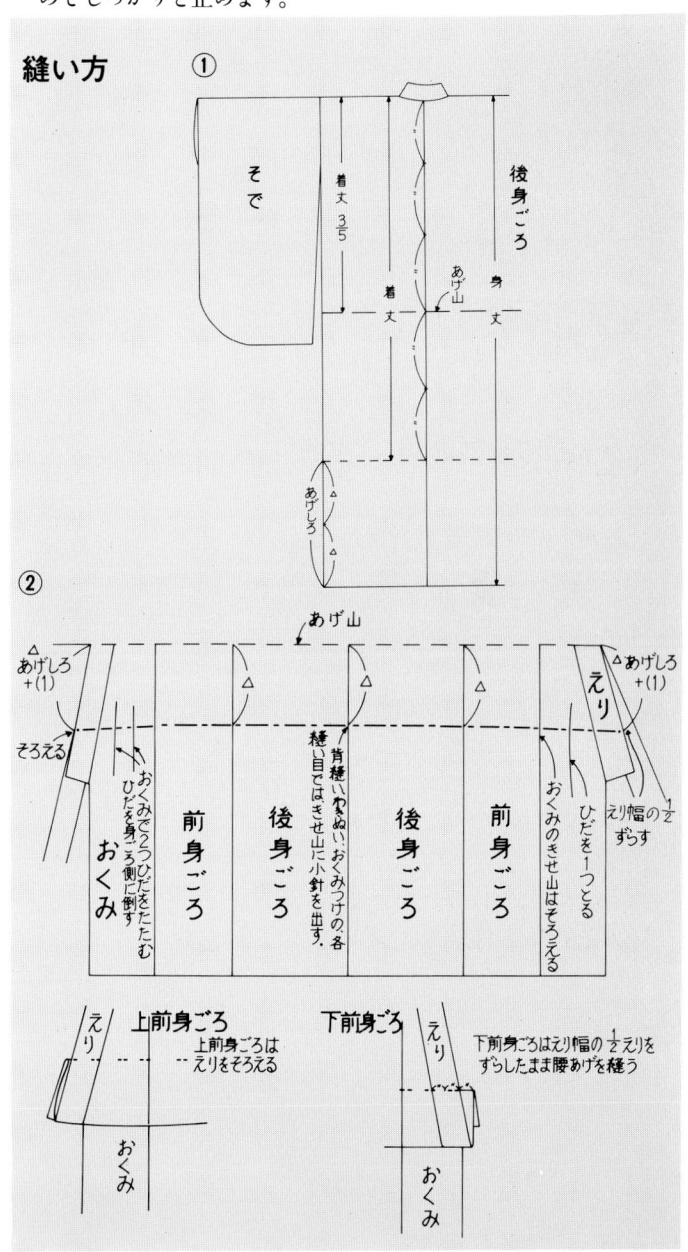

縫い方

四つ身ゆかた 5〜6才用男児

つまみおくみ裁ち筒そで

最も一般的な四つ身裁ちです。前身ごろとおくみを一幅でとり、つまみますので、つまみおくみ裁ちともいい、並幅半反で裁つことが出来ます。そでは、男の子らしく、筒そでに仕立ます。仕立上で、女児ゆかたと異なる点は、ひもつけの時ひもの縫い目を下むきにしてつけることです。

● 出来上り標準寸法（5〜6才）

(cm)

名 称		寸 法
筒そで	そでたけ	27
	そで口	18
そ で つ け		18
そ で 幅		27
身 た け		108
え り 肩 あ き		5.5
身 八 つ 口		10
後 幅		23
前 幅		いっぱい
お く み 下 が り		14
お く み 幅		いっぱい
合 づ ま 幅		おくみ幅−0.5
え り 下		33〜35
え り 幅		3.5
ひも	た け	76内外
	幅	4
	位 置	肩より30
着 た け		85
ゆ き		42
位置	肩あげ山	肩幅の$\frac{1}{2}$
	腰あげ山	着丈の$\frac{3}{5}$

★用意するもの★

表布 鳥や動物模様などのプリントリップルゆかた地、綿絣、綿縮など、並幅半反5m60cm内外 **肩当て・居敷当て布** さらし木綿で並幅1m15cm。**その他** カタン糸20番、クロバー金耳針三ノ三、三ノ四。

出来上り図と 各部の名称

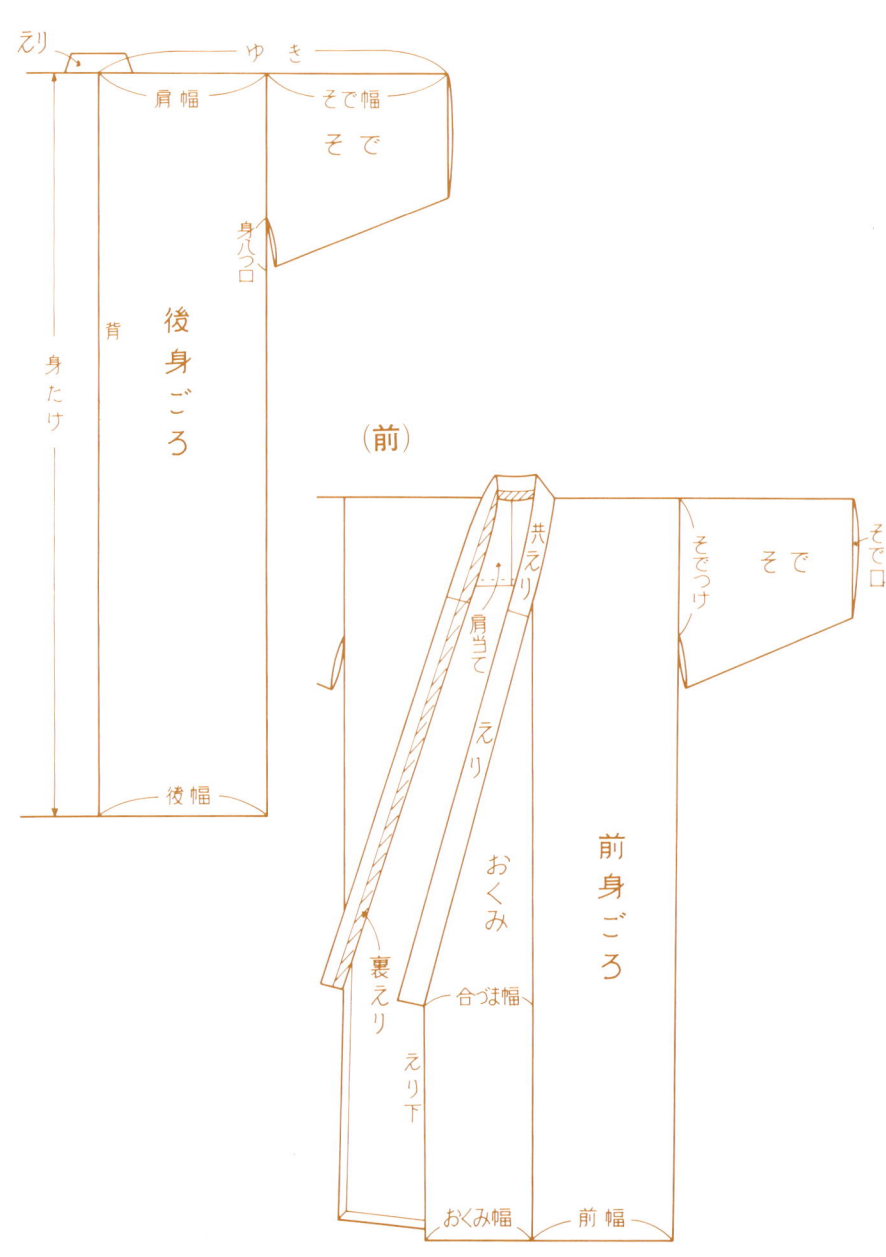

見積り方

裁ち切りそでたけ(30cm)＝上がりそでたけ(27cm)＋縫いしろ(3
cm)

裁ち切り身たけ(110cm)＝上がり身たけ(108cm)＋すそくけしろ
(2cm)

裁ち切りえりたけ(167cm)＝｛上がり身たけ(108cm)－えり下(35
cm)＋えり肩あきとゆるみ(6cm)＋えり先縫いしろ(4～5cm)｝
×2

裁ち切り共えりたけ(53cm)＝｛えり肩あきとゆるみ(6cm)＋おく
み下がり(14cm)＋5～6cm＋共えり先縫いしろ(1.5cm)｝×2

裁ち方

並幅 5 m60cm

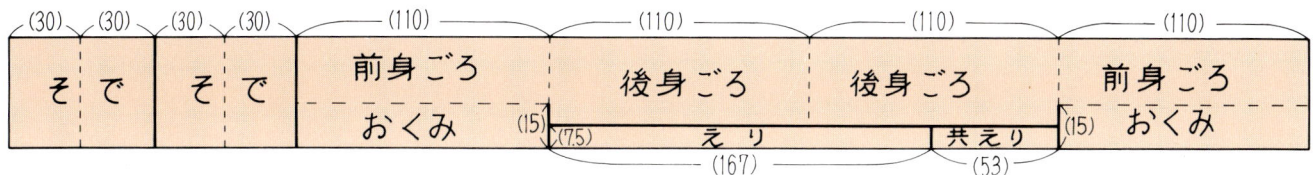

〈肩当て、居敷当ての裁ち方〉

並幅 1 m15cm

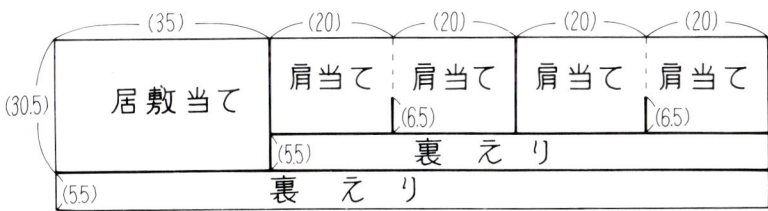

〈身ごろとえりの切り離し方〉

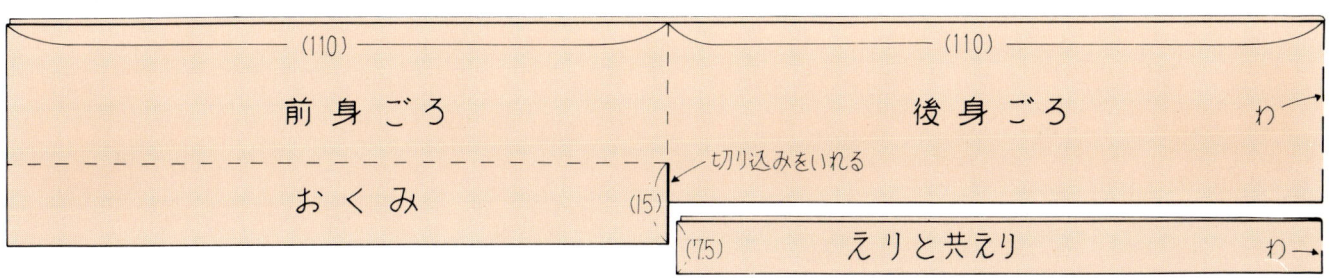

しるしつけ

〈そでのしるしつけ〉

　外そでを1cmずらせ、わを左に、裁ち目を上部、そで口側にして番号順にしるしをします。

●順序

①山じるし

②そで口＋きせ分(0.2cm)＝18.2cm

③そで口くけしろ＝0.8cm

④そで幅＋きせ分(0.2cm)＝27.2cm

⑤そでたけ＋(0.2cm)＝27.2cm

⑥そでつけ＝18cm

⑦そでたけしるしとそで口止りを結びます。

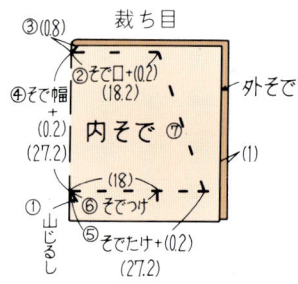

〈身ごろのしるしつけ〉

(1)後身ごろ

後身ごろを上にし、4枚を重ねて番号順にしるしをつけます。

●順序

①山じるし

②すそくけしろ＝2cm

③背縫いしろ＝2cm

④そでつけ＝18cm

⑤身八つ口＝10cm

⑥裁ち切りえり肩あき＝7.5cm

⑦後幅＋きせ分(0.4cm)＝23.4cm

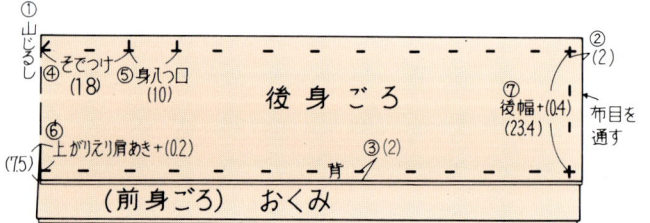

(2)前身ごろ

●順序

①後身ごろを左に開いて前身ごろを出し、そでつけ、身八つ口、わき、すそのしるしをうつします。

②すそくけしろ＝2cm

③肩山よりおくみ下がりをとります＝14cm

④おくみ下がりより0.5cm下に剣先のしるしをします。

⑤剣先からすそまでまっすぐしるして前幅じるしにします。

⑥⑦おくみのつまみ縫いしろのしるしをします。おくみ下がりで3cm、すそで2cmとり、結びます。

⑧えり下寸法＝33cm〜35cm

⑨えり下くけしろ＝1.5cm

⑩剣先の0.3cmとったところとえり下を結びます。

⑪えりつけ、⑩の斜線の中心で1cmの丸みをつけて、おくみのえりつけしるしをします。

⑫えりつけ寸法を計ります。

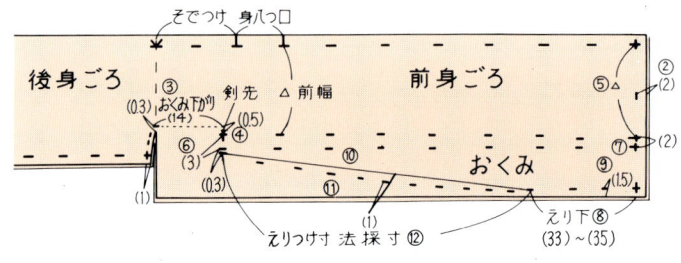

〈えりのしるしつけ〉

　肩当て、居敷当て布から裁ち落した裏えり布をえり布とはぎ合わせ、女児ゆかたと同様にしるしをつけます。

※7〜8才女児四つ身ゆかた149頁参照。

えりのはぎ合わせ

はぎしろをえり足し布側に折り、縫い目より0.3cm上をかくししつけでおさえる

上…表えりから見たえりはぎ合わせ

下…裏えりから見たえりはぎ合わせ

縫い方

〈そでの縫い方〉

①そで下を縫います。そで口くけしろを縫い残してそで下をしるしどおりに縫います。

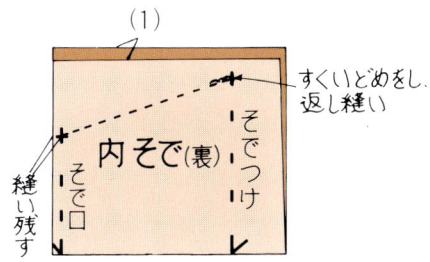

②そで下の始末0.2cmのきせをかけ、内そで側に折ります。

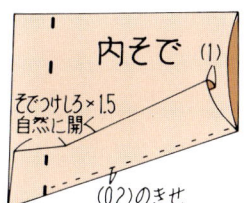

そで口縫いしろを残して、しるしどおりに縫う。

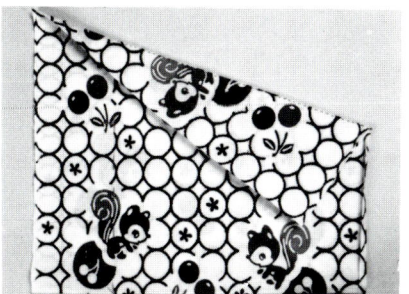

0.2cmのきせで内そで側に折る。そでつけの縫いしろはまっすぐに折り、余った分はそでつけ線上でタックを取る。

③そで口は三つ折りぐけします。

きせ山と縫い目を合わせる

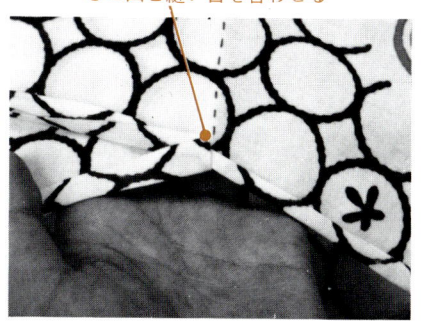

そで口の三つ折りぐけ。

〈身ごろの縫い方〉

背縫い、肩当て・居敷当てのつけ方は7～8才女児四つ身ゆかたに準じ、他は婦人のゆかたに準じます。

※えり下のくけ方（婦人のゆかた67頁参照）。
※すそのくけ方（68頁参照）。
※えりのつけ方（70頁参照）。
※そでのつけ方（74頁参照）。
※ひものつけ方、肩あげ・腰あげ（7～8才用女児四つ身ゆかた152頁参照）。

〈おくみの縫い方〉

おくみのつまみ縫い

前身ごろとおくみのつまみしろを中表に合わせ、しるしどおりに縫います。

縫いしろは0.2cmのきせをかけ、おくみ側に折ります。

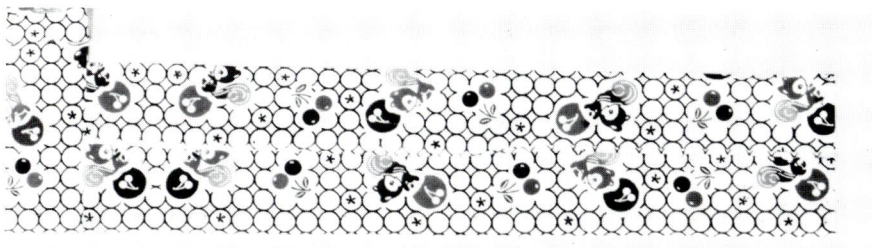

つまみしろを中表にして待ち針を打ち、しるしどおりに縫う

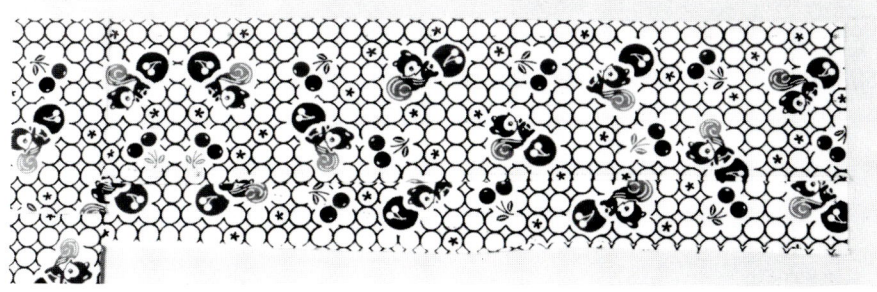

縫いしろは0.2cmのきせをかけておくみ側に折る

剣先しるしまで縫い、斜めに縫いもどる。

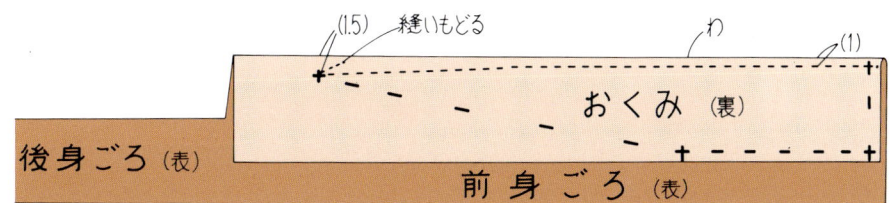

ウールのアンサンブル　9〜10才用女児

1反できものと羽織を裁ち合わせたウールアンサンブルは用尺を考慮し、そでは短かく元禄そでに仕立て、あげも少なくしました。仕立て方は婦人物ウールアンサンブルに準じ、わり縫いかミシン仕立にしすっきり整えましょう。

長着の出来上り図と各部の名称

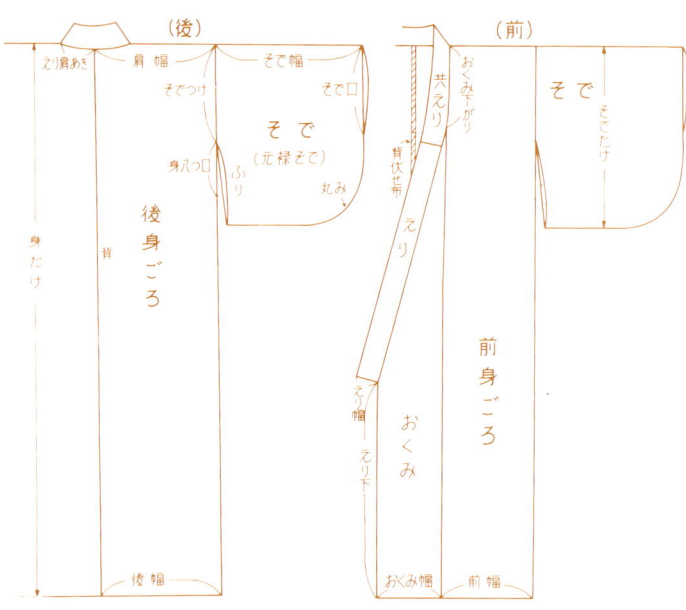

羽織の出来上り図と各部の名称

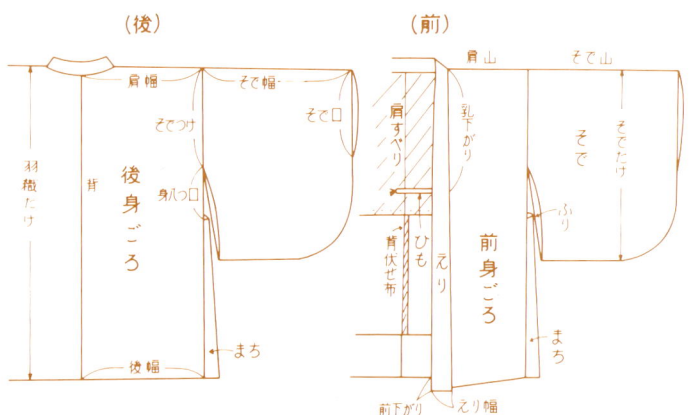

●出来上り標準寸法　(cm)

名　称		長　着 寸　法	羽　織 寸　法	寸法のきめ方
そでたけ	元禄そで	38	39	長着＋1
	筒そで	30	31	
袖口	元禄そで	18	18	長着と同寸
	筒そで	20	21	長着＋1
そでまるみ		13	13	長着と同寸
そでつけ		20	20.5	長着＋0.5
そで幅		30〜32	30〜32	長着と同寸
身たけ		125		
えり肩あき		6	6.5	長着＋0.5
身八つ口		12	10	長着－2
後ろ幅		26	26	長着と同寸
前幅		20〜21	いっぱい	
おくみ下がり		17	乳下がり	肩山から25内外
おくみ幅		14〜15	くりこし	0.5〜1
合づま幅		13.5〜14.5	まち　上	2
えり下		45〜55	ち　下	5〜6
えり幅		5	4.5〜5	
着たけ		105	63または90〜95	着たけの⅗又は着たけ－10〜15
ゆき		55	55	同寸
ひも	たけ	76内外	15	
	幅	4	1	
	位置		乳下がり (25)	
			前下がり (2)	

★用意するもの★

表布　ウール1反（長着、羽織分）。
肩当て・居敷当て　新モスまたはさらし木綿で並幅86cm。
肩すべり　洋服の裏地などのすべりのよいもので56cm幅58cm
背伏せ布　クロバーベンベルグせぶせ2巻。
つけひも及び裏えり布　さらし木綿または新モス22cm幅1m60cm。
その他　クロバー袖・裾丸み形、絹手ぬい糸、クロバー金耳針四ノ三、四ノ四、きぬくけ。

見積り方

長着

裁ち切りそでたけ(40cm)＝上がりそでたけ(38cm)＋そで下縫いしろ(2cm)

裁ち切り身たけ(127cm)＝上がり身たけ(125cm)＋すそくけしろ(2cm)

裁ち切りえりたけ(188cm)＝｛上がり身たけ(125cm)－えり下(45cm)＋えり肩あきとゆるみ(8cm)＋えり先縫いしろ(4cm)～(6cm)｝×2

裁ち切り共えりたけ(63cm)＝｛えり肩あきとゆるみ(8cm)＋おくみ下がり(17cm)＋5cm～6cm＋共えり先縫いしろ(1.5cm)｝×2

羽織

裁ち切りそでたけ(41cm)＝上がりそでたけ(39cm)＋そで下縫いしろ(2cm)

裁ち切り身たけ(68cm)～(73cm)＝上がり羽織たけ(63cm)＋すそあげしろ(5cm)～(10cm)

裁ち切りえりたけ(150cm)＝｛上がり羽織たけ(63cm)＋えり肩あきとゆるみ(8cm)～(5cm)＋えり先縫いしろ(4cm)｝×2

裁ち切りまちたけ(44cm)＝裁ち切り身たけ－(そでつけ＋身八つ口)＋まち上くけ丈(1.5cm)

裁ち切りそで口布(42cm)＝｛そで口(17cm)＋4～5cm｝×2

裁ち方

並幅11m70cm

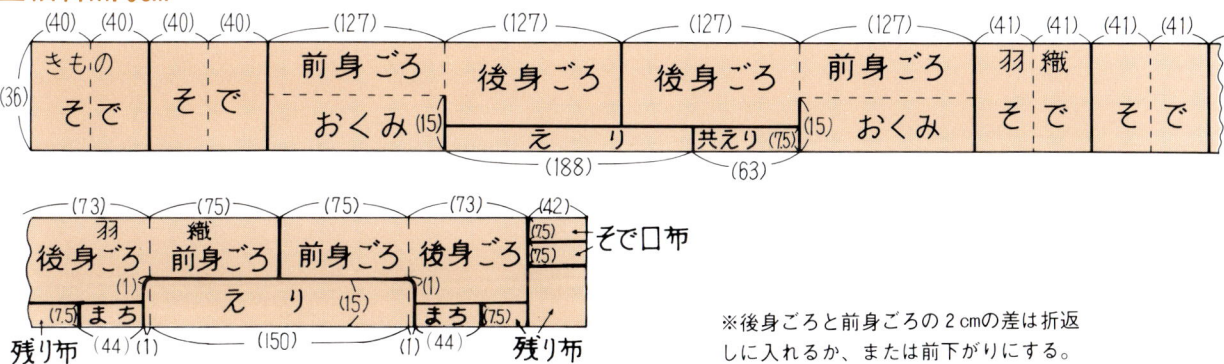

※後身ごろと前身ごろの2cmの差は折返しに入れるか、または前下がりにする。

〈肩すべりの裁ち方〉

56cm幅58cm

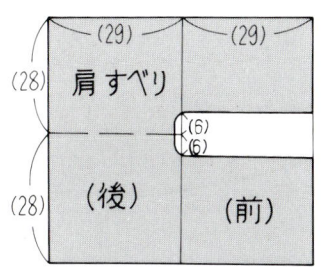

〈身ごろとえりの切り離し方〉

※5～6才用男児四つ身ゆかた155頁参照

長着のしるしつけ

〈そでのしるしつけ〉

●順序

①山じるし

②そでたけ＋きせ分（0.2cm）＝38.2cm

③そで口＝17cm

④そでつけ＝20cm

⑤そで口くけしろ＝0.8cm

⑥そで幅＋きせ分（0.2cm）＝32.2cm

⑦丸み＝6cm

⑧そで下袋縫いの中縫い

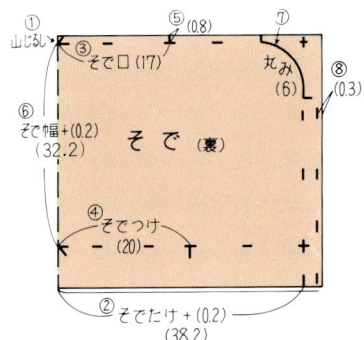

〈身ごろのしるしつけ〉

(1)後身ごろ

●順序

①山じるし

②すそくけしろ＝2cm

③そでつけ＝20cm

④身八つ口＝12cm

⑤わき縫いしろ＝1.5cm

⑥背縫いしろ＝1.5cm

⑦裁ち切りえり肩あき8cmに切り込みを入れます。

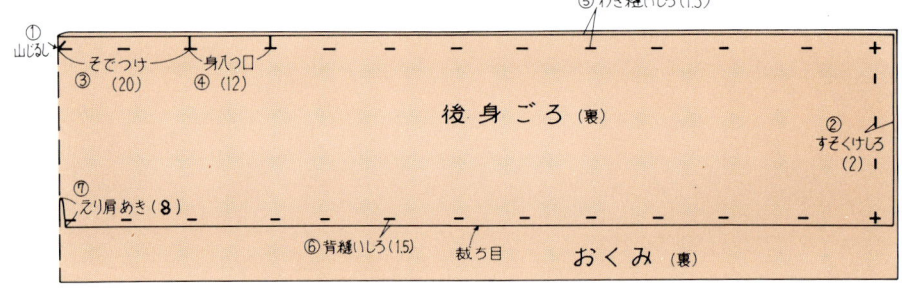

(2)前身ごろ

●順序

①後身ごろを左に開いて前身ごろを出し、そでつけ、身八つ口、わき、すそのしるしをうつします。

②肩山よりおくみ下がり17cmをとり、そこから0.5cm下に剣先のしるしをします。

③剣先からすそまでまっすぐしるしをして前幅じるしにします。

④⑤おくみのつまみ縫いしろのしるしをします。おくみ下が

りで3cm、すそで2cmとり、結びます。

⑥えり下寸法＝45cm

⑦えり下くけしろ＝1.5cm

⑧④から剣先0.3cmとったところとえり下を結びます。

⑨⑧の斜線の中心で1cmの自然なカーブをつけて、おくみのえりつけしるしをします。

⑩えりつけ寸法を計ります。

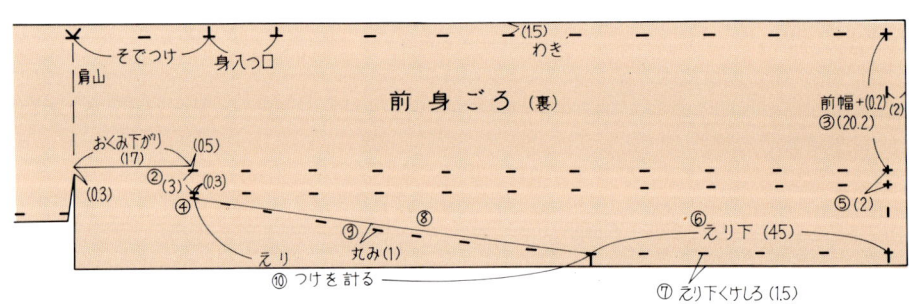

〈えりのしるしつけ〉

(1)えり (裏えりをはぎ合わせ、丈二つ折りにします)。
※表えりと裏えりのはぎ合わせ(女児四つ身ゆかた149頁参照)。
●順序
①山じるし
②えり肩あき+ゆるみ(0.4cm)=6.9cm
③おくみ下がり=17cm
④おくみで計ったえりつけ寸法
⑤えりつけ縫いしろ=1cm
⑥⑦(えり幅×2)+(0.1cm)=10.1cm

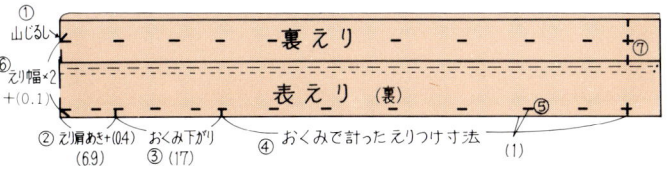

(2)共えり
●順序
①山じるし
②えりつけ縫いしろ=1cm
③共えり先縫いしろ=1.5cm

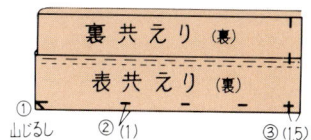

羽織のしるしつけ

〈そでのしるしつけ〉

外そでのそで下側を0.8cmずらして布を置きます。

(1)そで
●順序
①山じるし
②そでたけ+きせ分(0.2cm)=39.2cm
③そで口=18cm
④そで口くけしろ=0.8cm
⑤そで幅+きせ分(0.2cm)=32.2cm
⑥そでつけ=20.5cm
⑦丸み=13cm

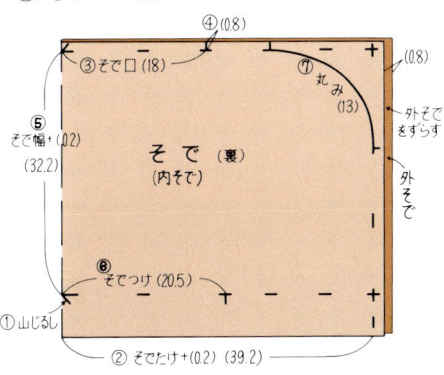

(2)そで口布
●順序
①山じるし
②そで口くけしろ=0.8cm
③そで口奥くけしろ=0.8cm
④表そで口-0.2cm=17.8cm
⑤端縫いしろ=1cm

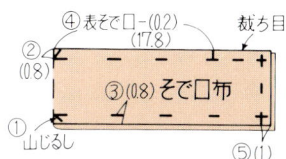

＜身ごろのしるしつけ＞

⑴後身ごろ

●順序

①山じるし

②背縫いしろ＝1cm

③着たけ＝63cm

④そでつけ＝20.5cm

⑤身八つ口＝10cm

⑥⑦⑧肩幅＋きせ分（0.4cm）＝26.4cm

⑨すそくけしろ＝1～2cm

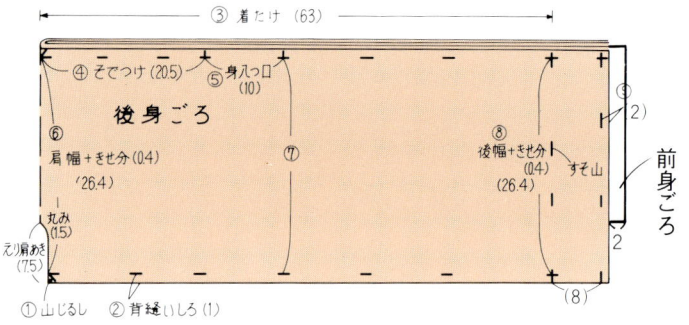

⑵前身ごろ

後身ごろを左に開いて前身ごろを出し、そでつけ、身八つ口、わき、すそのしるしをうつします。

●順序

①肩山より乳下がり25cmをとります。

②えりつけ縫いしろを背縫いで0.8cm

とります。

③えりぐりの丸みで0.4cmとります。

④乳下がりで0.8cmとります。

⑤すそ折り山で1.5cmをとります。

⑥すそ折り山より15cmの位置で0.8cm

をとります。

②～⑥を結び、えりつけ縫いしろとします。

⑦身八つ口とすそ山の間を計り、まちたけとします。

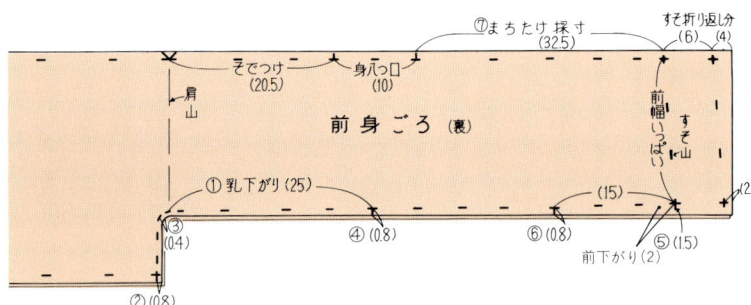

＜まちのしるしつけ＞

●順序

①上まちくけしろ＝1.5cm

②後まちつけ側に身ごろのまちたけから0.1cm引いてしるしします。

③布幅を3等分し、$\frac{1}{3}$の位置から上まち幅＋きせ分（0.4cm）の2等分を上下

にとります。

④布幅を2等分し、$\frac{1}{2}$の位置から下まち幅＋きせ分（0.4cm）の2等分を上下にとります。

⑤すそ折り返し分8cmをしるしします。

⑥すそ山から6cm上の位置で、まちつけしろを計ります。（図●印）

⑦⑥の位置でまち幅を計る（図△印）

⑧すそくけしろで⑥⑦で計った寸法をそれぞれしるしします。

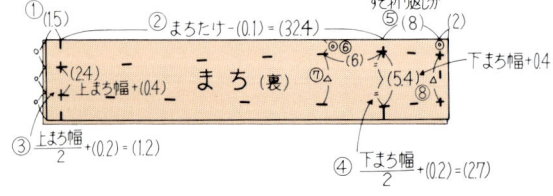

長着の仕立て方

〈身ごろの縫い方〉

※背縫い、背伏せ布のつけ方（婦人ウールのアンサンブル84頁参照）

〈そでのつけ方〉

そでと身ごろのそでつけ側を中表に合わせ、そでつけを割り縫い、またはミシンで縫い、縫いしろは割ります。

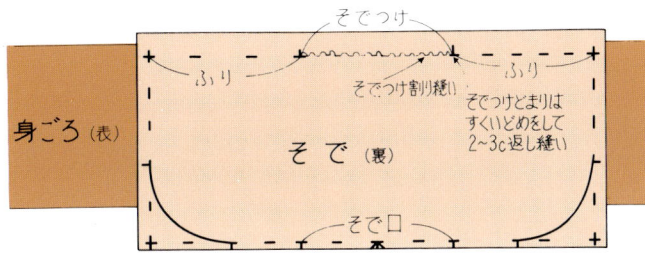

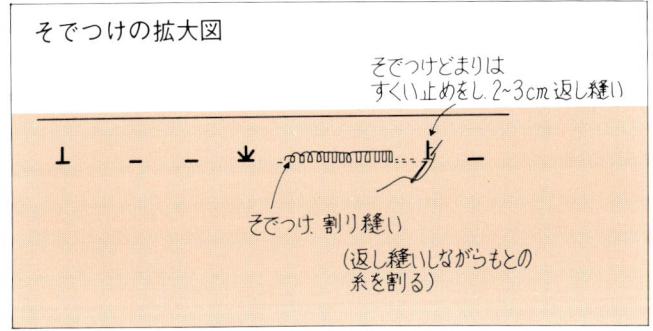

そでつけの拡大図

〈そでの縫い方〉

※婦人ウールのアンサンブル83頁参照。

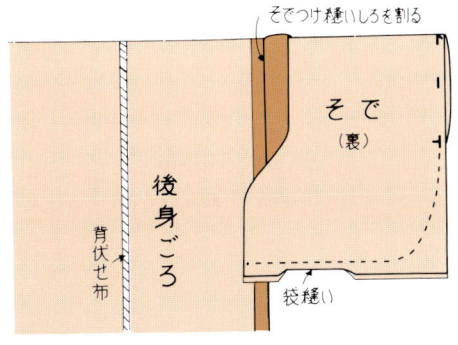

そで丸みの始末

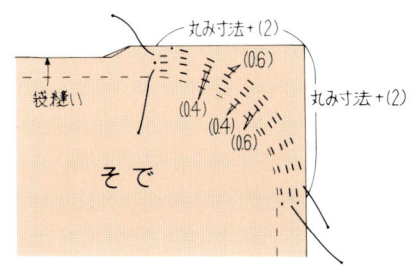

わき縫い 割り縫い、またはミシン縫いをします。
縫いしろの始末 縫い目を割り、縫いしろは折りぐけします。
おくみのつまみ縫い （5〜6才用男児四つ身ゆかた157頁参照）
えり下・すそ 三つ折りぐけします。
えりのつけ方 共えりを先につけるえりつけをします（婦人のゆかた70頁参照）。（そくづけという）
仕上げ （婦人のゆかた75頁参照）。

羽織の仕立て方

〈そでの縫い方〉

①そで口布の両端を三つ折りぐけします。

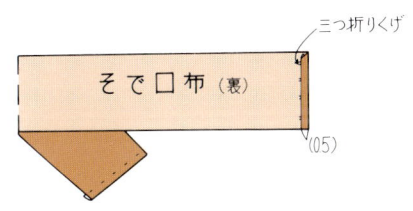

②そで口布とそでを中表に合わせ、そで口止りでしるしどおりに縫います。

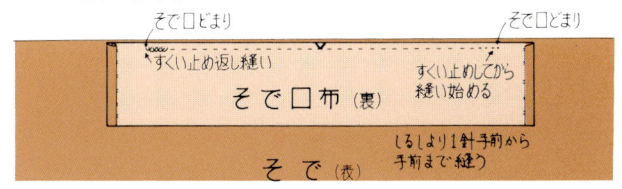

③0.2cmのきせをかけて表にかえし、毛抜き合わせにしてきせ山をそろえ、0.5cm内側をしつけでおさえます。

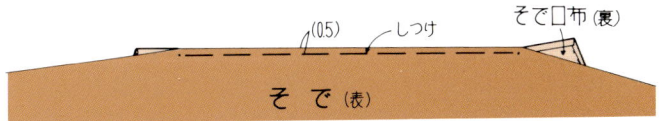

＜身ごろの縫い方＞

背縫い　背伏せ布は、肩すべり位置より２cm長く、すそ側はすそ折りかえし分より２cm内側になるように布を用意し、背縫いをします。

背伏せ布のつけ方（婦人ウールのアンサンブル84頁参照）。

肩すべりのつけ方　肩すべりの前後のすそは１cm幅の三つ折りぐけをします（婦人ウールのアンサンブル94頁参照）。

そでのつけ方　長着と同じ要領で割り縫いします。

まちのつけ方　まち布の上部は三つ折りぐけします（婦人ウールのアンサンブル94頁参照）。

まち縫いしろの始末　まちをつけ終え、縫いしろの始末をします（下図参照）。

そでの縫い方（婦人ウールのアンサンブル91 参照）。

すそのくけ方（婦人のゆかた68頁参照）。

＜肩すべりとふりの始末＞

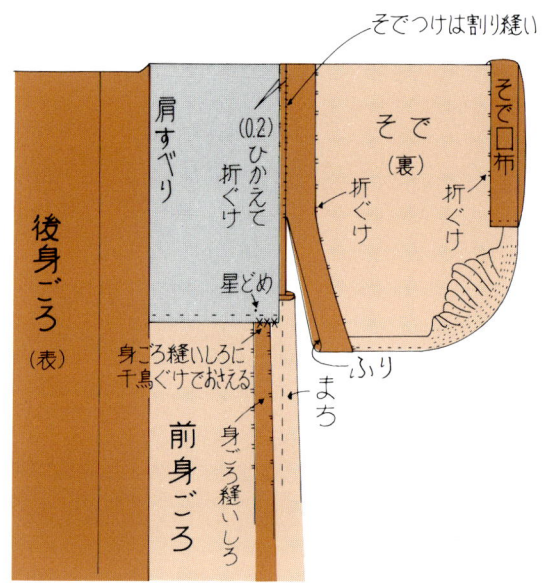

＜ひもの作り方＞

ひもを作り、乳下がり位置につけます。

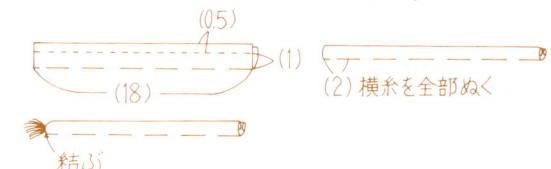

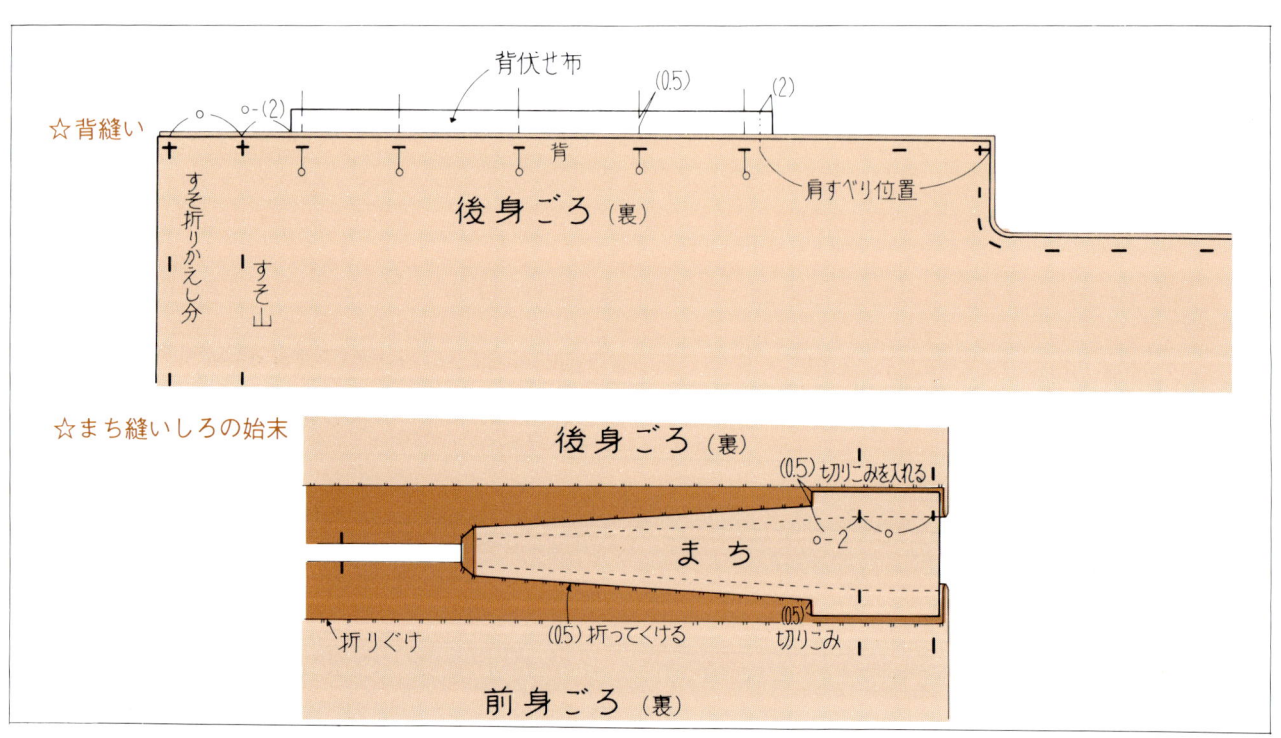

〈えりの折り方〉

①裁ち目をえりつけ側とし、0.5cm内側を一目落しでしつけをします。

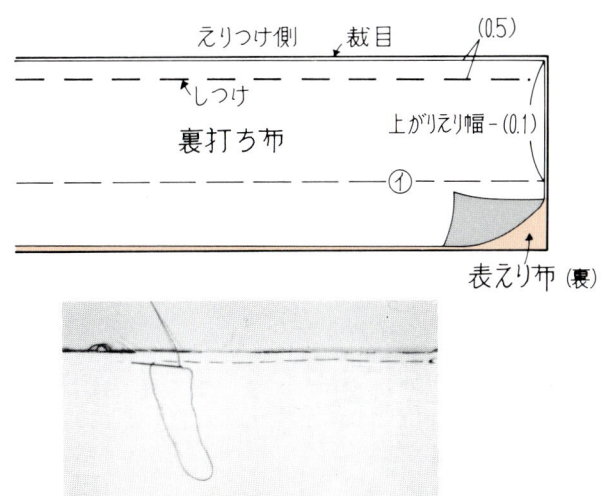

②裁ち目より1.2cm計り裏打ち布も一緒に内側に折ります。

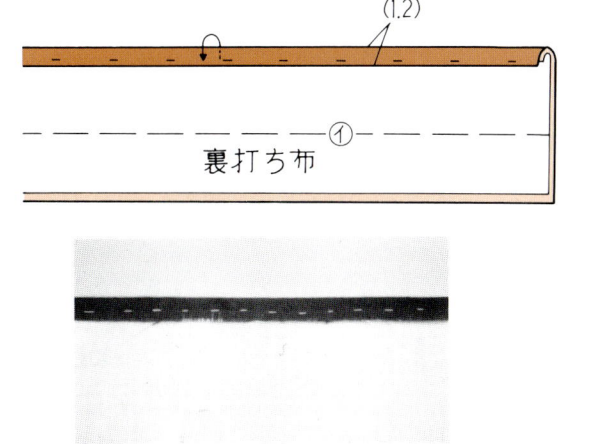

③裏打ち布を裁ち目からえり幅×2－1.2cm計り折ります。

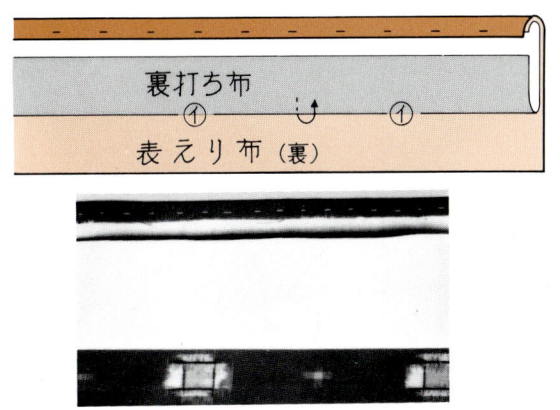

④さらに裏打ち布の折り山を裁ち目に突き合わせに折り上げます。

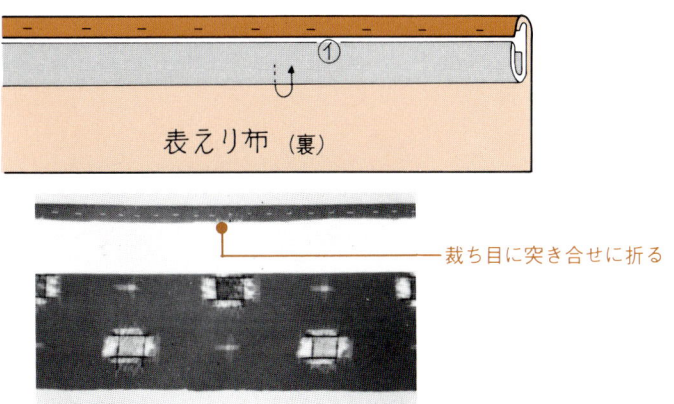

裁ち目に突き合せに折る

⑤表えり布をえりつけ側の折り山からえり幅×2－0.4cm計り裏へ折ります。

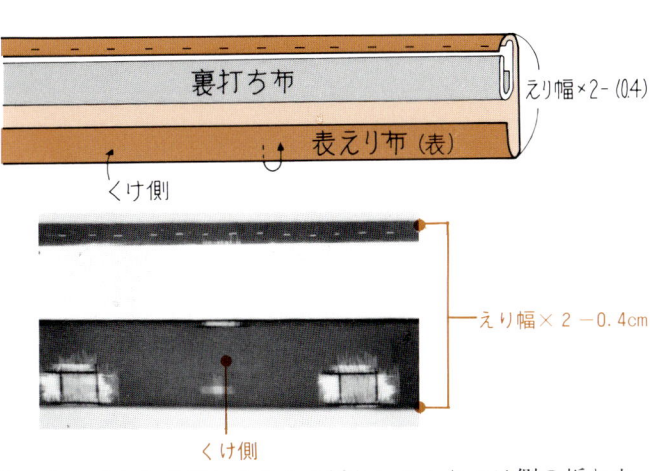

えり幅×2－0.4cm

くけ側

⑥さらに表えりの折り山を2つ折りしてえりつけ側の折り山より0.4cmひかえて折り上げて出来上ります。

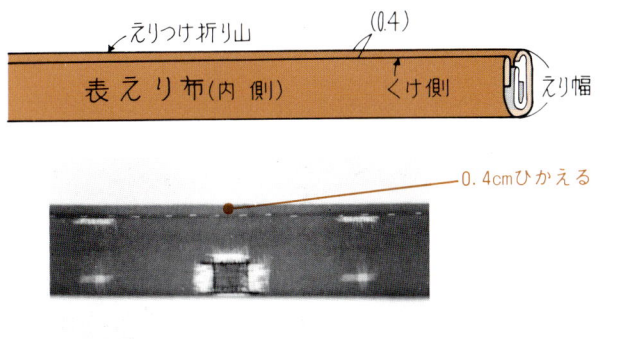

0.4cmひかえる

※えりのつけ方（婦人ウールのアンサンブル**98頁参照**）。
※えりのくけ方（**99頁参照**）。
※背中心位置のえり裏に千鳥ぐけをします（**99頁参照**）。
※えりのかざりしつけ（**99頁参照**）。

半じゅばんとすそよけ 9〜10才用女児

子供でもきものを着せる時は、やはりじゅばんを着せて半えりをのぞかせます。よそゆきのきものですと長じゅばんを着せますが、ウールなどには半じゅばんとすそよけで結構です。半じゅばんは胴をさらしにし、そでとすそよけを同生地にします。子供のものはすぐ汚してしまいますので、洗濯によく耐えて、色の美しい化繊がよいでしょう。市販されているものも沢山ありますが、子供ものは小さなものですし、わずかの生地で簡単に出来ますので、お母様がお作りになって手作りのものを着せてあげましょう。

出来上り図と各部の名称

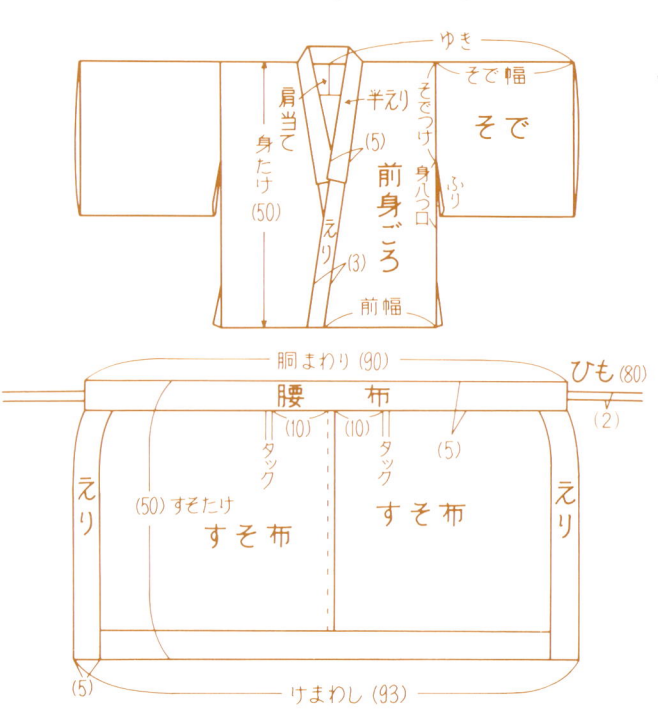

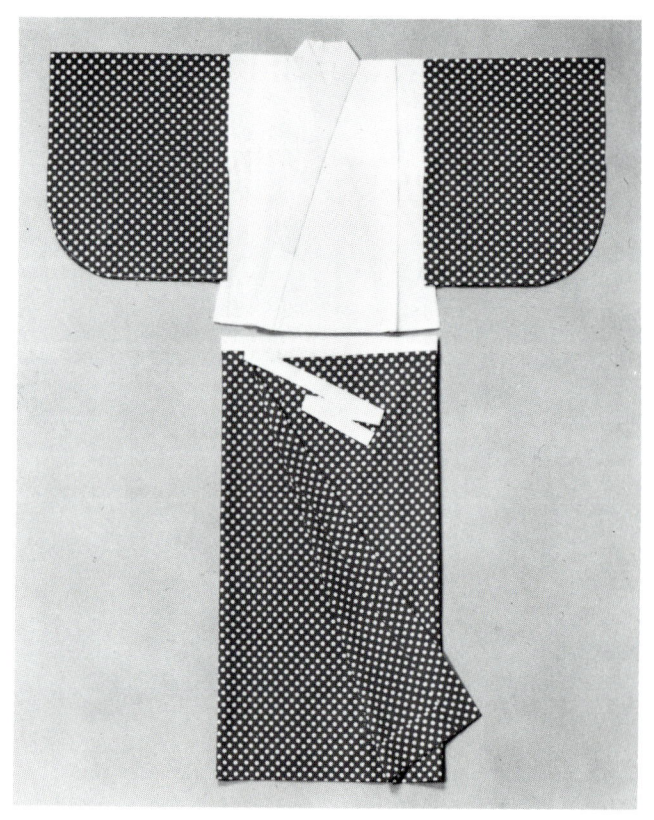

●半じゅばんの出来上り標準寸法

9〜10才 (cm)

名　　　称	寸　　　法
そ　で　た　け	（長着ー1）37
そ　で　つ　け	（長着ー1）19
そ　で　幅	（長着ー0.5）31.5
身　八　つ　口	（長着＋2）14
身　た　け	50
後　　　幅	いっぱい
前　　　幅	いっぱい
馬　の　り	7
え　り　肩　あ　き	（長着ー0.5）5.5
え　り　幅	3

●すそよけの出来上り標準寸法

(cm)

名　　　称	寸　　　法
す　そ　よ　け　た　け	50
胴　ま　わ　り	90
え　り　幅	5
け　ま　わ　し	93
ひ　も　た　け	80

★用意するもの★

半じゅばん　胴布　さらし木綿または新モス並幅2m38cm。
そで布　長じゅばん地、紋綸子、パレス、交織、モスリンなど並幅1m56cm。
半えり　1本。
すそよけ　そで布と同生地72cm幅1m4cm。
その他　カタン糸20番、クロバー金耳針三ノ三、三ノ四。

裁ち方

〈身ごろ〉 並幅 2 m38cm

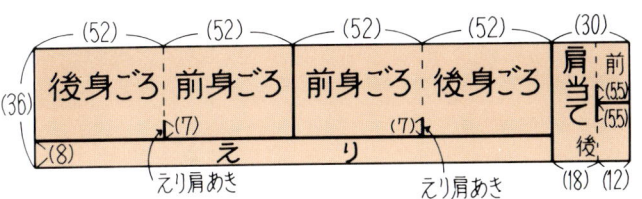

〈そで〉 並幅 1 m56cm

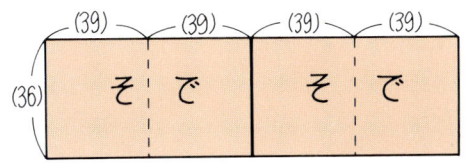

〈すそよけ〉 72cm幅 1 m 4 cm

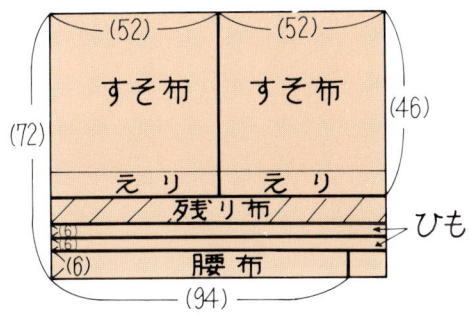

〈縫い方〉

婦人の半じゅばんとすそよけを参照します。

しるしつけ

〈そでのしるしつけ〉

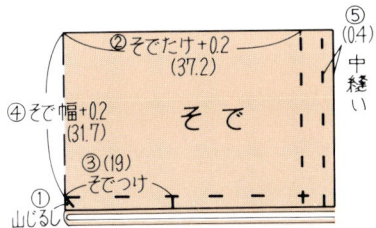

〈身ごろのしるしつけ〉

⑴後身ごろ

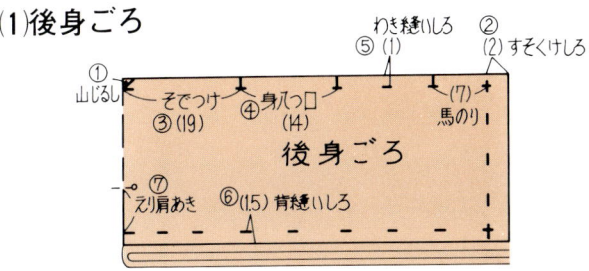

⑵前身ごろ

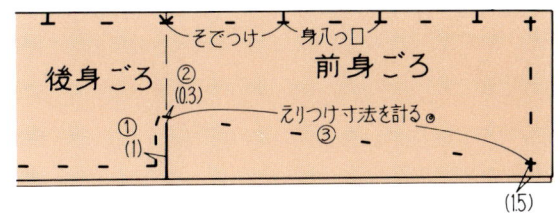

後身ごろを左に開いてそでつけ、身八つ口、すそをしるしし
なおしします。

〈えりのしるしつけ〉

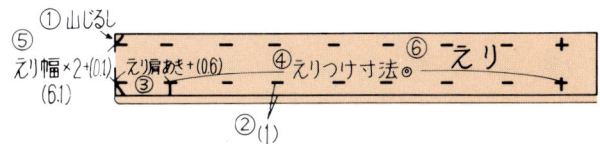

〈すそよけのしるしつけ〉

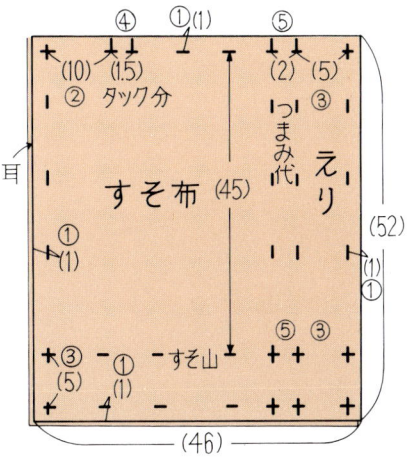

●しるしは番号順につけます。

一つ身ゆかた 0〜3才用

　赤ちゃんから3才位まで着られます。歩くことのできない赤ちゃんの時代は、あげをしないで、着脱ぎの楽なようにひもは後につけます（産着176頁参照）。

　一つ身を着る年令では、兵児帯をしないで、つけひもを帯の代用とします。したがってひもの材質に留意しましょう。男児はブルー、女児はピンクなどの色ひもを用い、幅広のものをつけます。配色のよい色糸でひもつけにひも飾りをします。

★用意するもの★

表布　花鳥、動物、小花など可愛い柄の木綿、リップルなど並幅3m68cm。

肩当て・居敷当て　共布またはさらし木綿並幅58cm。

その他　クロバー袖・裾丸み形、カタン糸20番、絹手縫い糸（かざり用糸）、クロバー金耳針三ノ三、三ノ四、中くけ。

●出来上り標準寸法 　　　　　　　　　(cm)

名称		寸法	名称		寸法
そで丈	元禄そで	26	えり下		20〜25
	筒そで	22	おくみ幅		13〜15
そで口		13〜15	えり幅		3
そでつけ		15	着たけ	1才まで	55
そで幅		20〜23		2才	62
そで丸み		10		3才	66
身たけ		85内外	着ゆき	1才	28
えり肩あき		3.5		2才	31
身八つ口		10		3才	33
後幅		いっぱい	ひも	たけ	76内外
前幅		いっぱい		幅	4
おくみ下がり		10		位置	肩山より 23〜25

出来上り図と各部の名称

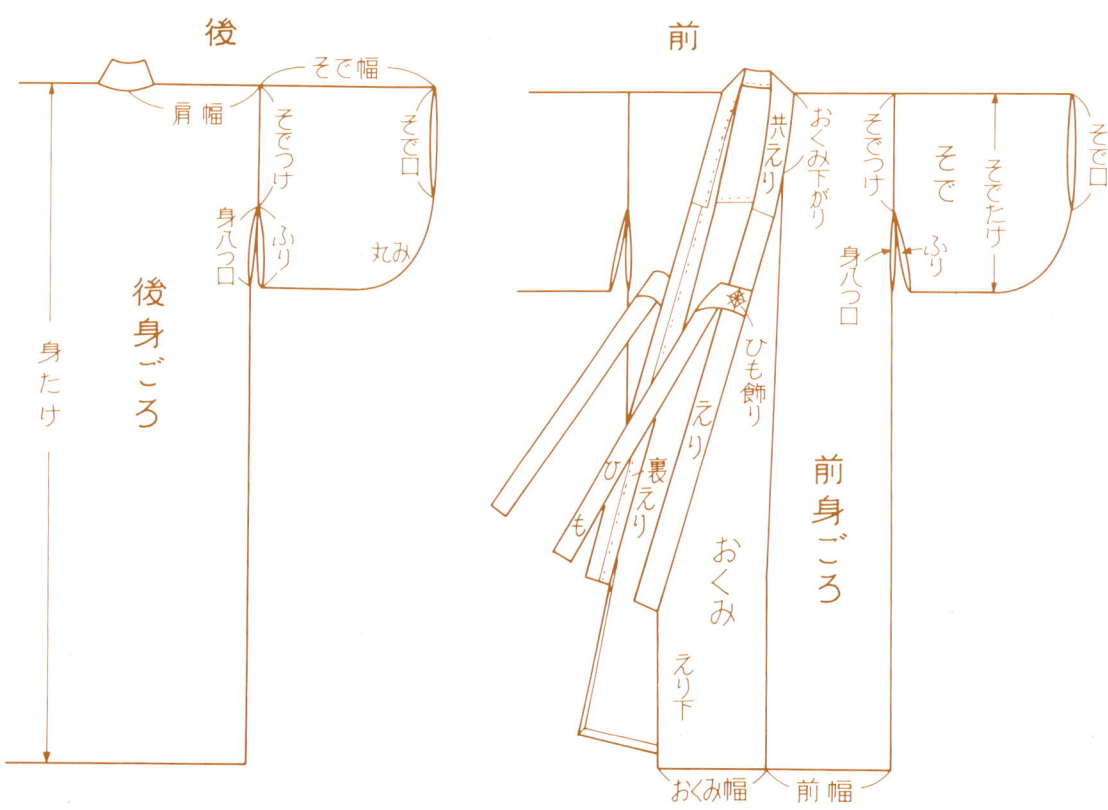

見積り方

裁ち切りそでたけ　（28cm）＝上がりそでたけ（26cm）＋縫いしろ（2cm）

裁ち切り身たけ　（87cm）＝上がり身たけ（85cm）＋くけしろ（2cm）

裁ち切りおくみ下がり　（5～7cm）＝おくみ下がり（10cm）－おくみ先縫いしろ（3～5cm）

裁ち切りえりたけ（150cm）＝上がり身たけ（85cm）－えり下寸法（20cm）＋｛えり肩あきとゆるみ（4cm）＋えり先縫いしろ（5～6cm）｝×2

裁ち切り共えりたけ（44cm）＝｛えり肩あきとゆるみ（4cm）＋おくみ下がり（10cm）＋6～8cm＋えり先縫いしろ（1.5cm）｝×2

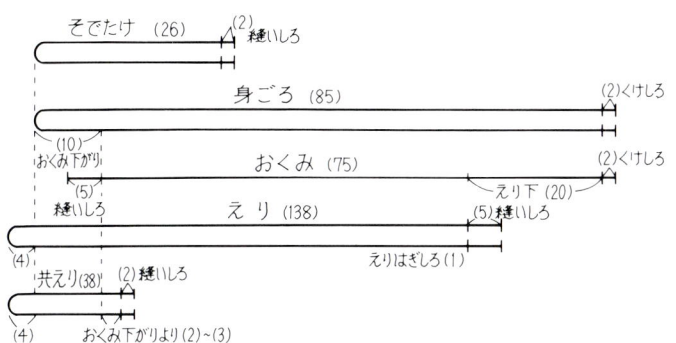

裁ち方

並幅 3 m68cm

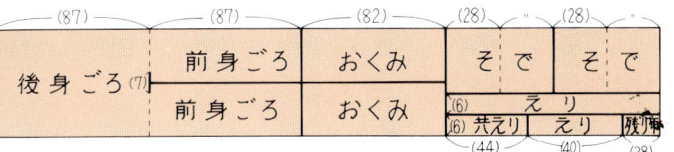

〈肩あて、居敷当ての裁ち方〉

並幅58cm

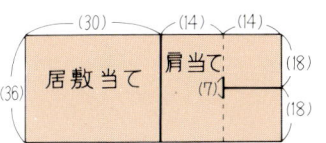

しるしつけ

〈元禄そでのしるしつけ〉

●順序

① 山じるしをしるします。

② そでたけ＋きせ分（0.2cm）＝26.2cm

③ そで口＝13cm

④ そでつけ＝15cm

⑤ そで口くけしろ＝0.8cm

⑥ そで口下奥縫いしろ＝0.7cm

⑦ 丸み＝10cm

⑧ そで幅＋きせ分（0.2cm）＝20.2cm

⑨ 袋縫いの中縫いしろ＝0.4cm

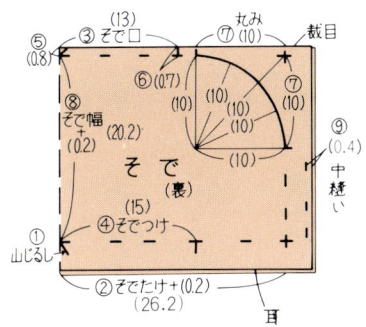

〈筒そでのしるしつけ〉

●順序

① 外そでを1cmずらせて中表に合わせ山じるしをしるします。

② そでたけ＋きせ分（0.2cm）＝22.2cm

③ そで口＝13cm

④ そでつけ＝15cm

⑤ そで口くけしろ＝0.8cm

⑥ そで幅＋きせ分（0.2cm）＝20.2cm

⑦ そで下をしるします。

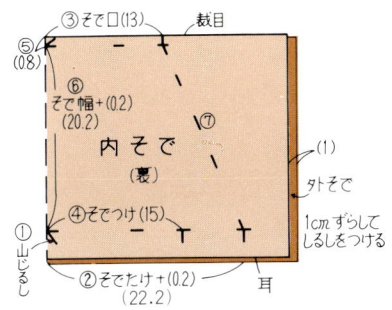

〈身ごろのしるしつけ〉

(1)後身ごろ

●順序

①身ごろの布を中表に、幅二つ折りにし、さらに丈を二つ折りにして輪になっている方を後身ごろとして上にし、山じるしをしるします。

②わきの縫いしろを布端から1～1.5cmとり、しるしをつけます。

③すそくけしろを2cmしるします。

④⑤そでつけ、身八つ口のたけをしるします。

⑥えり肩あきを3.5cmしるします。

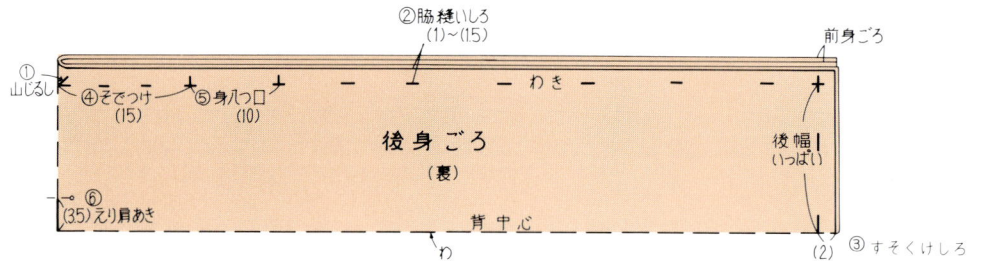

(2)前身ごろ

●順序

①そでつけ、身八つ口、わき、すそのしるしをつけ直し、前幅いっぱいにおくみつけ縫いしろをすそで1cmとってしるします。

②③剣先のしるしをします。肩山からおくみ下がりをとり、

布端からえり肩あきの $\frac{1}{2}$ を計って剣先とします。

④剣先と前幅を結び、おくみつけの斜線をしるします。

⑤えり肩まわりのしるしつけ、背中心で1cm、えり肩あき止りで0.3cm、2cmは平らにして剣先と結びます。

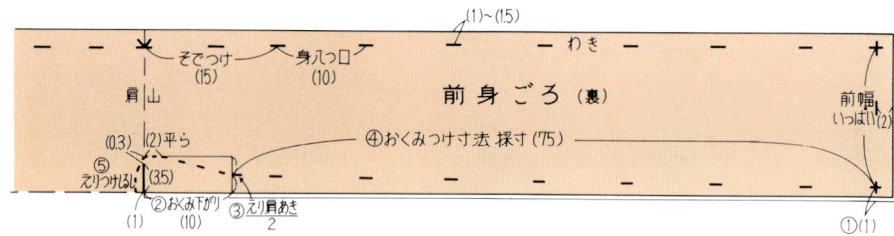

〈おくみのしるしつけ〉

●順序

①裁ち目を手前にして布を中表におき、すそくけしろ2cmしるします。

②採寸おくみつけ寸法をしるします。

③えり下を20cm計り、しるします。

④えり下くけしろ1.5cmをしるします。

⑤おくみつけ側にすそくけしろから10cm上まで1cmの縫いし

ろでしるします。

⑥おくみたけの位置で3cmの縫いしろをとります。

このしるしとおくみ幅じるしとを結び、おくみつけのしるしとします。

⑦剣先で0.3cmのきせしろをとり、えり下と結びます。

⑧えりつけの斜線の中央で2cmとり、自然の丸みをつけて結び直します（採寸します）。

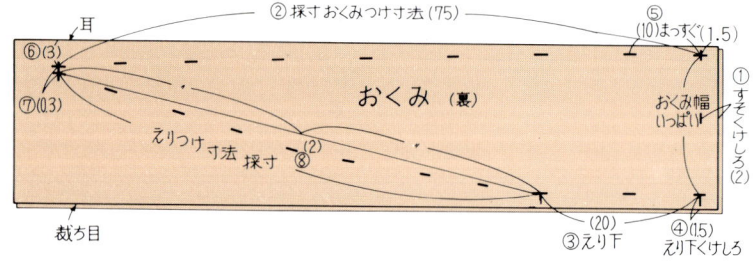

＜えりのしるしつけ＞

●順序

表えりと裏えりをはぎ合わせ、はぎしろは裏えり側に折り、かくしじつけをかけます。えりたけを二つ折りにし、表えりをえりつけ側になるように手前におき、番号順にしるしをします。

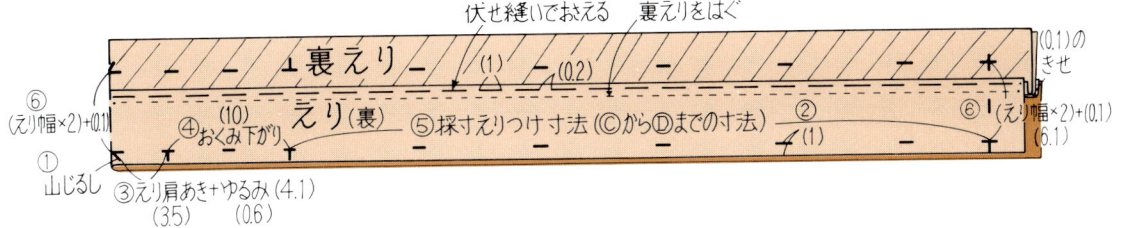

＜そでの縫い方＞

※元禄そで　四つ身女児ゆかた元禄そでの縫い方150頁参照。
※筒そで　四つ身男児ゆかたの筒そでの縫い方157頁参照。

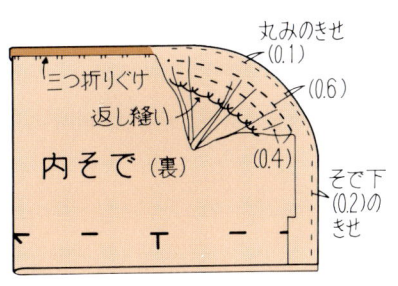
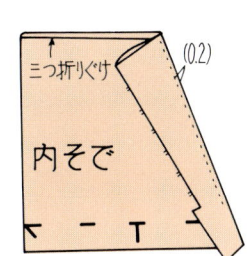

＜身ごろの縫い方＞

①肩当て、居敷当てをつけます。肩当て布の前後のすそを1cm折り、折り伏せ縫いし、位置につけます。居敷当ては下部がすそぐけの中に入るようにすそから2.5cm内側につけます。上部は1cmの折りぐけし、両わきは仮しつけをします。

②わき縫いは居敷当てもいっしょに縫います。

③わき縫いの始末は0.2cmのきせをかけ、前身ごろに折り、耳ぐけをします身八つ口とまりから10cmぐらい下で自然に後身ごろの縫いしろを開きます。折り山はかくしじつけでおさえます。

☆**肩当て、居敷当てをつける**

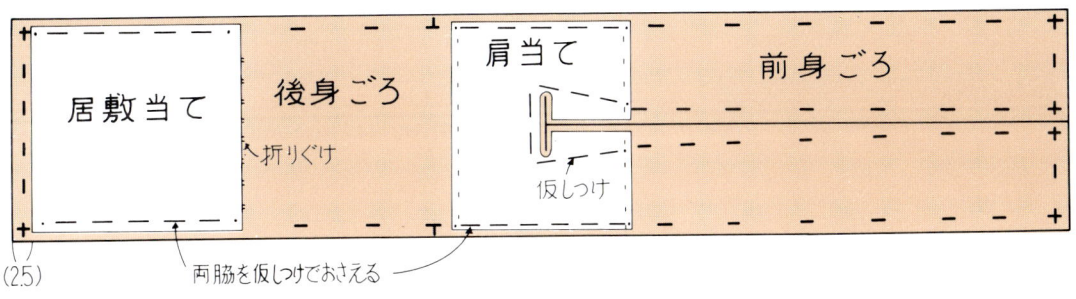

☆**わき縫いの始末**

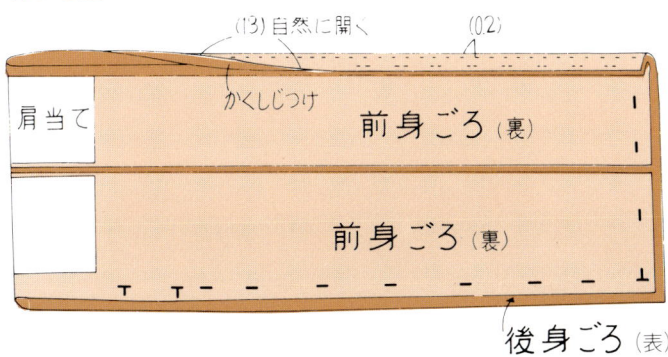

〈おくみのつけ方〉

①袋縫いでおくみをつけます。中縫いではすそ2.5cmは縫い残します。0.1cmのきせをかけ身ごろに折ります。

②裏返してしるし通りに縫い、0.2cmのきせでおくみの方に折ります。

③えり下を三つ折りぐけします。

④つま先を整え(婦人のゆかた68頁参照)、すその三つ折りぐけをします。

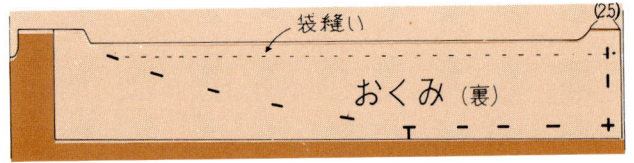

①袋縫いの中縫い

②0.1cmのきせをかけておくみに折り、袋縫い

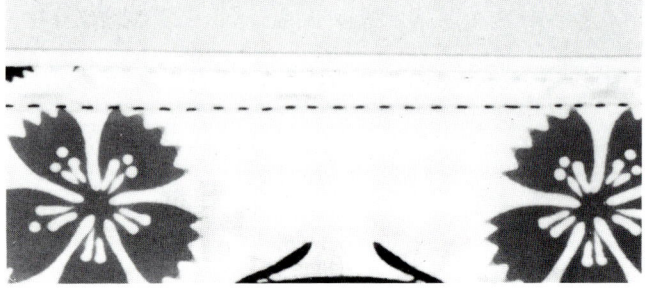

③袋縫いの出来上り

〈えりつけ〉

①婦人のゆかた70頁参照　えり先で3～4針返し縫いし、剣先まで縫い、剣先で1針返し縫いし、えり肩まわりは返し縫い、背中心で1針かえし縫いでえりをつけます。

②えり中心に三つえり芯を入れ、えり先を整えてえりをくけます。

〈ひもつけ〉

兵庫帯をしない1才末満の場合には帯がわりに配色のよいピンクやクリーム色などの新モスやモスリンでたけ76cm内外、幅4cmのひもを2本つくります。

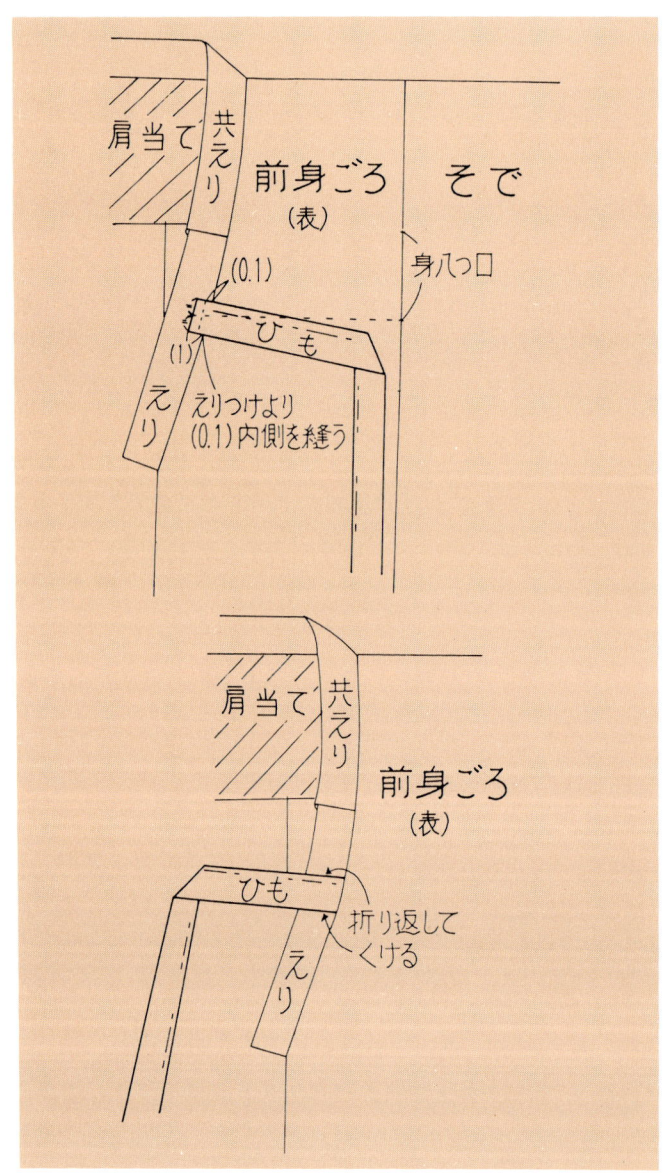

〈肩あげ、腰あげの仕方〉

(1)肩あげしろの決め方

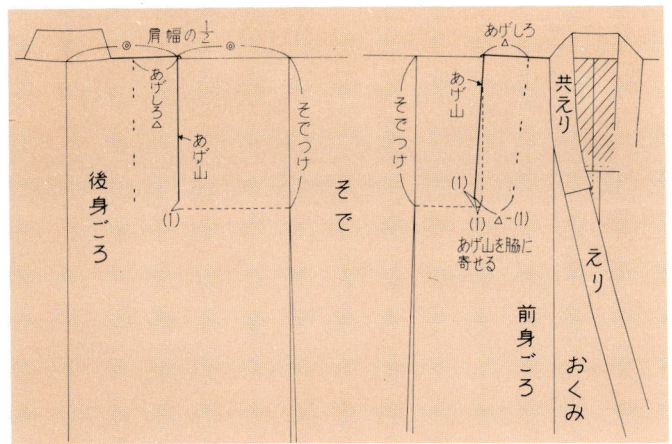

(2)肩あげの位置

後　　　　　　　前

あげ山を決めてしるしをする。

待ち針を打つ　　　　　糸は2本取りで、二目落しで縫う。

(3)腰あげの位置

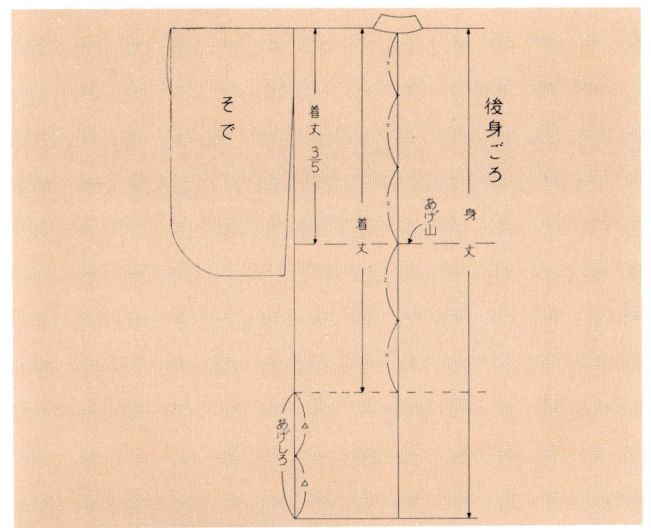

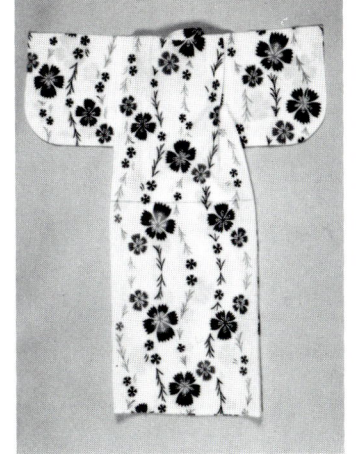 

※肩あげ、腰あげの仕方（くわしくは153頁参照）。

〈ひも飾り〉

図案の中から好みの図案を選び、配色のよい絹糸2本どりで
刺します。

ひも飾りのいろいろ

松葉　　　　菱形　　　　つづみ　　　つづみの変形　　のしめ（晴れ着用）

赤ちゃんの産着

通風性、吸湿性に富み、色は淡い色のもので清潔感のある
ものを選びましょう。

赤ちゃんは寝ている時間が長いので、肌に負担のないよう
に、縫い目はなるべく少なくするために広幅のものを用意し
ます。

出来上り図と各部の名称

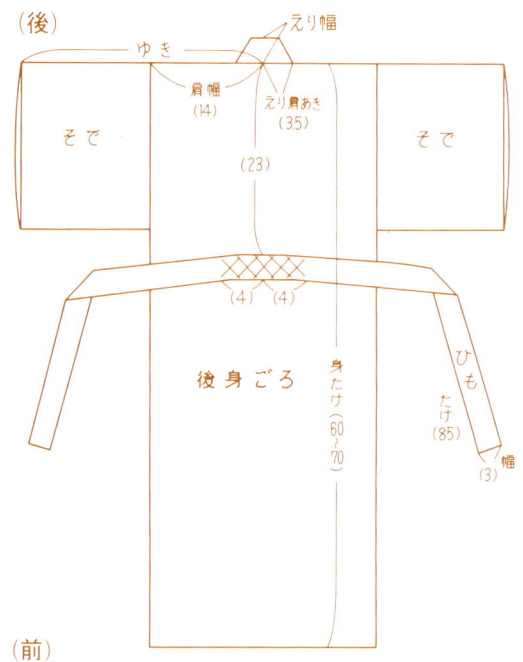

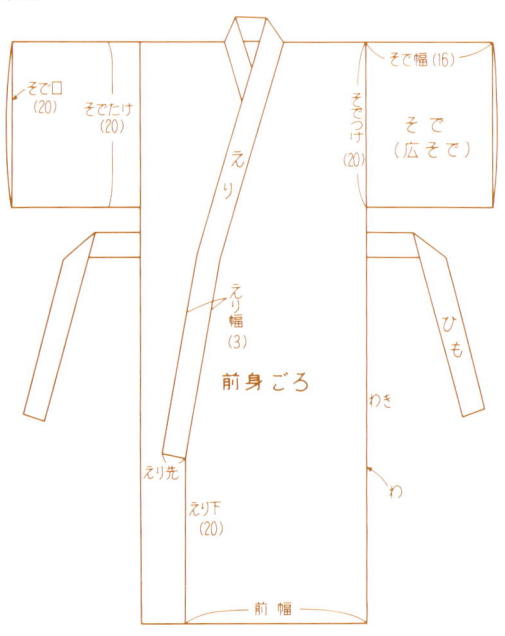

●出来上り標準寸法

(cm)

名 称	寸法	おくみ幅		いっぱい
そ で た け	20	おくみ下がり		10
そ で 幅	16	え り 下		20
身 た け	60～70	え り 幅		3
え り肩あき	3.5	ひも	た け	85内外
後 幅	いっぱい		幅	3～3.5
前 幅	いっぱい		位 置	肩山より23

★用意するもの★

表布 綿ネル、ジャージーなど肌ざわりのよいもの、92cm幅
1 ｍ18cm。
ひも布 新モス又はモスリン、10cm幅90cmたけ。
その他 絹手ぬい糸、クロバー金耳針四ノ三、四ノ四。

見積り方

裁ち切りそでたけ（22～23cm）＝上がりそでたけ(20cm)＋そ
で下縫いしろ（2～3cm）

裁ち切り身たけ（74cm）＝上がり身たけ(70cm)＋すそくけし
ろ（2cm）＋肩はぎしろ（2cm）

裁ち切りえりたけ（116cm）＝上がり身たけ(70cm)－えり下
寸法(20cm)＋えり肩あきとゆるみ（4cm）＋えり先縫いしろ
（4cm）｝×2

裁ち方

92cm幅 1 m18cm

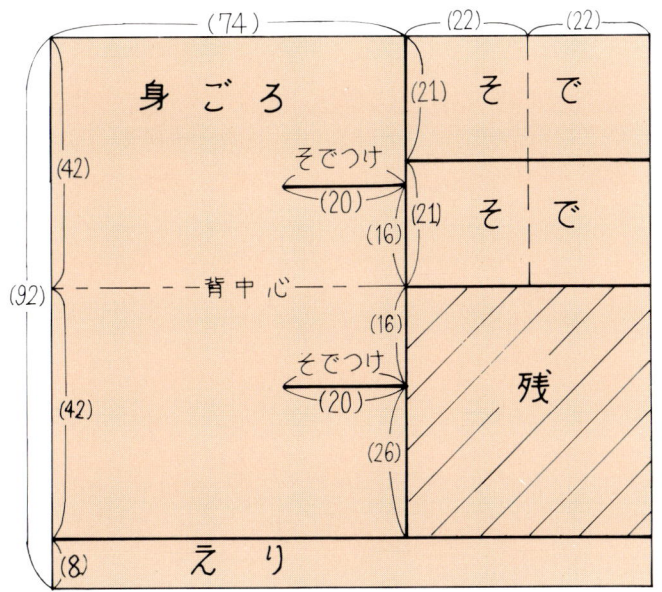

裁ち離した用布

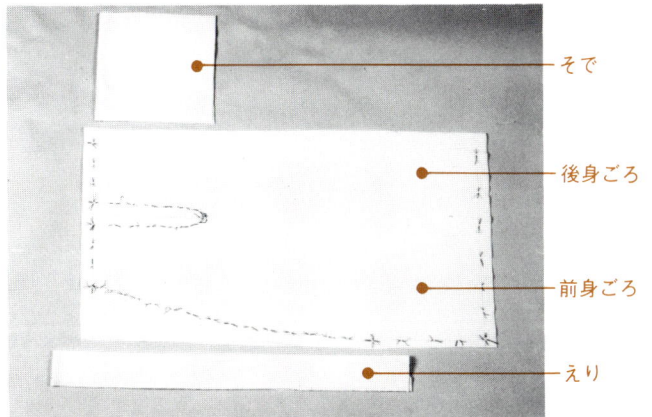

- そで
- 後身ごろ
- 前身ごろ
- えり

しるしつけ

〈そでのしるしつけ〉

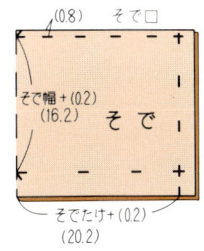

〈身ごろのしるしつけ〉

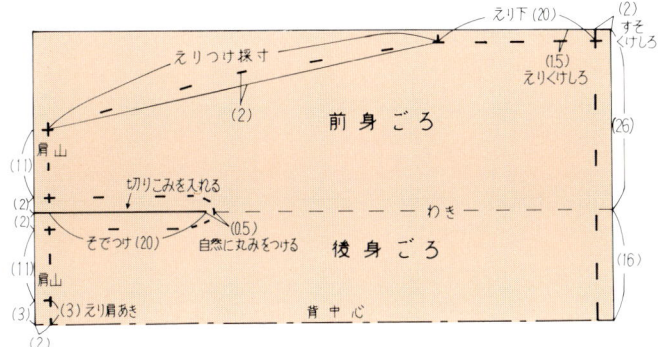

〈えりのしるしつけ〉

縫い方

〈そでの縫い方〉

① そで下は袋縫いにしますので、外表に合わせて中縫いします。

② 中縫いを毛抜き合わせにし、中表にしてそで下をしるしどおりに縫います。

③ そで口を三つ折りぐけします。

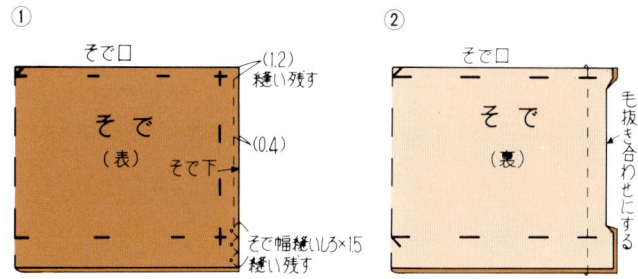

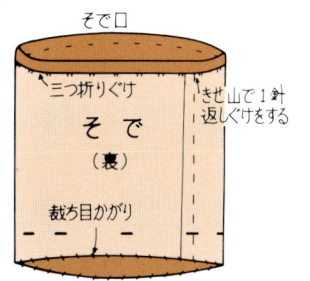

〈身ごろの縫い方〉

1枚裁ちのため、背縫い、わき縫い、おくみつけはありません。
①えり下からすそを三つ折りぐけします。
②前後の肩山、そでの縫いしろの裁ち目かがりをします。
③前後の肩山を中表に合わせ、しるし通りに縫います。
④縫いしろの始末は縫いしろを割り、伏せ縫いで押えます。

①②裁ち目かがりをする

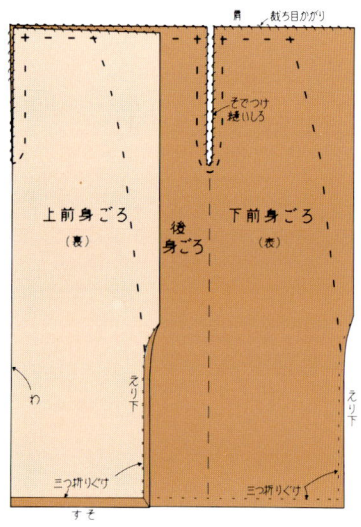

③肩のはぎ方

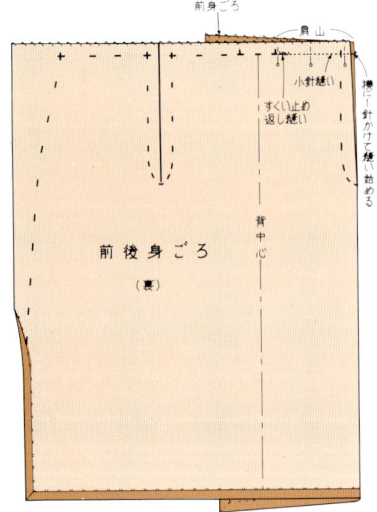

④縫いしろの始末

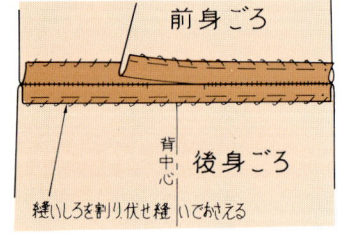

〈そでのつけ方〉

①身ごろのそでつけの輪の中にそで布を中表に入れ、身ごろ
　そでつけ縫いしろの切込みを入れてしるし通りに縫います。
②そでつけ縫いしろは割ります。

待ち針の打ち方　　　　身ごろそでつけの縫い
　　　　　　　　　　　しろの切り込み

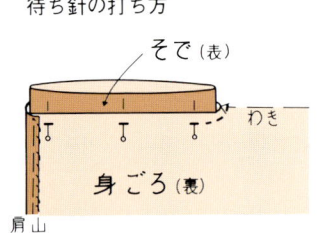
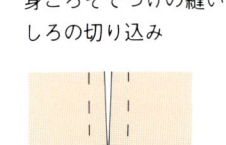

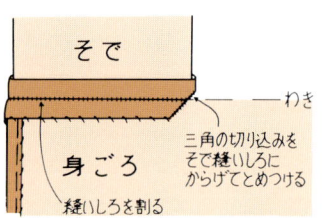

〈えりのつけ方〉

①えりつけを縫い、身ごろの縫いしろは0.5cmに裁ち落します。
②えり先の始末をし、えりをくけます。

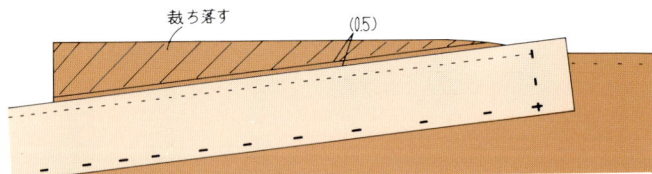

〈ひものつけ方〉

幅3cm、長さ85cmのひもを作り、肩山から23cm下の背中心位
置、8cmの間に上下千鳥でとめます。

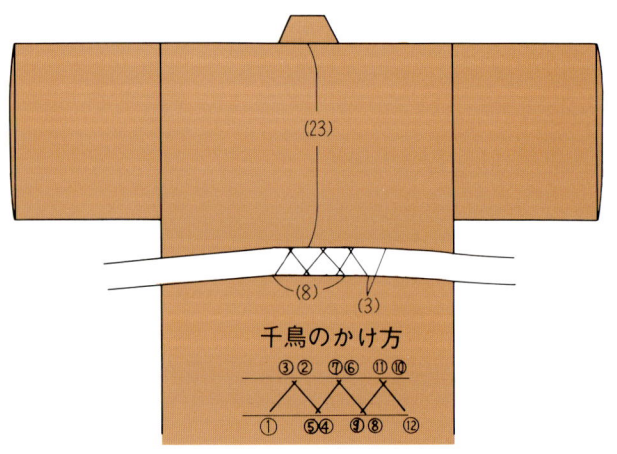

帯の仕立て方

なごや帯

模様が通し柄のものと、お太鼓、前帯、手に柄が出るように配置されているものとありますので、特に胴まわりの太い人は通し柄を選びましょう。

また胴の細い人は、自分の胴まわりを採寸し、模様がよい位置にくるように工夫します。

仕立て方は、帯皮と芯のつり合いがしっくりいっているかいないかで帯の命がきまるといっても過言ではないでしょう。つり合いを正しくとって、材質に合ったゆるみを入れて、仕立てます。

出来上り図と各部の名称

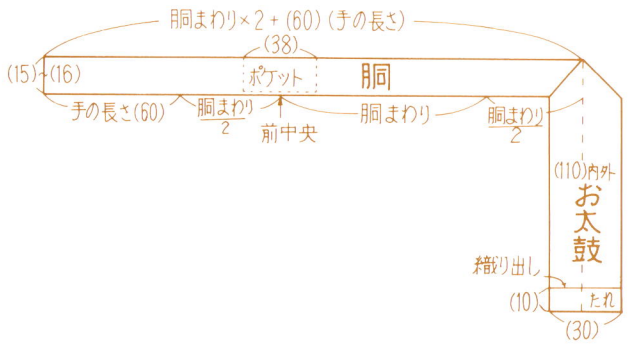

★用意するもの★

表布　紬地、紗、絽、塩瀬、ちりめん類などなごや帯地1本。

帯芯　三河木綿芯地1本。その他真岡木綿芯地があります。

ポケット布　新モス並幅40cm内外。

その他　絹手ぬい糸、クロバー金耳針四ノ三、四ノ四。

仕立て方

①お太鼓のたれ端を決めます。

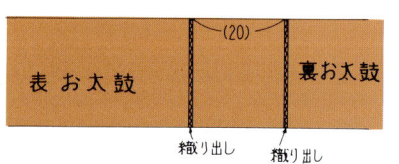

②たれ端を決め、中表にしてしつけでおさえます。

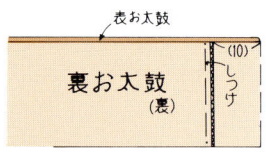

③お太鼓に仮しつけをします。

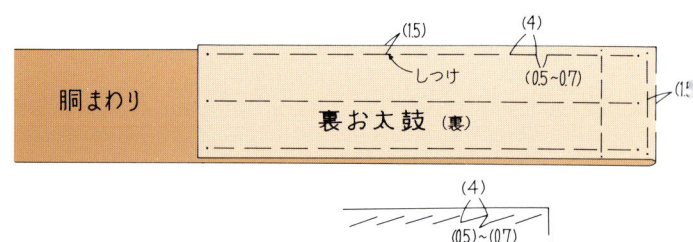

生地が厚い場合は斜めじつけをする

④お太鼓のしるしつけ。

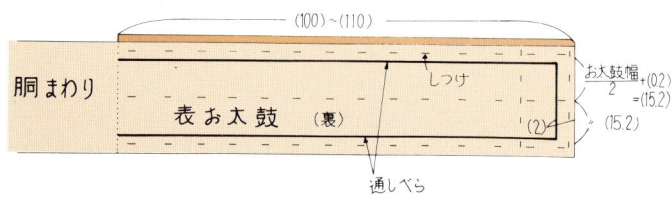

⑤お太鼓の縫い方

・全体を半返し縫いまたは本返し縫いをする。

・しつけは縫い終るまで取らない。

(イ)裏お太鼓側の縫い方　　25cmの間はしつけを取ってずらして縫う

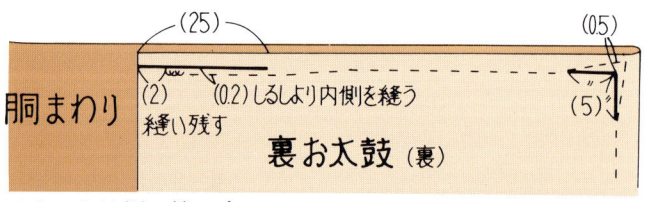

(ロ)表お太鼓側の縫い方

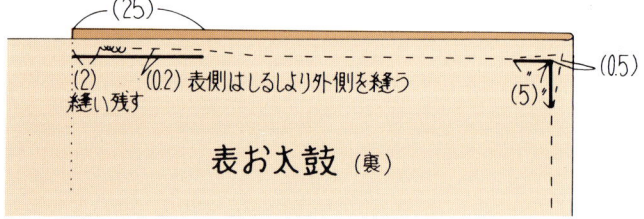

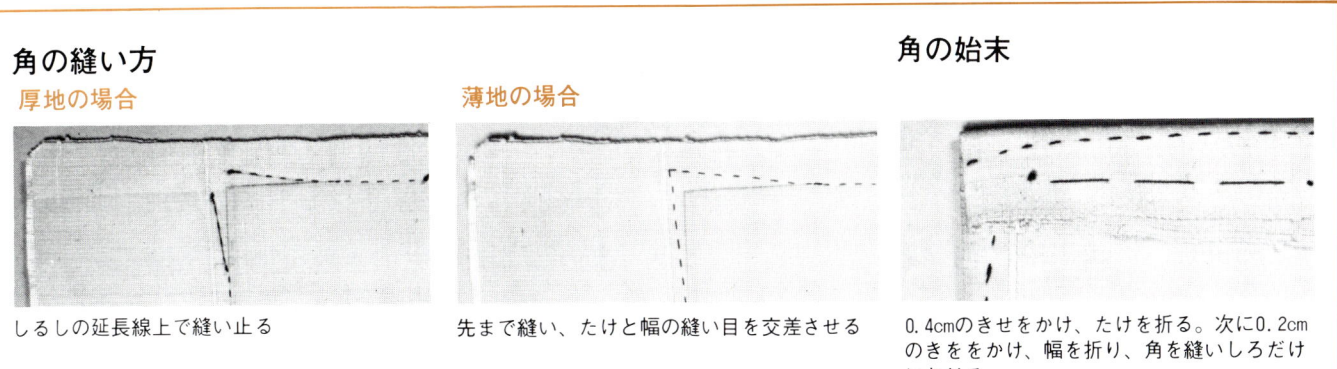

角の縫い方

厚地の場合
しるしの延長線上で縫い止る

薄地の場合
先まで縫い、たけと幅の縫い目を交差させる

角の始末
0.4cmのきせをかけ、たけを折る。次に0.2cmのきををかけ、幅を折り、角を縫いしろだけにとじる

---

⑥お太鼓のきせのかけ方

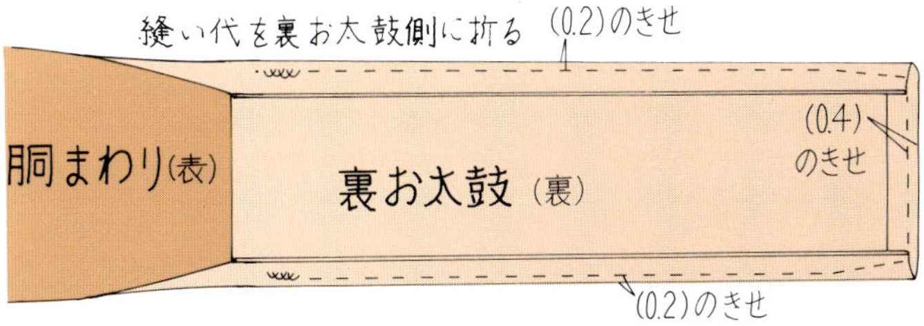

縫い代を裏お太鼓側に折る　(0.2)のきせ

(0.4)のきせ

胴まわり(表)　裏お太鼓(裏)

(0.2)のきせ

---

⑦胴の仮しつけ

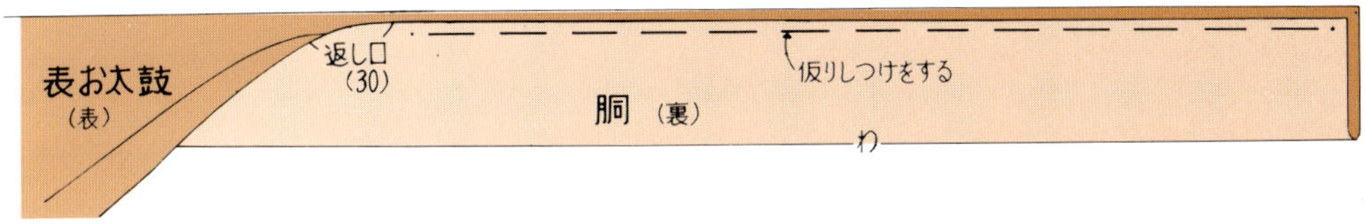

表お太鼓(表)　返し口(30)　胴(裏)　仮りしつけをする

わ

---

⑧胴のしるしつけ

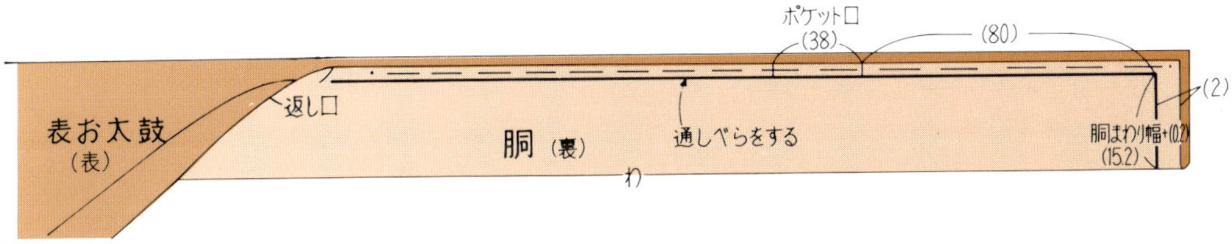

ポケット口(38)　(80)　(2)

表お太鼓(表)　返し口　胴(裏)　通しべらをする　胴まわり幅+(0.2)(15.2)

わ

---

⑨胴の縫い方

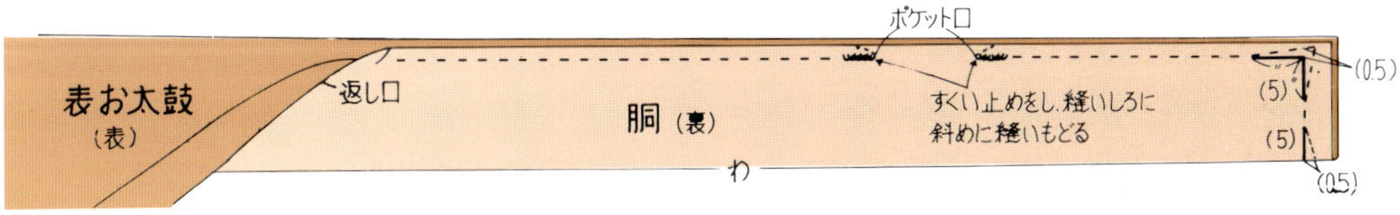

ポケット口

表お太鼓(表)　返し口　胴(裏)　すくい止めをし、縫いしろに斜めに縫いもどる　(5)　(0.5)　(5)　(0.5)

わ

---

⑩ポケット

(イ)縫い方

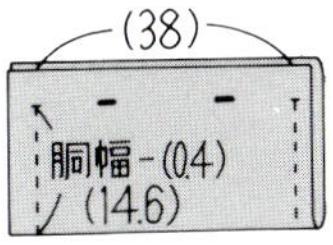

(38)　胴幅-(0.4)(14.6)

(ロ)つけ方

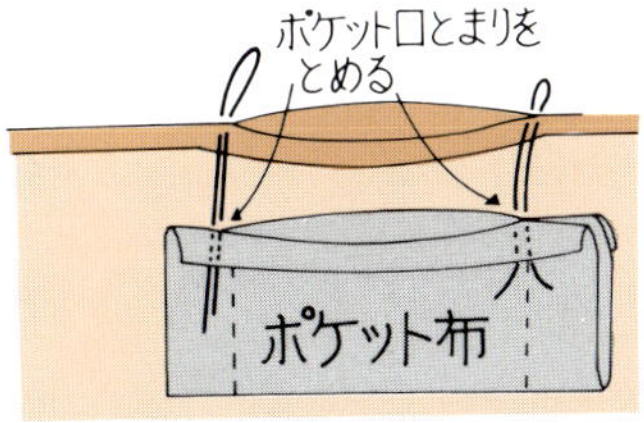

ポケット口とまりをとめる

ポケット布

(ハ)ポケット布口は出来上り幅より0.4cm内側を縫います。

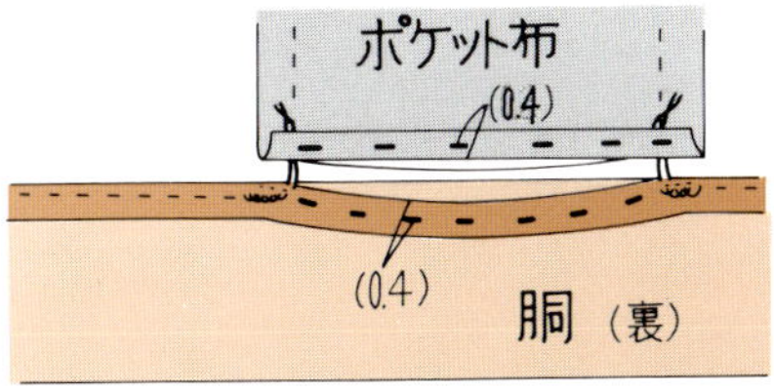

ポケット布　(0.4)

(0.4)　胴(裏)

(ニ)ポケット口の縫い合わせ。

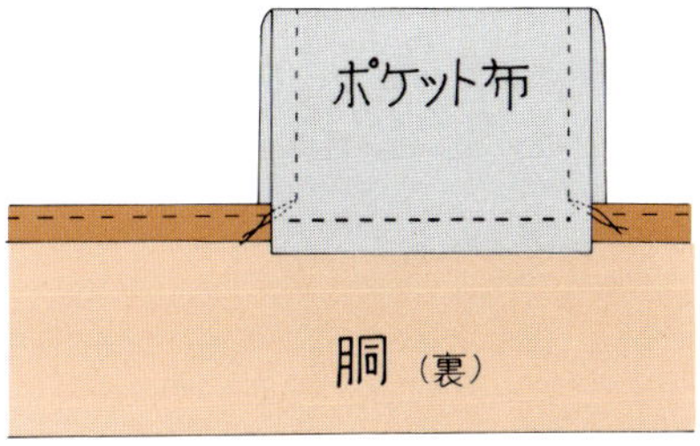

ポケット布

胴(裏)

⑪胴まわりのきせのかけ方

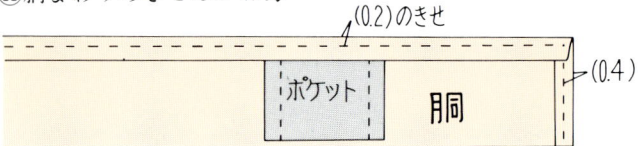

(0.2)のきせ

ポケット 胴 (0.4)

⑫芯の裁ち方（耳は裁ち落します）

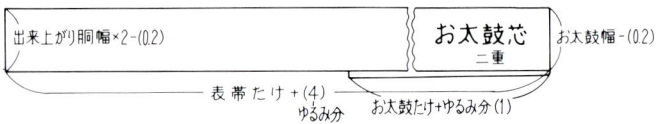

出来上がり胴幅×2−(0.2) お太鼓芯 二重 お太鼓幅−(0.2)

表帯たけ＋(4) ゆるみ分 お太鼓たけ＋ゆるみ分(1)

⑬芯の入れ方

「芯は裏お太鼓側から入れます。」

1枚目の芯入れ

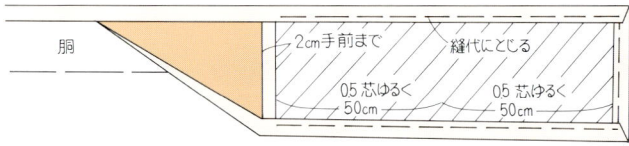

胴 2cm手前まで 縫代にとじる 0.5 芯ゆるく 50cm 0.5 芯ゆるく 50cm

⑭芯をたれ先から切って二重にします。

2枚目の芯 芯1枚目

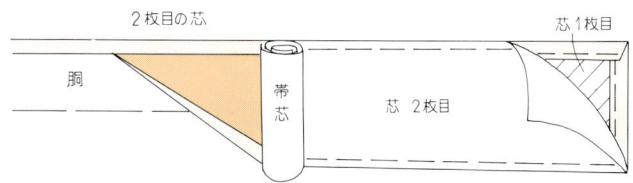

胴 帯芯 芯 2枚目

⑮胴まわりの芯の入れ方（お太鼓は表に返しておきます）。

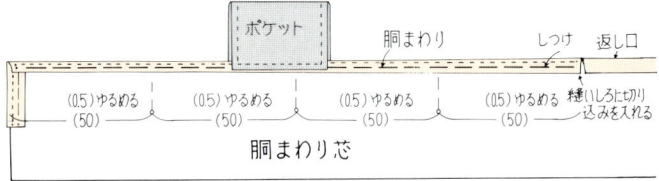

ポケット 胴まわり しつけ 返し口

(0.5)ゆるめる (50) (0.5)ゆるめる (50) (0.5)ゆるめる (50) (0.5)ゆるめる (50) 縫いしろに切り込みを入れる

胴まわり芯

⑯ポケット布を倒し、縫いしろを芯地にとじつけます。

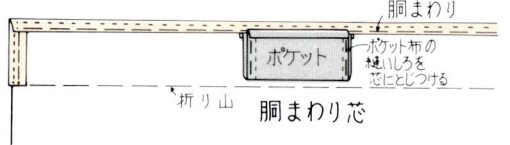

胴まわり ポケット ポケット布の縫いしろを芯にとじつける 折り山 胴まわり芯

芯の入れ方

手先は縫いしろの下に芯を入れてとじる。
縫いしろの上に芯をのせ、さらにとじる。

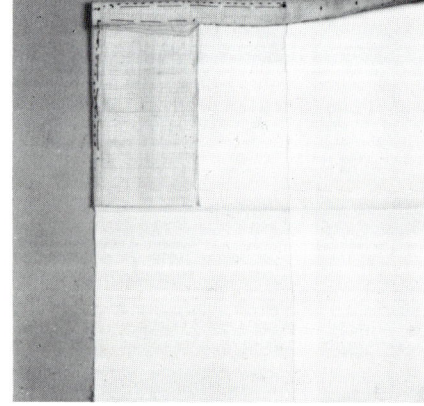

⑰胴まわりの芯を出来上りの折り山に合わせてとじます。

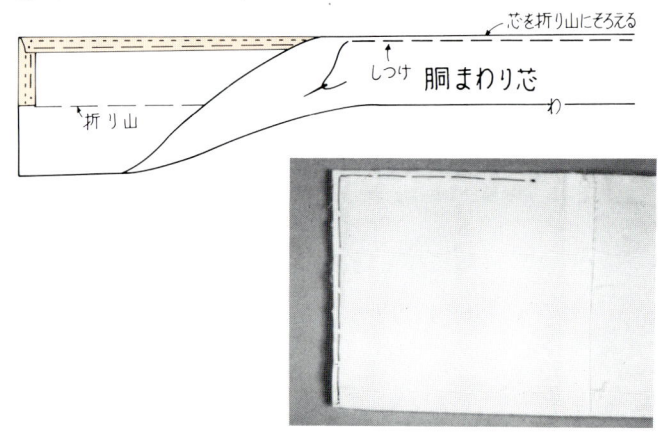

芯を折り山にそろえる しつけ 胴まわり芯 折り山 わ

⑱返し口から手を入れ、表に引き出します。
（引き糸は50cm間隔につけます）。

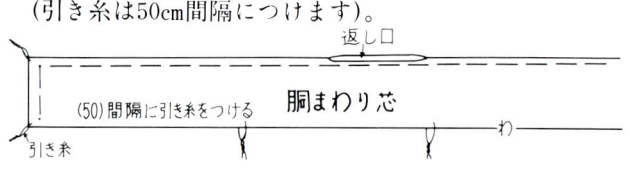

返し口 (50)間隔に引き糸をつける 胴まわり芯 引き糸 わ

⑲毛抜き合わせ

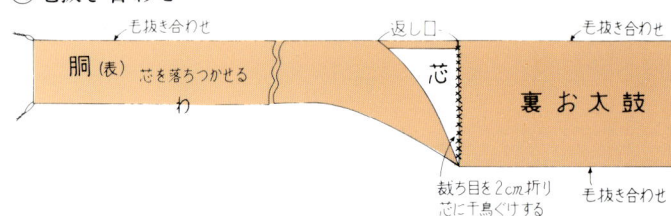

毛抜き合わせ 返し口 毛抜き合わせ 胴(表) 芯を落ちつかせる 芯 裏お太鼓 わ 裁ち目を2cm折り芯に千鳥ぐけする 毛抜き合わせ

⑳裏お太鼓布の裁ち目を折って千鳥ぐけでおさえます。

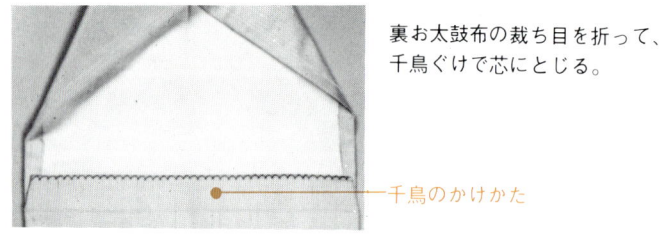

裏お太鼓布の裁ち目を折って、千鳥ぐけで芯にとじる。

千鳥のかけかた

㉑返し口をくけ合わせます。

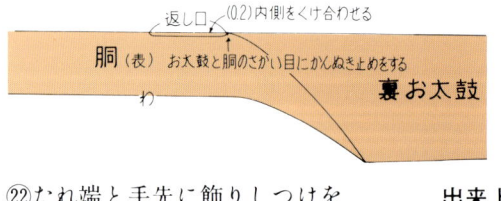

返し口 (0.2)内側をくけ合わせる 胴(表) お太鼓と胴のさかい目にかくぬき止めをする 裏お太鼓 わ

㉒たれ端と手先に飾りしつけをします。

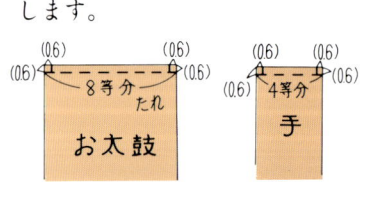

(0.6) (0.6) (0.6) (0.6) (0.6) (0.6) (0.6) (0.6) 8等分 たれ 4等分 お太鼓 手

出来上り

袋なごや帯

ふだん着、街着、外出着用の帯。帯幅が鯨尺で八寸（30cm）あるため、「八寸なごや」、「かがりなごや」、近頃は「ひとえなごや」とも呼ばれています。

丈はなごや帯と同じ3m60cm、なごや帯より、やや地厚に織られ、お太鼓の部分（約1m～1m20cm）が引返しになっています。たれ先から20～30cm、たれ元から20cm前後と、手先20cm前後をかがることから「かがり帯」といわれます。芯が入っていませんので簡単に締められることから一般受けしています。

出来上り図と各部の名称

●部分かがりをする場合

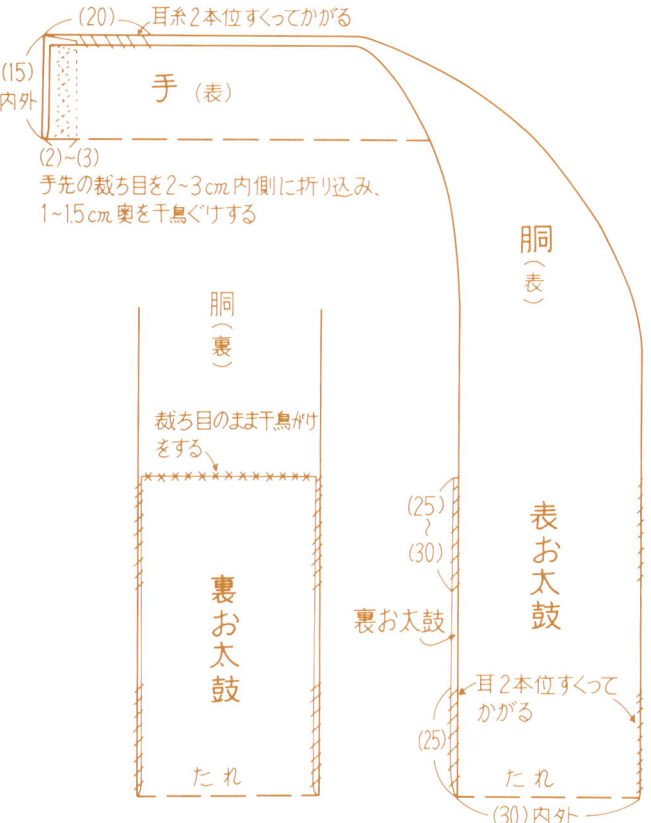

★用意するもの★

表布　袋なごや帯用帯地1本。
その他　絹手ぬい糸、クローバー金耳針四ノ三。

仕立て方

●お太鼓丈全部をかがる場合

①お太鼓のたれ先を縫います。

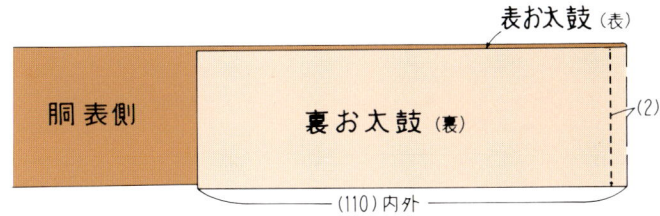

②0.4cmのきせをかけ、表に返して耳をかがります。

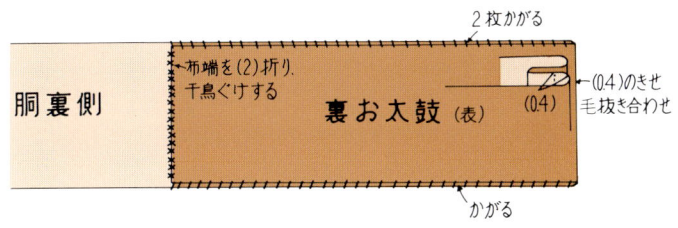

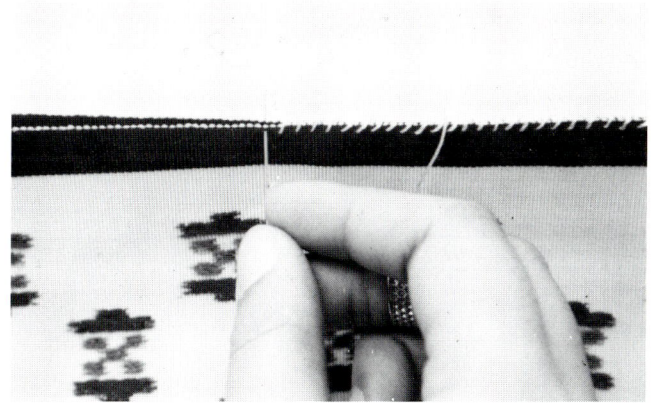

③胴まわりの手先を縫います。

④お太鼓のたれ先と同様にきせを0.4cmかけ、表にかえして耳をかがります。

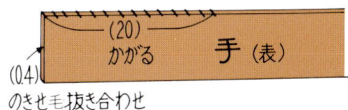

軽装帯

Ⓐ 清水式軽装帯

　胴帯とお太鼓の部分が切りはなされていて、胴帯には細い紐をつけて置き、その紐を後から前に廻して結び合わせることで体に胴帯を固定させ、お太鼓の部分は帯枕をお太鼓山かげに入れ、背中心にお太鼓山を当て、帯枕の紐を前で結び合わせることで固定させます。

　背中に手を廻し、後ろの見えない部分での処置がなくてすみますので、きものを着なれない方や、手を背にまわすのが苦しい方などには使いやすい帯です。

　生地は72cm幅の風呂敷2枚あれば胴帯が一重まわしのものが出来ます。色どりの美しいはぎれや、長く使って傷んでしまった帯のくりまわしなどにも利用できて重宝するものです。

　胴帯、お太鼓布共に表と裏を別布を使って仕立てますと、一本の帯で2通りの使い方が出来ますので便利ですし、きものを着なれない方にも手軽く、きもの、帯姿への夢がかなえられます。

出来上り図

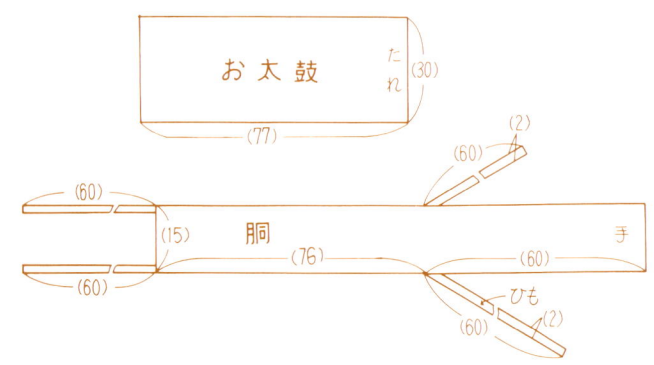

★用意するもの★

表布　72cm幅風呂敷2枚、または洋服地92cm幅1m40cm。
帯芯　三河木綿または不織布3m10cm。
ポケット布　新モス並幅40cm。
その他　絹手ぬい糸、クロバー金耳針三ノ三または四ノ三。

裁ち方

92cm幅1m40cm

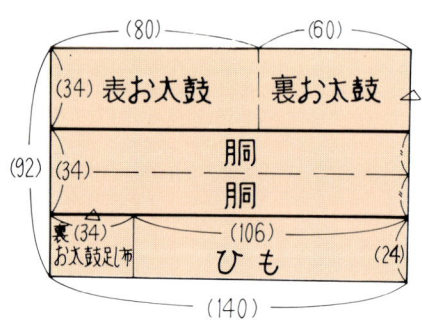

しるしつけ

(1)お太鼓

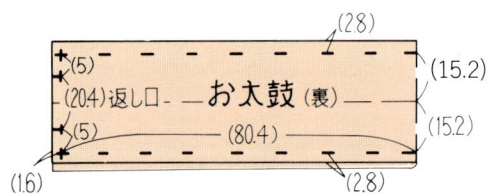

注 裏お太鼓のはぎ目は縫い目を割ります。

(2)胴

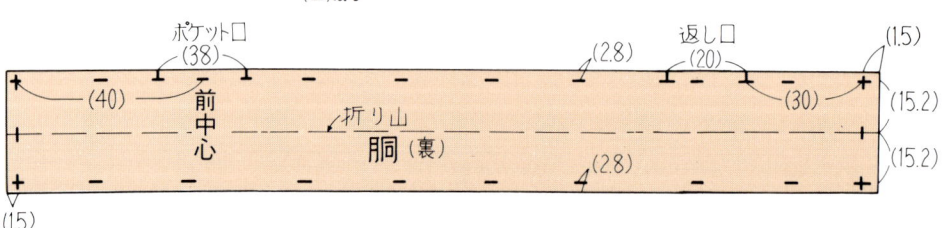

縫い方

① お太鼓の返し口を残して、しるしどおりに縫います。角の縫い方はなごや帯178頁参照。

 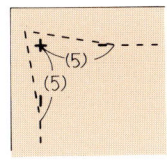

② 胴まわりも同じように、ポケット口、返し口を残してしるしどおりに縫います。

③ ポケット布をつけます。(なごや帯のポケット179頁参照)

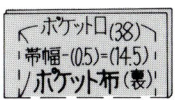

(イ) 出来上り帯幅より0.4cm内側をしるします。

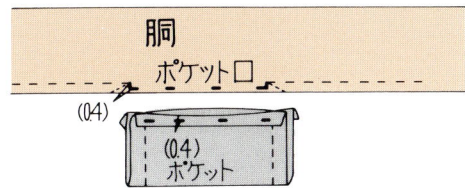

(ロ) ポケット口を縫い合わせます。

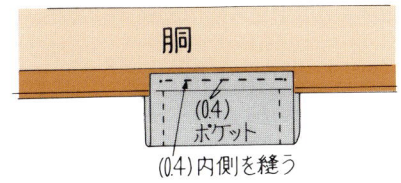

④ お太鼓と胴にそれぞれ芯を入れます。幅は0.2cm、たけは0.4cmのきせをかけて縫いしろを折り、出来上り寸法に0.8cm加えたたけの帯芯を用意して、縫いしろに芯をとじます。角は引き糸をつけます。

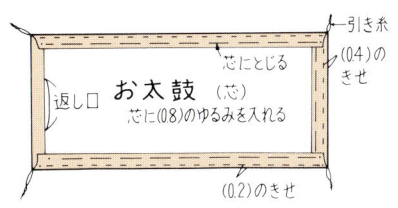

☆ 胴まわりの縫い方

⑤ 胴まわりに芯を入れます。

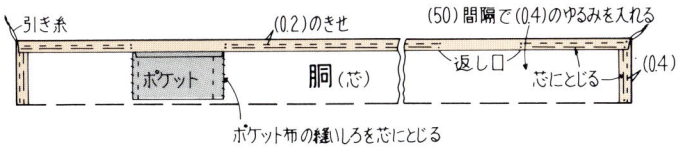

⑥ 表にかえし、返し口をくけ合わせます。

⑦ 芯と表布をなじませ、お太鼓のたれ端に図のようにしのびとじをします。

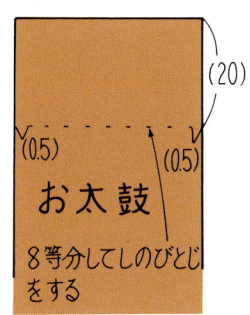

⑧ ひもをつけます。新モスで2cm幅×60cmたけのひもを四本つくり、胴の両端と手先から60cm内側につけます。

Ⓑ風呂敷を2枚使って出来上り図

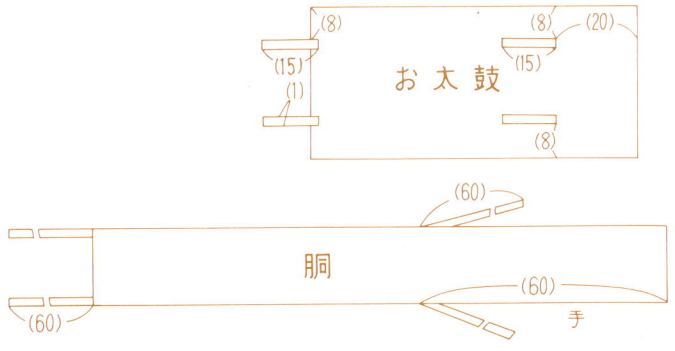

裁ち方

（風呂敷2枚）

●しるしつけは⒜を参照。

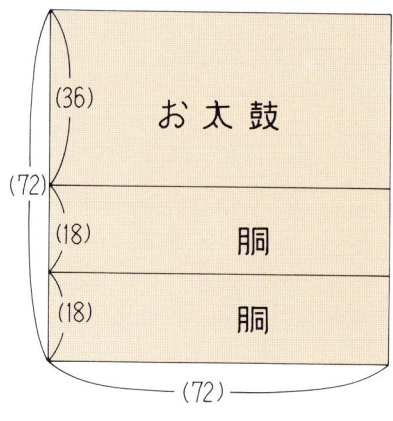

お太鼓 (36)
(72)
胴 (18)
胴 (18)
(72)

縫い方

①表、裏のお太鼓布。

②胴をそれぞれはぎ、縫いしろは割ります。

③2枚の胴布を中表に合わせ、しるしどおりに縫います。

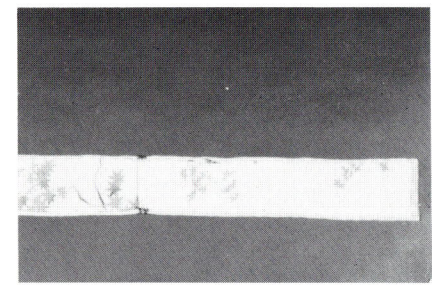

④2枚のお太鼓を中表にして、しるしどおりに縫います。

⑤胴に芯を入れます。

⑥お太鼓に芯を入れます。

⑦もう1枚の芯を縫いしろの上に重ねて入れます。

⑧胴を表に返したところ

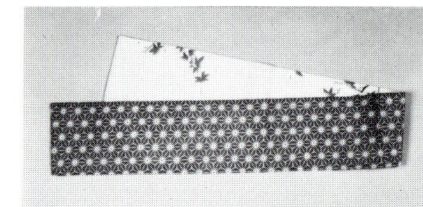

⑨お太鼓を表に返し、芯と表布を落ちつかせます。返し口は0.2cmひかえてとじます。

⑩ひもをつけ位置につけます。

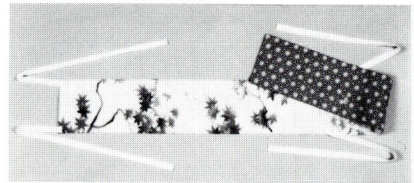

⑪お太鼓にもひもをつけます。

⑫お太鼓の出来上り。

着物のたたみ方

長着のたたみ方（本だたみ）

❶ 下前をわきの縫い目から折ります。

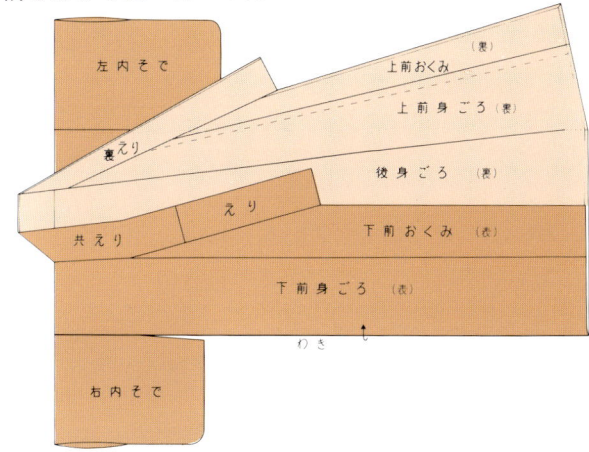

❷ 次におくみ、下前のおくみつけ線から手前に折り返します。

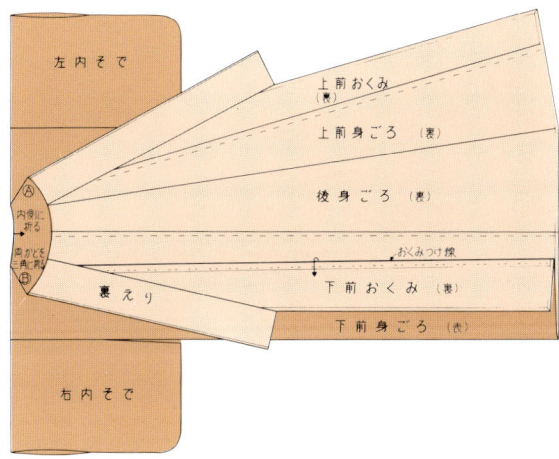

❸ 上前のえり下を持ち、下前に重ね、えりのAとBも重ねて背から二つ折りにし、えり幅をよく整えてえり先まで重ね合わせます。

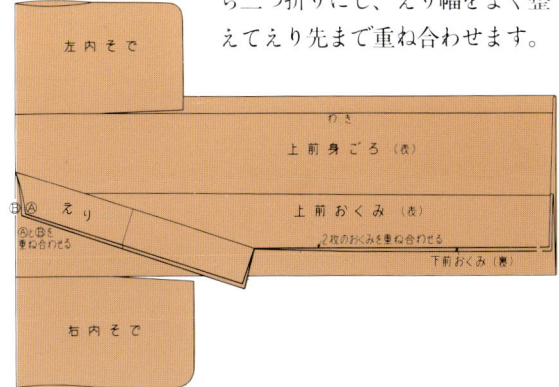

❹ わき同士を重ね合わせます。

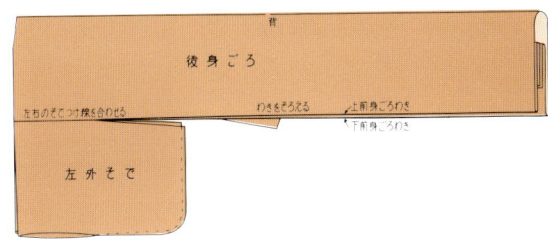

❺ 左そでを身ごろの上に重ねます。

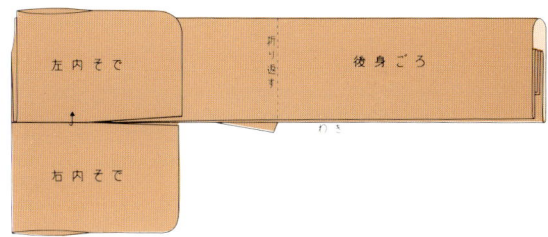

❻ 身ごろの丈を二つに折ります。

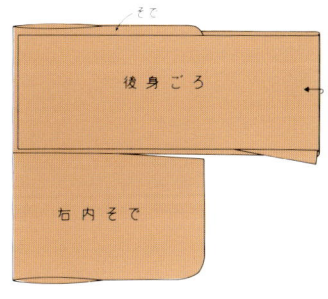

❼ 上下をひっくり返して、右そでを身ごろの上に折り返して出来上ります。

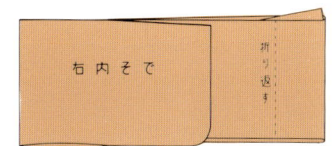

❽ 収納するところが狭いとき、もう一度、わの方を折ります。

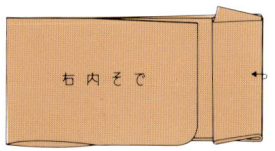

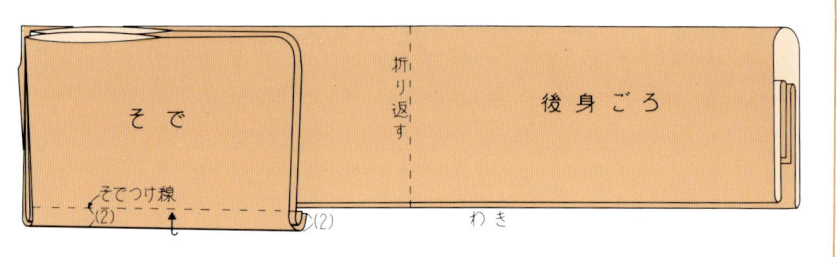

男もののそでの折り方 女ものと違ってそでつけが長いため、縫い目より2cmほどそでの方を2枚一緒に折り、重ねます。

羽織のたたみ方

❶平らに広げ、まちすそ幅を½に折り、前身ごろを平らにします。

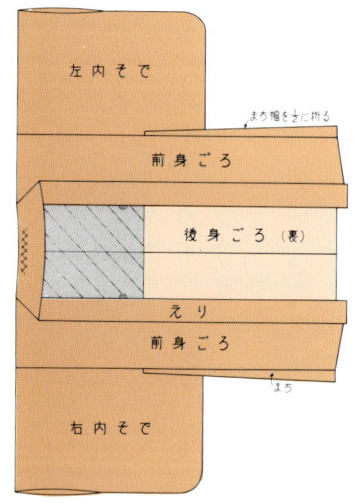

❷左えりを右えりの上に重ね合わせます。

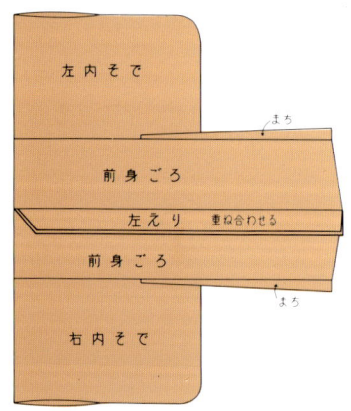

❸左右のまち幅の中央をぴったり重ね合わせ、背縫いを折り上げます。

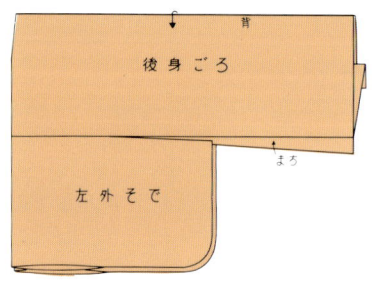

❹左内そでを身ごろの上側に折り返します。

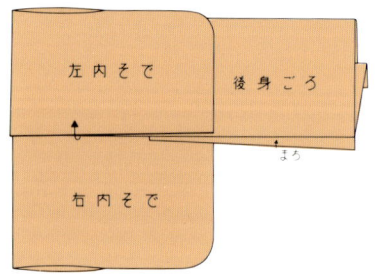

❺右内そでは反対側の後身ごろに折り返します。

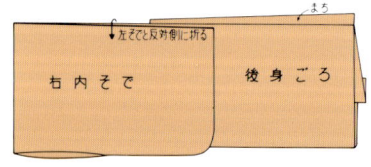

❻そで丈のところから折りたたみます。

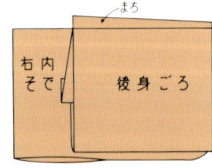

長じゅばんのたたみ方

❶肩山を左にして、前身ごろを上に平らに広げます。

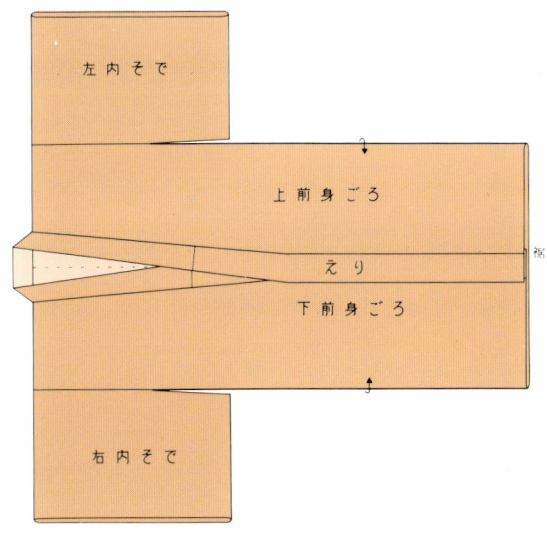

❷右わきの縫い目を身幅の中央に持ってきて、そでは⅓のところで折り返します。

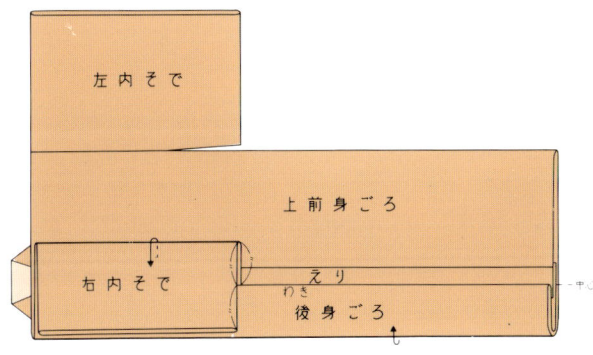

❸左わきの縫い目を突き合わせにし、左そでを折ります。

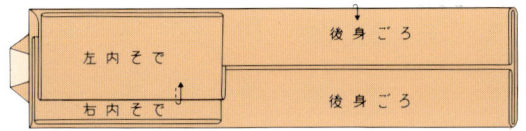

❹丈を二つ折りにします。

一つ身・四つ身のたたみ方
（夜着だたみ）

❶下前のわきを折り、次に上前を重ねます。

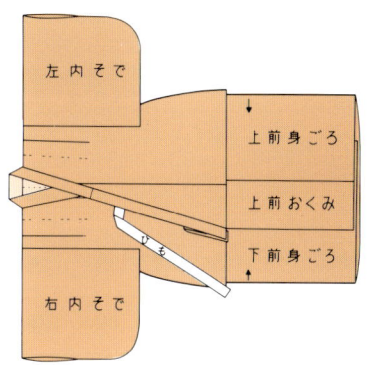

❷右そでつけを折り、左そでを重ねます。

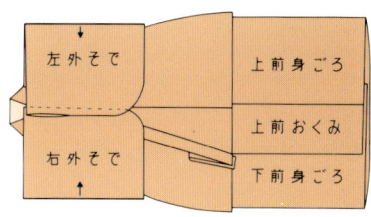

❸すその方を折り上げます（身丈を三つに折ります）。

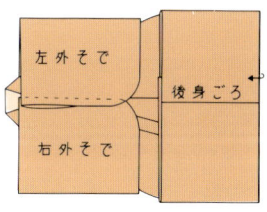

❹最後に上部をその上に折り重ねて出来上りです。

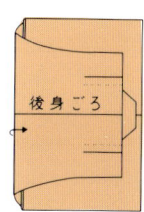

なごや帯のたたみ方

❶ お太鼓の表を出して置きます。

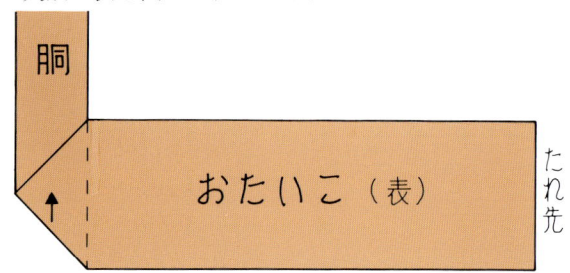

❷ 胴帯とお太鼓の境を三角に折り、お太鼓表に重ねます（薄紙をお太鼓の柄のところにあてます）。

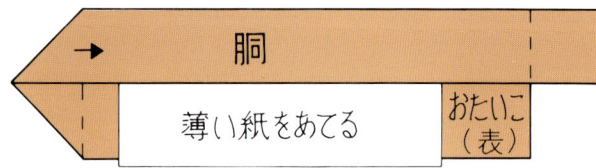

❸ 胴帯をお太鼓のたれ先で三角に折ります。

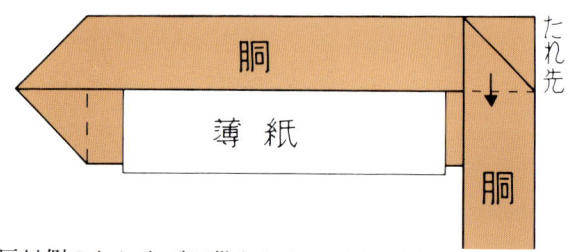

❹ 反対側のたれ先で胴帯をさらに三角に折りお太鼓に重ねて胴帯を突き合わせに並べてのばします。

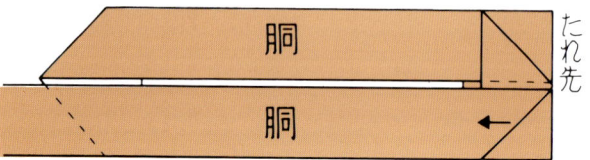

❺ 胴帯の残りをお太鼓との境で折りかえします。

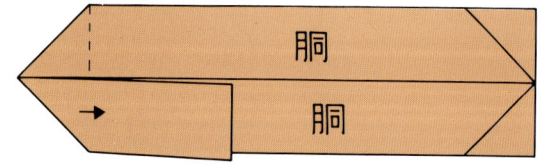

❻ 収納するところが狭いとき、三角の部分とたれ先を折りたたみます。

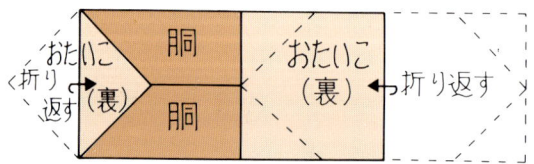

袋なごや帯のたたみ方

❶ お太鼓の表を出して置きます（薄紙を柄のところにあてます）

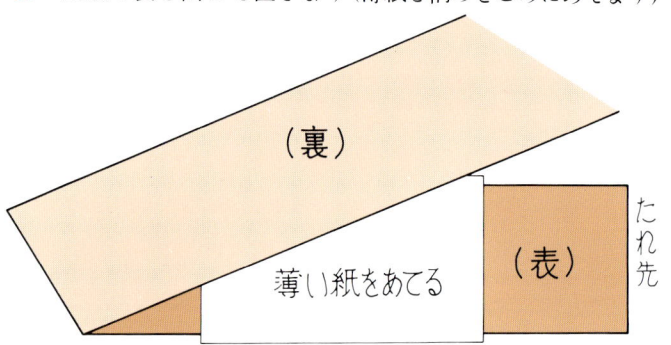

❷ 丈を三つ折りにします。

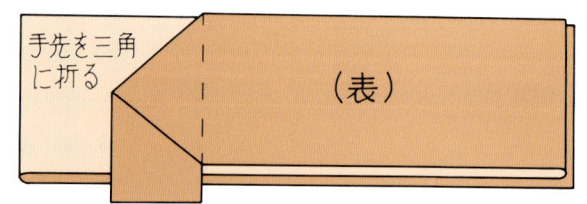

❸ 柄の前後に折りじわがつかないように、丈を短くします。

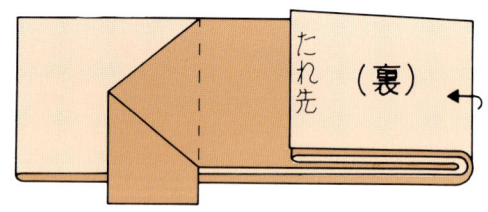

❹ 収納するところが狭いとき、さらに丈を短くします。

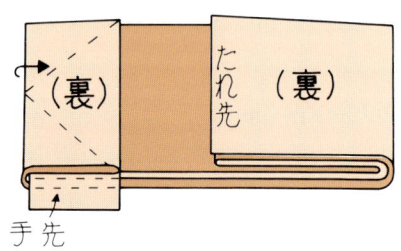

ゆかた、ウールの知識

ふだん着、くつろぎ着のきものと言えば、夏は〝ゆかた〟冬は〝ウール〟のきものを思い出します。

今や、日本は隅々迄洋式化され、洋服が日本人の日常着であることに誰も疑問を持たず、ずっと以前から洋服が最も一般的な衣服であるかの様に見事に、すっきりと着こなしている人達がふえました。けれどふと思う〝きもの〟への憧れは、やはり〝きもの〟が日本の〝民族衣裳〟であるため、きものに郷愁を感じるからだと思います。

ゆかた

ゆかたは〝湯帷子〟を略したもので、室町、鎌倉時代、湯沐する時に用いた麻の布を湯帷子と呼び、江戸時代になってから庶民が〝ゆかた〟として用いるようになり、現在のきものの型に変化したものです。江戸時代は庶民によりいろいろな文化が生まれましたが、この〝ゆかた〟もその１つです。

〝ゆかた〟の美しさは浮世絵に描がかれたり、歌舞伎の数々の名舞台の中にも登場し、ゆかたは今日に伝えられてきた庶民の文化遺産です。ゆかたが最も庶民にもてはやされたのは江戸時代の後期になってからで歌舞伎役者が結ぶ、帯結びと同じように庶民の間に浸透していきました。

ゆかたは何と言っても木綿の持つ肌ざわりと藍の色、大胆な構図の染柄によってささえられています。
●生地……通気性に富み、汗を吸収し、肌ざわりのよいこと。染下地として、染色を十分生かしてくれる木綿地が最適です。
①岡木綿　江戸末期から栃木県真岡地方で生産されるようになった真岡木綿は現在では愛知県知多半島一帯にかけて織られる様になり

現在でも良質のものは岡木綿という名で生産され、差し分け、注染、中形など男女子供ゆかたの染下地として用います。
②コーマ木綿　岡木綿より肌ざわりがしなやかで、生地も薄手で軽やか。長板染、注染など高級ゆかたの染下地として最近多くなってきました。
その他、綿紅梅、綿絽、綿縮みなどは高級ゆかた地として長板本染の染下地に用いられ、子供ゆかたの染下地にはリップル（綿または化繊）なども用いられています。
●染め方…ゆかたの染め方は大きく分けて、注染、絵羽、長板染、差し分け、細川染、ろうけつ染などに分けられます。模様だけを染め抜いたもの、地色を白、模様を藍一色で染めたものを地白、模様の部分を白、地色に色を用いたものを地藍、地染まりなどと言います。一色染、すなわち藍染は昔からのゆかたの味であり、すっきりとしてさわやかです。
③長板本染中形　重要無形文化財に指定されるものもある程で、技術の粋をこらした高級ゆかたの染色法。長い板の上に木綿地を張り、小さい型紙を置きながら糊をおき、これをくり返す。単純ながら緻密さを要する繊細な中形染、最も古い手法でゆかた本来の染色法。藍一色の冴えた中に渋味と小粋さ、古典のもつ床しさと気品も感じられる江戸前のしみじみとした中形染。
④差し分け　一色染にした部分に更に色を置き、色数の多いことで若い人向きの派手さ、可愛いさが表現され、特に子供、若い女性に喜ばれるものが多くあります。
⑤ろうけつ染　ろうけつ染のゆかたは渋さ、モダンさが感じられ趣味的な味わいが好まれます。
⑥細川染　始めに淡い色で染め、次に濃い色で染め２度くり返すことにより濃淡のもつ立体感が感じられ、ゆかたならではのすっきりした、渋みが感じられます。男もの、老人向きのゆかたなどに用いられます。

⑦注染　反物の布に手拭いの大きさ位の型紙を当て糊をおき、これをくり返し反物を屏風だたみに折り、真空装置の注染台の上におき、染料を注ぎ真空の装置で一度に色が下迄浸透するよう考えてつくられた特別な染め。単純な方法のため短時間で染め上り生産が多くできます。ゆかたの最も一般的な染め方です。

その他、有松、鳴海地方で名の高い有松絞り、鳴海絞り等、藍の香りと共に夏らしい単純さと趣味を楽しむ高級なゆかたです。
●柄　女ものは花、傘、うちわ、扇面、蝶など、大柄で涼感あふれる日本情緒豊かな柄のものが好まれます。

男ものは縞、格子などの他、歌舞伎柄に由来したもの（弁慶格子、菊五郎格子、団十郎柄、鎌輪ぬ等）が多く染められています。
●ゆかたの着方……ゆかたは素肌に着てこそ、ゆかた本来の肌ざわり、通気性などが感じられます。

着方は、歩きやすく、裾さばきをよくするために、キュプラやレーヨン等の裾よけをつけます。若い人や子供で裾よけのない方は、洋服のスリップをつけただけでもよいでしょう。上半身は素肌が気持よいのですが、汗をかきやすい方、又高級ゆかたで素肌ではもったいないとお思いの方は肌襦袢を着ましょう。袖つけが少なくて二の腕、脇下が出てしまっている人を割合よく見かけます。帯幅は細く、下に結ぶためにも袖付けは長目にいたします。

素材が綿紅梅、綿絽などの高級地に長板本染等の時は、半襦袢を着て、白の半衿を出し、足袋をはき下駄姿で、ちょっとしたふだんのおしゃれ着に細帯をなさっても結構です。
●帯……ゆかたの場合は半幅帯が最も一般的で締めやすく、楽ですが、外出着として用いる場合は博多の紗献上等のひとえなごや帯などでお太鼓結びにします。

半幅帯の場合は年令、体型に合わせた好みの帯結びで、くつろいだ気分を楽しみます。お買物、盆おどりなど、お太鼓をカチッと結ぶよりずっとらくに過せましょう。

①岡木綿

②コーマ木綿

③長板本染中形

④差し分け

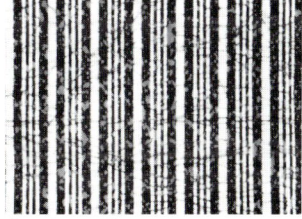
⑤ろうけつ染

⑥細川染

⑦注染中形

ウール

夏はゆかた、冬はウールのきものというのが普段着、街着の代表です。ゆかたは後染(染)、ウールは先染(織)が主です。

ウールのきものは真夏をのぞく、スリーシーズン着用でき、仕立もミシンで簡単に出来ますし、丸洗いもでき　重宝なきものです。ウール地を小幅に織り、着尺地として用いる様になったのは昭和20年代の後半でした。柄が絣柄で紬調のものが多いせいかきものと羽織のアンサンブルとしての着用を好まれる方も多いようです。

一般にきものは活動的でなく、見るからに動きにくそうです。特に洋服ばかり着ている若い方がいきなり成人式で振袖を着て、胸高に帯を締めると、どうしてもきものは窮屈であると思いがちです。簡単に着られるゆかた、ウールと順を追ってきものに親しみ、自分で着られ、自分で帯が結べ、楽に過せるようになってから振袖を着ると、裾さばきも楽に歩くことも容易です。きものに対する印象も大部違ってくると思います。

ウールのきものは他のきものに比べてずっと重宝です。ミシン仕立、丸洗いができる、しわにならない、軽くて暖かい、丈夫であることなど、きものを自分自身で管理することができますので、大概1枚はお持ちになっていると思います。

●種類……ウールのきものにはたて糸、よこ糸ともウールを使ったオールウールのもの、たて糸に絹糸、よこ糸はウールを用いたシルクウールがあります。糸、織り方により、お召の風合を出したものはウールお召、紬の風合を出したものはウール紬、その他大島紬調のものなど近頃は技術も開発され、ちょっと見ては見分けのつかない程に上手に織られております。

⑧シルクウール　たて糸に絹、よこ糸にウールを用いたもの。オールウールよりずっと薄手で絹物と見まちがうほどです。街着からちょっとした外出まで着られます。

⑨紋ウール(ウールお召)　ジャガードで紋様を織り出した、いわゆるウールお召といわれるものです。オールウールのもの、絹糸を混ぜたものなどあり、絹糸を多く用いたものはお召と見た目がかわらないように、よく出来ています。

⑩ウール絣　最も多く織られ大勢の人に好まれているのがウール絣です。たて、よこ共にウールを用い、格子や絣調のもので、群馬県伊勢崎や関東地方で最も多く生産されています。

⑪ウール小紋　ウールの殆んどが先染織物ですが、ウール小紋は後染で、小紋や友禅に染めます。素材がシルクウールなど薄手の場合は八掛だけつけて、胴抜きに仕立てておきますと、ウールには見えないほどのよさがあります。

メリンス　長襦袢、裾よけに用いるものの他に広幅のものなどで着尺地としてつくられたものがあります。非常に暖かく軽いのでお年寄りや、子供のものがより多く生産され喜ばれています。

セル　しゃり感の強い毛織物の一種。戦後長い間姿を消していましたが、最近また少々織られるようになりました。現在では男ものでしゃれた感覚の街着です。

●手入れ法……ウールは自分で洗えますが、洗濯機でなく、中性洗剤(ウール専用のものの方がよい)に浸して押し洗いしますと汚れはきれいに落ちてしまいます。よくゆすぎ、水を切り陰干しし、生かわきの時にアイロンを当てます。シーズンオフや着ないでしまいこむ時は、ウールの欠点として虫がつきやすいので防虫剤をかならず入れます。ナイロンと交織の場合も防虫剤は必要です。ウール類の場合はきものというより、洋服と同じ扱いでしまいこむようにします。

ウールのきものをふだん着として用いる場合は、ゆかたと同じように半幅帯でゆったりとくつろいだ雰囲気に。街着やちょっとした外出時には袋なごや帯でお太鼓、又はすっきりした変り結びにして結構です。

下着は半襦袢に裾よけで十分ですが外出着として用いる時は長襦袢の方がすっきりいたします。帯揚げは絞り類はさけましょう。綸子類やちりめんの帯揚げで色の調和のよいもの。帯締めは平組の細めのもので結構です。

帯揚げ、帯締め、バッグ、草履など小物類の色の調和はウールの場合は洋服感覚で結構です。きものだからといって、特別難しいきまりにこだわらず、洋服感覚で揃えて街着らしい軽ろやかさを楽しみましょう。

草履は濃い色の場合はモダンに、淡い色の場合はおとなしい雰囲気になります。ウールの様に街着を洋服感覚で着る場合は濃い色の草履の方が足袋の白さが浮き立って、足元が引きしまってみえます。低めの草履できりっと……。

バッグはお洋服の時のもの、皮やエナメル製の大きめ、手提式でもタウンバッグ調のものでも、又キンチャク式の布製やあづま袋などでもよいでしょう。

男性の場合、ウールのきものを着用する方は殆んどアンサンブル(きものと羽織が対になっている)を用います。オールウールの他に女性と同じようにシルクウールのものがあります。紋織、絣、縞、無地調のもの、細かく小さい紋絣、

⑧シルクウール

⑨紋ウール

⑩ウール絣

⑪ウール小紋

亀甲絣などの絣ウールを好まれる方が多いようです。

下着はステテコのままで半襦袢(半衿は濃紺、グレイなど)を着たり、裾よけに半襦袢が軽いでしょう。

帯は兵庫帯で結びっ切り、蝶結び、又は角帯で男結びなど。角帯の方がどちらかというとキリッとして見え、着ている方自身も締まって気持もよいでしょう。

履物はふだんでしたら下駄、ちょっと軽い外出用には裏雪駄の草履を用いた方が見映えします。